GOTTESDIENST PRAXIS SERIE A

Arbeitshilfen für die Gestaltung
der Gottesdienste im Kirchenjahr

Herausgegeben von Erhard Domay

Gütersloher Verlagshaus

GOTTESDIENST PRAXIS

IV. Perikopenreihe

Band 1: 1. Sonntag im Advent
bis Letzter Sonntag nach Epiphanias

Gütersloher Verlagshaus

Die Deutsche Bibliothek - CIP-Einheitsaufnahme

Gottesdienstpraxis. - Gütersloh : Gütersloher Verl.-Haus.

Ser. A, Arbeitshilfen für die Gestaltung
der Gottesdienste im Kirchenjahr.
Perikopenreihe 4 / hrsg. von Erhard Domay.
Bd. 1. 1. Sonntag im Advent bis Letzter Sonntag nach Epiphanias. - 1999
ISBN 3-579-02948-7

ISBN 3-579-02948-7

Umschlagentwurf: Franz Wollzenmüller, Oberhaching
Umschlagbild: © Johannes Schreiter, Langen, Fragmentraum-Bild 6/1980/GB
Die hier wiedergegebene Reproduktion entspricht dem Original:
Freies Glasbild, 63 x 87 cm
Satz: Fotosetzerei Steggemann, Herford
Druck und Bindung: Westermann Druck Zwickau GmbH

Gedruckt auf chlorfrei gebleichtem Werkdruckpapier

Printed in Germany

Inhalt

1. Sonntag im Advent

Annäherungen an den Predigttext Offenbarung 5,1–5 (6–14)

Ulrich Tietze

Da ich noch nicht lange in meiner jetzigen Gemeinde tätig bin, war es mir bislang noch nicht möglich, eine Bibelgruppe ins Leben zu rufen. Aus Gesprächen mit verschiedenen Gemeindegliedern weiß ich jedoch, daß es Interesse an der Beschäftigung mit biblischen Texten gibt. Für die »Annäherungen« befrage ich einige derer, die ich mir auch in einer Bibelgruppe vorstellen kann sowie einige andere Gemeindeglieder.
Ich lege allen Befragten den Text in der Übertragung der »Guten Nachricht« vor. Fast einhellig ist die Reaktion darauf, daß die Perikope aus der Offenbarung stammt: »Ach je, auch das noch!«

Eine ältere Dame, Theologenwitwe:
»Die Zahlensymbolik im Text ist natürlich spannend. Aber ich finde, man muß aufpassen, daß man da nicht zuviel hineindeutet. Das wird schnell überfrachtet. Das mit den ›sieben Siegeln‹ gefällt mir gut. Ich deute es für mich so: Es muß nicht alles geklärt und herausgefunden werden. Ich muß manchmal auch Ungelöstes aushalten.
Die Anrede durch den Engel ›Hör auf zu weinen!‹ tut mir gut. Ich verstehe sie nicht als Gesetz, als Muß, sondern als Hilfe, das Positive zu sehen. Die ganze Szenerie mit den Engeln gefällt mir. Ich kann sie für mich so ausdeuten: Es gibt weit mehr als das, was wir sehen können. Die Wirklichkeit erschöpft sich nicht in dieser Welt, auf der wir leben.«

Eine Religionslehrerin:
»Na ja, der Mensch ist von Natur aus neugierig. Das sind so die Urfragen der Menschheit: ›Warum? Wozu?‹«
Sie äußert sich zum »Lamm« im Text so, daß darin schon Antworten gegeben werden. Aber keine Antworten, die jetzt und hier etwas Fertiges haben. »Wir sind die Hoffenden, aber nicht die Wissenden« sagt sie. Auf meine Rückfrage, ob sie es lieber andersherum hätte, schüttelt sie den Kopf. »Nein, ich kann damit gut leben.«

Ihr Mann:
»Schade – es gibt keine Auflösung im Text. Hätte ich ganz gut gefunden. Aber daß diese Redensart vom ›Buch mit den sieben Siegeln‹ in der Offenbarung steht, habe ich vorher nicht gewußt.«

Beide im folgenden Dia-/Trialog:
»Die Offenbarung ist eigentlich doch ein ziemliches Horrorszenarium. Manche brauchen so etwas ja, um sich hinterher in ihrer kleinen - wenn auch tatsächlich unheilen - Welt wieder wohlzufühlen.«
»Wenn ich das Siegel öffnen könnte, verginge mein Lebenssinn. Leben heißt auch: Unklares aushalten. Das gehört zu unseren Aufgaben.«
»Das Anliegen des Textes ist es offenbar, uns Mut zur Geduld zu machen. Aber Geduld ist heute wenig gefragt, von ihr ist kaum was zu spüren.«

Eine kirchlich engagierte Mittvierzigerin:
»Die Buchrolle mit den sieben Siegeln steht für mich für die ungelösten Fragen und Ungerechtigkeiten dieser Welt, für die es keinen Sinn zu geben scheint. Kriege, Umweltzerstörung, Hunger, Neid und Streit - das alles wäre vermeidbar. Aber leider ist der Mensch zu menschlich, um paradiesische Zustände zu schaffen. Mir fällt dazu ein: ›Ich armer, elender, sündiger Mensch ...‹
Trotzdem brauchen Christen nicht mutlos zu werden: Durch Jesu Kreuzestod und mein Bekennen bzw. Eingestehen meiner Fehlbarkeit darf ich doch getrost auf paradiesische Zeiten hoffen - im anderen Sein.«
Sie verdeutlicht allerdings auch ihre Probleme mit christlichen Aussagen: »Das heißt nicht, daß ich nicht auch meine Zweifel habe: Kann der gewaltsame Tod Jesu meine Rettung sein? Glauben: gern - Verstehen: nein.«

Zwei jüngere Frauen, die sich eine offenere und kritischere Kirche wünschen, wie ich aus vielen Gesprächen weiß:
»Offenbar will der Text uns sagen, daß wir nicht hinter jedes Geheimnis kommen müssen.«
Ihnen fällt dazu das Beispiel ›Gentechnik‹ ein, das in diesen Tagen (Januar 1998) sehr heftig diskutiert wird und massiv durch die Medien geht.
»Im Text sind auch ganz schöne Horrorbilder enthalten. Und mit diesen Behauptungen, durch das Blut des geschlachteten Lamms seien Menschen für Gott erworben worden, habe ich auch ziemliche Mühe.«
»Aber der Text redet auch von Trost und Hoffnung. Er macht mir, bei aller Fremdheit, auch Mut.«
»Ja - nur diese Frage nach der ›Würdigkeit‹ finde ich nicht sehr ermutigend. Diese Reduzierung der Würdigkeit auf das Lamm - sprich Jesus -: schließt das nicht alle aus, die nicht an ihn glauben, nicht über ihn zu Gott finden wollen oder können?«
Ich weise im Gespräch darauf hin, daß die Offenbarung immer für Sekten eine große Bedeutung hatte und weiterhin hat. Die beiden Frauen reagieren darauf mit der Bemerkung: »Also, die Sekten verstehen dieses Buch sicher falsch. Oder zumindest sehr einseitig. Man muß da wohl sehr behutsam interpretieren, was in diesem Buch steht.«

Eine junge Erwachsene, sehr kirchenkritisch, aber bei neuen und kritischen Aktivitäten gern dabei:
»Ich finde das sehr einleuchtend, was in diesem Text gesagt wird. So ist es doch, und so muß es auch sein: Kein Mensch darf und kann alles wissen!«

Eine ältere Dame, kirchlich sehr engagiert:
»Das Buch mit den sieben Siegeln – das ist ein fest verschlossenes, aber leider nicht ergründbares großes Geheimnis. Es ist für uns bestimmt von großer Wichtigkeit!
Ein Buch ist dazu da, gelesen zu werden und Inhalt weiterzugeben. Aber an dieses Buch kann niemand heran. Die Frage nach der Würdigkeit macht mich unsicher.
Ich möchte dieses Buch lesen, bin neugierig. Es reizt mich ungeheuer! Aber wie könnte ich es öffnen? Ich oder sonst jemand?
Vor allem: *Gott* hält das Buch in der Hand! Wie könnte ich mir anmaßen, es aus seiner Hand zu nehmen? Ich bin nicht würdig, ich bin so klein und unbedeutend vor ihm. Ich bin hilflos, fühle mich verzweifelt und ratlos. Ich weine. Eine schmerzliche Erfahrung! Ich gerate an die Grenze meines eigenen Könnens!
Aber durch Vers 5 bekomme ich Trost: Hinweis auf den, der überwunden hat. Das Lamm – Jesus Christus. Er nimmt das Buch wie selbstverständlich aus der Hand Gottes. Für mich ist es damit nicht mehr von Wichtigkeit, den Inhalt des Buches zu erfahren, sondern wichtig ist es, erkannt zu haben, daß nur einer würdig ist, derjenige, der sich für uns geopfert hat.«

Zusammenfassung der Gespräche und ›Befragungen‹:
Ich habe mich im wesentlichen mit eher kirchennahen Menschen unterhalten bzw. sie um ihre Stellungnahme gebeten. Aber gerade weil ich es hier mit eher ›gutwilligen‹ Gesprächspartnerinnen/-partnern zu tun hatte, merke ich um so mehr: Ich finde es sehr wichtig, weder im Rahmen der Gespräche noch in der Predigt Menschen belehrend zu überrennen. Die Fremdheiten des Textes sind mir, so scheint es, nicht weniger fremd als den »Laien«.
Ohne daß ich es anspreche, kommen einige der Befragten von selbst auf die Frage: Was könnte in einer Predigt über diese Perikope gesagt werden? Dazu fällt ihnen nicht so sehr viel ein. Jedenfalls wäre ihren Äußerungen zufolge eine thematische Predigt – etwa über »Geheimnisse« oder über »Hoffnung« – eher angebracht als breite Erläuterungen zum Text.
Mir ist auch am Ende der Gespräche und Befragungen die Perikope noch eher fremd. Ich freue mich darüber, daß ich beim Herumstöbern in meiner theologischen Literatur eine – wie mir scheint – ganz hervorragende Predigt über diesen Text finde, und zwar vom ehemaligen Karlsruher Landesbischof Hans-Wolfgang Heidland in seinem Buch »Das Ende der Predigt?« Die situationsbezogene Art des Umgangs mit Apg 5 hilft mir mehr, mit diesem Text etwas anzufangen, als Kommentar-Literatur es bei mir schafft.

Zum Gottesdienst

Anselm Friederich

Exegetisch-homiletische Skizze

»Die Apokalypse hat es mit Geschichte zu tun. Sie deutet Geschichte in besonderer Weise«, nämlich als Prozeß, »der durch das Wirken Gottes bestimmt wird. Diese Vorstellung verfestigte sich im Laufe der Zeit zu einer Geschichtsauffassung, die man ›heilsgeschichtlich‹ nennt: Geschichte als eine von Gott gelenkte Kette von Ereignissen von der Schöpfung bis zur Erlösung«. (Klaus Vondung »Die Apokalypse in Deutschland« 1988, Seite 85). Damit sind schon die Schwierigkeiten benannt, einen Text aus der Offenbarung des Johannes heute in Deutschland zu predigen: Wieviele unserer Zeitgenossen teilen denn noch diese heilsgeschichtliche Auffassung unserer Geschichte? Wer schlägt die Tageszeitung auf, wer schaltet die Nachrichten ein, um den Fortgang einer »Heilsgeschichte« mitzuverfolgen?
»In ihrer wesentlichen Funktion sind die ... Apokalypsen ... Trostbücher; sie wollen Hoffnung auf die nahe bevorstehende heilvolle Wende eröffnen und daurch das Ausharren in der notvollen Gegenwart ermöglichen.« (Jürgen Roloff »Die Offenbarung des Johannes« 1984, Seite 11). Wen soll das reizen in einem Wohlfahrtsstaat, wo die Gegenwart – vielerlei Unerfreulichkeiten zugegeben – doch insgesamt so abgesichert und wohlversorgt ist, daß man einen radikalen Wechsel eher fürchtet als herbeisehnt? Ja, ein provozierend fremdes Buch, diese Offenbarung, einfach schon von ihrer ganzen Grundausrichtung her! Was will der Seher Johannes?
»Johannes will keine Vorausdarstellung des Weltfahrplans für die spätere Kirche geben« (darin ist sich Roloff trotz Offenbarung 1,1 sicher), »er wendet sich vielmehr in einer ganz konkreten zeitgeschichtlichen Situation an bedrängte Christen, um diese im Lichte des Glaubens an die Herrschaft des erhöhten Christus über die Geschichte zu deuten und so die Angeredeten dessen gewiß zu machen, was für sie an der Zeit ist«. (a. a. O., Seite 23) Gesetzt, das stimmt: Was ist dann für uns an der Zeit?
Eine Theologie zu entwickeln, eine gottesdienstliche Sprache, eine Lebenseinstellung und eine Art des Miteinanders, die klar und ungeniert aus der Perspektive der Leidenden, der Verletzungen und der menschlichen Not heraus redet. Feministische Theologie ist ein Versuch, genau dies zu leisten, sicher nicht der einzig angemessene Versuch, sicher aber ein kreativer. In reflektierter Parteilichkeit legt Elisabeth Schüssler Fiorenza das Buch der Offenbarung aus (»Vision einer gerechten Welt« 1994) und stellt fest: »Die zentrale theologische Frage der Johannesoffenbarung ist: Wem gehört die Welt? Wer ist der Herrscher der Welt? Das zentrale theologische Symbol dafür ist der Thron, der entweder göttliche und befreiende oder dämonische und todbringende Macht repräsentiert.« (Seite 144)

Damit sind wir im Zentrum unseres Textes, der seinerseits eine zentrale Stelle im Ganzen der Offenbarung des Johannes einnimmt (Roloff, Seite 24f. »Die Thronsaalvision 4,1–5,14 erweist sich als das den gesamten zweiten Hauptteil beherrschende Zentrum.« »Sie bildet den theologischen Angelpunkt des ganzen Buches.«) Es geht um Macht. Das sollte – in welcher Entfaltung auch immer – auf jeden Fall bei der Auslegung des Textes deutlich werden. Es geht um Macht, ein klassisches Tabu-Thema also, besonders innerhalb der Kirche. Nicht umsonst spricht schon Irenäus in seinen Ausführungen zur Stelle ungeniert von »potestas« und »principatus« (Adversus Haeeses IV, Seite 19f.). Eberhard Jüngel sagt es im ersten Abschnitt seiner Predigt: »Das Opferlamm – im Zentrum der Macht, ja im Zentrum der Allmacht. Als der harte Kern aller Macht im Himmel und auf Erden erscheint da ein Opfer, erscheint unter dem Bild des Opferlammes ein Mensch ...« (Predigten III, Seite 126). Elisabeth Schüssler Fiorenza formuliert es deutlicher politisch akzentuiert: »Die himmlischen Liturgien und Hymnen der Johannesoffenbarung haben die rhetorische Funktion, über Gottes Macht und Reich zu sprechen. Sie haben keine liturgische, sondern eine politisch-theologische Funktion.« »Da die politische Macht Roms in kultischen Begriffen bekräftigt wurde, muß das symbolische Universum der Johannesoffenbarung ebenfalls kultisch-religiöse Symbole verwenden, um die HörerInnen von den großartigen Symbolen und dem Kultdrama des Herrscherkultes wegzubringen.« (Seite 147) Die politisch-religiöse Art der Rede bestimmt schon den Aufbau des Abschnitts. Der folgt dem altorientalischen Thronbesteigungsritual »Erhöhung – Herrschaftsübergabe – Präsentation des neuen Herrschers«, im Text Vers 5, Verse 6+7 und Verse 8–14. Dem geht eine »Verlegenheits-Szene« im Himmel voraus, welche stark an Jesaja 6,8 erinnert (»Wen soll ich senden? Wer will unser Bote sein?«). Überhaupt schließt sich Johannes' Vision deutlich erkennbar an die bei Jesaja und Ezechiel überlieferten Visionen an, erweitert sie aber noch durch Elemente der Sinaioffenbarung (Blitz, Stimmen und Donner).

Was ist dabei für ein Text entstanden? Eine Komposition aus vielen, zum Teil gegensätzlichen Bildern. Paul Trogers Deckengemälde im Brixener Dom versucht, sie nachzumalen, – und es zeigt sich, daß dies nicht gelingen kann; die Fülle ist zu übermächtig! »Man kann darüber nachdenken, ob der ohnehin von Bildern überquellende Text durch die erklärenden Bilder den modernen Hörer nicht vollends verwirrt und man sich mit der Erläuterung eines einzigen Textbildes begnügen sollte«, scheibt H.W. Heidland in seinem am Ende der »Annäherungen« erwähnten Buch. Wie wäre es, dieses eine Bild dann auch sichtbar an zentraler Stelle im Gottesdienstraum darzustellen, so wie das Bild des herrschenden Christus Pantokrator mit versiegelter Buchrolle in der Hand regelmäßig in der zentralen Kuppelwölbung byzantinischer Kirchen zu sehen ist? – Doch zurück zum Text:

Welche Bilder bieten sich zur vertiefenden Auslegung an?
a) Das versiegelte Buch natürlich: Weit gehen die Deutungen der Ausleger auseinander. Albrecht Bengel (»Erklärte Offenbarung Johannis ...« 1746, Seite 319) schreibt: »Das Buch und dessen sieben Siegel zeigen die Macht Christi über alle sichtbare und unsichtbare Creaturen ... Des Buchs Copie ist in diesen Capiteln der Offenbarung enthalten. Es war, so zu reden, eine verschlossene, siebenfache Ordre ...«. Ähnlich Roloff (Seite 73): »Dieses Buch muß mit der Weltherrschaft etwas zu tun haben; sein Empfang bedeutet deren rechtsgültige Übertragung auf das ›Lamm‹, die Lösung seiner Siegel ist Zeichen für die aktive Ausübung der Herrschaftsfunktion.« Für Kretschmar (»Die Offenbarung des Johannes ...« 1985, Seite 34) ist das siebenfach versiegelte Buch »Gottes ewiger Heilsplan«, Jüngel dagegen vergleicht es mit einem Tagebuch: »Ja, es ist das eine, große, das ursprüngliche Tagebuch der Weltgeschichte. Wer es lesen könnte, der verstünde, was die Welt im Innersten zusammenhält.« (Seite 128) Schüssler Fiorenza läßt bewußt offen, was das Buch enthält. Die Hand, die es hält, ist ihr wichtiger, denn sie erinnert an zeitgenössische Kaiserdarstellungen: »So wie der römische Kaiser beschrieben wurde, der von seinen Freunden und Ratgebern umgeben war, wenn er Recht sprach, so wird auch Gott hier in der Rolle des Richters gesehen. So wie der Kaiser Roms dargestellt wurde, umgeben von seinem Hofstaat und einen libellus haltend, eine Petition oder einen Brief in der Form einer offenen Schriftrolle, so wird auch Gott gesehen, ein Biblion in der Hand haltend.« (Seite 80 f.).
Was hat es auf sich mit dem Buch, ist es »Heilsplan« oder »Richterspruch« oder beides in einem? In Offenbarung 10 erscheint nochmals ein Buch, welches tatsächlich Heil und Gericht in einem zu enthalten scheint, wird es doch dem Seher zum Verschlingen gegeben, »und es war süß in meinem Mund wie Honig, und als ich's gegessen hatte, war es mir bitter im Magen«. Näher an der Deutung des Buches als Tagebuch liegt dagegen eine andere biblische Parallele, Psalm 139,16: »Deine Augen sahen mich, als ich noch nicht bereitet war, und alle Tage waren in dein Buch geschrieben, die noch werden sollten und von denen keiner da war.«
Enthält das »Buch«, das der Thronende in seiner Rechten hält, prädestinatorische Hinweise, ist es also eine Liste von Schicksalen einzelner Menschen oder ganzer Gruppen (eine ursprünglich mesopotamische Vorstellung)? Oder ist in ihm das sittliche Verhalten der Menschen dokumentiert, die sich beim Jüngsten Gericht verantworten müssen? Dann wäre es verwandt oder gar identisch mit jenem »Buch des Lebens«, das Offenbarung 20,12 erwähnt: »Und die Toten wurden gerichtet nach dem, was in den Büchern steht, nach ihren Werken.« (Ähnlich schon das »Gedenkbuch« der »Gottesfürchtigen« Maleachi 3,16)
b) Löwe und Lamm: Zwei ursprünglich verschiedene Bilder stehen hier so dicht bei dicht, daß sie ein spannungsreiches Paar bilden. Die messianische Formel des »Löwen von Juda« geht zurück auf Genesis 49,9, den sogenann-

ten Jakobs-Segen. Dort heißt es, Juda sei »ein junger Löwe ... Wie ein Löwe hat er sich hingestreckt und wie eine Löwin gelagert. Wer will ihn aufstören?« Liegt in diesen Worten ein ehrfürchtiger Schauer vor unbezähmbarer Macht, so gibt es daneben drei weitere, weniger an der zerstörerischen Potenz orientierte symbolische Deutungen, die allesamt Verbindungen zwischen dem Löwen und dem Christus herstellen:

- Der Löwe verwischt mit dem Schweif seine Spuren, - Sinnbild des Geheimnisses der Menschwerdung Christi
- Er schläft mit offenen Augen - Sinnbild des Todes Christi
- Er erweckt am dritten Tage sein totgeborenes Junges durch Anblasen, - Bild der Auferstehung Christi

(vgl. Artikel »Löwe« im Lexikon der christlichen Ikonographie, Bd. 3, Seite 112).

Die Darstellung Christi im Bild des Lammes ist in der byzantinischen Kunst ähnlich beliebt wie die Gestalt des Christus Pantokrator und geht zunächst auf Johannesevangelium 1,29 zurück, im engeren Sinne des geopferten Lammes jedoch auf Jesaja 53,7. Die einzigartige Verbindung von Löwe und Lamm verknüpft also ein machtvolles Symbol mit einem Sinnbild lebensbewahrenden Leiden-Könnens. Sähe der Seher einfach ein geschlachtetes Lamm, so müßte es liegen oder hängen, könnte jedenfalls nicht stehen. Aufrecht stehend jedoch zeigt das Lamm, daß es lebt, allerdings »wie geschlachtet« steht es da, also mit aufgeschnittener Halsschlagader. Ein geschächtetes Lamm, welches gegen jede Wahrscheinlichkeit königlich dasteht wie ein Löwe, ist ein Glaubensbild gegen jeden Augenschein. Es steht für die bestürzende Wahrheit ein, daß Gott nur (ja? wirklich nur?) der Allmächtige ist als der All-Leidende. Diese Spannung am Bild zu erspüren, zu entwickeln und sich von ihr ergreifen zu lassen, ist sicher allein schon genug für eine ganze Predigt!

Doch so lohnend das sicher ist, ich selber möchte meine Predigt von einem anderen Bild her entwickeln:

c) Der Weinende und der Tröstende:

»Kein Wunder, daß der apokalyptische Seher so bitterlich weinte, als er sah, daß niemand würdig war, dieses siebenfach versiegelte Buch zu öffnen«, schreibt Jüngel (Seite 130). »Ist uns die Weltgeschichte und das eigene Leben ein Buch mit sieben Siegeln, dann ist uns nicht nur nach drüben, sondern dann ist schon mitten im Diesseits die Aussicht uns verrannt.« So verstanden steht das weinende Ich hier exemplarisch da für jeden Menschen auf der Welt, der traurig und bestürzt weder in sich noch um sich herum irgendwo Sinn entdeckt. »Weder im Himmel noch auf Erden noch unter der Erde« findet er Sinn, auf keiner der drei Welt-Ebenen, die er einzeln benennt wie im Hymnus aus dem Brief an die Gemeinde zu Philippi, als wolle er geradezu beschwören, wirklich alle Welt durchsucht zu haben! Roloff deutet das Bild stärker heilsgeschichtlich. Er sagt, »dieses Weinen« sei »gewissermaßen die rückschauende

Zusammenfassung der bislang vergeblichen und gescheiterten Erwartungen des Gottesvolkes Israel«. (Seite 74) Das erinnert an Psalm 126, wo weinende Israeliten darauf warten, »der Herr« möge endlich »die Gefangenen Zions erlösen«, denn dann »werden wir sein wie die Träumenden«. Ob nun eher biographisch oder eher historisch akzentuiert, der weinende Johannes weint jedenfalls für viele. Das wird schon in einer ganz frühen altkirchlichen Bezugnahme auf den Text deutlich. Hippolyt greift ihn nämlich in seinem Danielkommentar auf (geschrieben 202/204), wo er dem Phänomen »Entsiegelung alter Prophezeiungen« nachgeht. Er bezieht sich dabei auf Offenbarung 3,7, zieht dann aber ausführlich Offenbarung 5,1 ff. heran. Zitiert er diese Verse aus dem Gedächtnis? Man möchte es meinen, in Vers 4 jedenfalls weicht er auffallend ab. Er schreibt nicht: »Und ich weinte«, sondern: »Und viele weinten«! Diese Abweichung vom ursprünglichen Wortlaut zeigt schön, wie schon ein frühchristlicher Ausleger in der Gestalt des weinenden Sehers etwas Exemplarisches, Ur-Menschliches empfunden hat. Bei Bengel findet sich die großartige Bemerkung, welche das Weinen geradezu zum hermeneutischen Schlüssel erhebt: »Ohne Thränen wart die Offenbarung nicht geschrieben: ohne Thränen wird sie nicht verstanden.« (a. a. O., Seite 321) Die Tränen des ratlosen Sehers scheinen mir daher den leichtesten Zugang zu dem insgesamt fremdartigen Predigttext zu eröffnen. Verbindet doch die Erfahrung des Weinens Menschen verschiedenster Epochen und Länder miteinander und ist zudem ein leiblicher Ansatzpunkt, der uns am ehesten hilft, die »kritische rhetorische Situation« (Schüssler Fiorenza) der Johannesoffenbarung nicht aus den Augen zu verlieren, nämlich die Bedrängnis leidender und hoffender Frauen und Männer.
Steht es der Erwartung an einen hellen, freundlichen Advents-Gottesdienst zu arg entgegen, wenn sich die Predigt ums Weinen dreht? Doch es bleibt ja nicht beim Weinen: Der Seher bleibt nicht sich selbst und seinen Tränen überlassen. »Einer von den Ältesten« spricht zu ihm: »Weine nicht!« Diese Begrenzung des Weinens ist ebenso wichtig wie das Zulassen der Tränen. Der Wechsel vom »starken Engel« in Vers 2 zum tröstenden »Ältesten« in Vers 5 ist dabei bemerkenswert. Tritt doch hier ein Mensch an die Stelle, die klassischerweise der »angelus interpres« einnimmt. »Das Neue der prophetischen Schau des Johannes tritt ... vor allem darin heraus, daß neben dem ewigen Gotteslob himmlischer Mächte nun ein weiterer Trägerkreis der Anbetung steht, das gleichfalls himmlische Urbild des Gottesvolkes in Gestalt der 24 Ältesten in weißen Gewändern und goldenen Kronen, die ihren Schöpfer preisen«. (Kretschmar, Seite 34) Ein Ältester des »Gottesvolkes«, der den weinenden Gottesmann tröstet: Ob der »ferne« Text uns am Ende darin noch nahe kommt, daß er – aller Hofstaat-Symbolik zum Trotz! – »demokratischer« von christlicher Gemeinde denkt und spricht als wir es uns – dreißig Jahre nach den »68igern« – getrauen?

Vorschläge zur Liturgie

Lesungen: Neben den im Liturgischen Kalender angegebenen Texten scheinen mir Philipper 2,5–11 und Jesaja 53 ihrer Nähe zum Predigttext wegen geeignet.

Psalmen: Psalm 24 ist der klassische 1.-Advents-Psalm, Psalm 139 wäre besonders wegen Vers 16 (»alle Tage waren in dein Buch geschrieben«) reizvoll.

Hinleitung zum Kyrie (an Psalm 24 anknüpfend)
Wer darf stehen vor Dir, Gott?
Wir fragen uns das kaum, wenn wir zur Kirche aufbrechen.
Wir sind hierher gekommen ohne Sorge, ob wir dürften.
Nun stehen wir hier vor Dir.
Sieh' unsere Hände an:
Sie sind nicht unschuldig.
Sieh' unsere Herzen an:
Sie sind nicht unbelastet.
Sieh' uns an mit dem Blick Deiner Liebe.
Gib uns den Mut, selber hinzuschauen,
wahrzunehmen, was mit uns ist,
einzusehen, was ich ändern muß.
Hilf uns, Dir im Stillen unsere Tore zu öffnen.
- Stille -
Kyrie eleison ...

Im Zentrum des Predigttextes steht die Anbetung des Heiligen. Das legt es nahe, auch liturgisch einen Schwerpunkt auf das anbetende *Präfationsgebet* zu legen. Z. B. so:
Recht ist es und heilsam, ja ein Vorgeschmack des Himmels,
Dir, heiliger Gott, mit Leib und Seele zu danken
und Dich zu preisen, Dich Gott aller, die auf Dich hoffen,
für die Macht Deiner Liebe,
für die Gnade, daß Du uns die Wahrheit unseres Lebens entsiegelst,
für Dein unbegreifliches Wissen um uns,
für Deine unfaßliche Geduld,
für Dein Bewahren, das Lebenden und Gestorbenen gilt,
für Jesus, Deinen Sohn, der sich für alle hingegeben hat,
tiefer, schmerzlicher und lebendiger, als wir es je begreifen.
Recht ist es, mit ihm verbunden einzustimmen in Israels Lobgesang
und zu bekennen: Heilig, heilig ...

Das *Fürbittgebet* könnte in seiner Weise nochmals die Macht-Frage aufnehmen.

Liturg/Liturgin: Du Macht, die niemanden knechtet:
Dir befehlen wir alle an, deren Würde getreten wird.

Gemeinde: Maranatha, komm, Jesus, komm!

Liturg/Liturgin: Du Ruhm, der keine Menschenopfer braucht:
Dir befehlen wir alle an, die verbraucht und geopfert werden.

Gemeinde: Maranatha, komm, Jesus komm!

Liturg/Liturgin: Du Quelle und Ziel allen Lobgesangs:
Dir befehlen wir die Stöhnenden, Fluchenden und Verstummten an.

Gemeinde: Maranatha, komm, Jesus, komm!

Liturg/Liturgin: Kommen möge Dein Triumph über jede Herrschaft, die Menschen entstellt und entehrt.
Kommen möge Dein Sieg über alle Anmaßung und Gewalt.
Kommen, bald kommen möge der volle Anbruch Deines Friedens.

Gemeinde: Maranatha, komm, Jesus, komm!

Lied: Der apokalyptische Grundgedanke einer umfassenden Verwandlung läßt sich freundlich aufnehmen mit einem kurzen Lied der Iona-Community.

Joyfully

(© 1995 WGRG, Iona Community, Glasgow G51 3UU, Scotland. Aus: John L. Bell "Come all you people" – shorter songs for worship 1994, Seite 84 f.)

Vorschlag zur Predigt

Möglicher Anfang

»Die Erde ist des Herrn« (Psalm 24,1) haben wir vorhin gebetet. Wer sagt das eigentlich? Wer sagt, daß die Erde wirklich Gott gehört?

»Die Erde gehört dem, der sie sich kaufen kann. Sie gehört dem, der die Macht hat.« Das scheint zeitgemäßer, vielleicht auch ehrlicher gesprochen.

Wem gehört die Erde? Das letzte Buch unserer Bibel, die Offenbarung des Johannes, kreist ganz um diese Frage. Es ist ein dramatisches Buch, viele finden es erschreckend, manche geradezu abstoßend. Entstanden ist es am Ende des ersten Jahrhunderts in Kleinasien, als Trostbuch für Christinnen und Christen, die damals durch die römischen Besatzer heftig tyrannisiert wurden. Wer den Kaiser nicht wie einen Gott verehrte, galt als Staatsfeind und wurde entsprechend behandelt.

Wem gehört die Erde? Dem Kaiser? Oder doch einem Höheren?

Im Mittelpunkt der Offenbarung des Johannes steht eine Vision des offenen Himmels. Mitten im Himmel sieht Johannes einen Thron, umgeben von überirdischen Wesen und von weißgekleideten Menschen.

Wem gehört die Erde, wer sitzt auf dem Thron?

Wir hören das fünfte Kapitel der Johannesoffenbarung: – *(Text verlesen)* –

Zum weiteren Verlauf

Nochmals:

Wem gehört die Erde? »Dem, der sie am tiefsten versteht«, könnte man antworten. Das führt zu einem Bild unseres Textes: Die Welt gehört dem, der ihr Buch öffnen und lesen kann. - (Das Bild des Buches kurz entfalten -)

Wer aber darf das Buch öffnen und lesen?

Die Antwort lautet: Niemand. Kein Mensch auf der Welt!! (Diesen Gedanken räumlich und zeitlich entfalten).

Niemand ist würdig. Das erkennt Johannes, - und weint!

(Gedanken über Weinen, Sich-Öffnen und Sich-Einlassen; dem Motiv des Weinens in Bibel und Literatur nachgehen; worüber wird in unserer Gemeinde, unserem Land und anderswo in diesen Tagen geweint?)

»Sehr« weint Johannes, sehr heftig und sehr lange. Wir tun gut daran, bei seinen Tränen zu verweilen. Die Tröstung braucht Zeit. Doch dann erfolgt sie. Ein Ältester sagt: »Weine nicht!«

(Nachdenken über das heilsame Begrenzen von Trauer; über Deute-Engel und den deutenden Ältesten, einen Menschen an Engelsstatt.)

Worauf richtet der Tröster Johannes' Blick? Auf Jesus von Nazareth, den »Löwen aus dem Stamm Juda«, »die Wurzel Davids«, auf Jesus, den Christus, »ein Lamm, wie geschlachtet«. (Beiden Bildern evtl. noch kurz nachgehen)

Möglicher Schluß

Zum letzten Mal: Wem gehört die Erde? Dem Löwen-Lamm.

Soviel Hoffnung mutet uns Johannes zu, soviel Mut zur Vision, soviel Spannkraft der Seele. Wie halten wir das durch?

Nur zusammen. Nur wenn neuer, intensiverer Zusammenhalt zwischen uns Menschen wächst, zwischen Nord und Süd, Ost und West, zwischen Kirchlichen und Nichtkirchlichen und natürlich innerhalb unserer Kirchen und Gemeinden.

Wie wächst Zusammenhalt? Durch Weinen und durch Trösten.

Möge diese Adventszeit reich werden an beidem.

2. Sonntag im Advent

Annäherungen an den Predigttext Jesaja 63,15–16 (17–19a) 19b; 64,1–3

Vera-Sabine Winkler

»Mein Gott ist das verworren«, sagt eine der Frauen, mit denen ich am Tisch sitze. Wieder und wieder liest sie den Text. »Die wußten wohl nicht, was sie wollten: Erst soll Gott ihr Vater sein, dann soll Gott alles kaputt machen. Also, ich kann damit wenig anfangen. Und so einen Vater, den wollt ich auf keinen Fall!«, resümiert sie und schiebt das Blatt mit dem Bibeltext ratlos weg von sich.

Wir sind eine kleine Gruppe von Frauen, Nachbarinnen und haben uns getroffen zum »Kaffeeklatsch« – zur monatlichen Frauenrunde im Hundertseelendorf. Und da ich z. Zt. übergemeindlich tätig bin, nutze ich unsere dörfliche Gemeinschaft, um über den Predigttext ins Gespräch zu kommen. Ich habe den gesamten Perikopentext vorgelesen. Jetzt liegt der Text als kopierter Bibelauszug vor jeder Frau auf dem Tisch.

Anne, die sich als erste geäußert hat, schüttelt noch immer den Kopf. »Nein, so einen Vater will ich nicht«, murmelt sie noch einmal vor sich hin. Ich weiß zwar nichts über ihren Vater, kenne Anne aber als gestandene, tatkräftige Familienfrau, die auch ihren eigenen Mann an seine Vaterpflichten erinnert. »Die sollen auch was von ihrem Vater haben, außerdem habe ich dann mal sturmfreie Bude«, pflegt sie immer zu sagen, wenn ihr Mann mit den Kindern unterwegs ist. Die sind getauft, naürlich, auch konfirmiert. Ansonsten pflegen Anne und ihre Familie keine engeren Kontakte zu Ortsgemeinde und Kirche.

Als nächste ergreift Lisa das Wort. Lisa ist Mitte zwanzig, studiert Sonder- und Heilpädagogik und besucht gerade ihre Eltern. Zur Frauenrunde kommt sie gerne, weil hier immer das Neueste in punkto Dorfleben zu erfahren ist. Aufmerksam hat sie den Text noch einmal durchgelesen und resümiert: »Also für mich geht es hier um die alte Frage ›Wo ist Gott? Wer ist Gott? Worin zeigt sich Gott?‹! Denn wir Menschen brauchen immer Beweise, können ohne das Wissen um den Sinn von Ereignissen kein Vertrauen entwickeln. Aber der Text zeigt: gerade dieser Durchblick ist uns verwehrt! Und ich finde, das ist gut so!

Da mischt sich Christine, seit einigen Jahren Witwe und die Älteste in unserer Runde, etwas ungehalten ein: »Also jetzt mach mal halblang mit

diesem theoretischen Schmus! Du willst doch auch wissen, warum die einen in Katastrophen untergehen oder an Krebs sterben müssen und die anderen nicht. Das glaube ich Dir nicht, daß Du so über den Dingen stehst. Und außerdem wird in dem Text doch gerade kritisiert, daß Gott sich nicht mehr einmischt in unser Leben, daß wir so tun können, als gäbe es Gott gar nicht. Falsch finde ich nur, daß hier von Gott gefordert wird, er soll sich durch Unglück in Erinnerung bringen. Das Unglück entsteht ja gerade deshalb, weil wir Gott und die ganze Natur mißachten!« Christines Temperament und Unverblümtheit bringt – wie fast immer – unser Gespräch weiter in Gang. Das für alle beteiligten Frauen etwas ungewohnte Gesprächsthema, der Bibeltext, scheint näherzurücken. Anne mischt sich nochmals ein und betont, daß es ihr ja auch darum gegangen sei, daß ein göttlicher Vater unmöglich seine Liebe mit Gewalttaten zeigen könne!
Ute, eine erwerbstätige Frau mittleren Alters, stimmt Anne zu und ergänzt: »Aber daß sich Gott in unserem Leben zeigt, das finde ich ganz wichtig! Wie soll ich an Gott glauben, wenn ich nichts von Gott erfahre. Natürlich müssen auch wir was dazu tun, daß Gott sich einmischen kann. Aber letztlich hängt doch alles an Gott!«
»Richtig!« sagt da Gertrud. Sie ist alleinstehend, arbeitet als Lehrerin und ist seit mehreren Jahren Ortsvorsteherin in unserem kleinen Dorf. »Für mich«, fährt sie fort, »ist diese Frage ›Warum läßt Du, Gott, uns abirren von Deinen Wegen und unser Herz verstocken?‹ der wichtigste Satz im ganzen Bibeltext. Denn auch ich habe mich schon oft gefragt, warum ich so wenig Zugang zu dem Ganzen habe. Dabei sehe ich doch, wie der Glaube manchen hilft! Und doch kann ich gegen meine Distanz nichts tun. Das hat sich auch mit meinem Kircheneintritt nicht verändert.«
»Aber genau das habe ich vorhin gemeint«, wirft da Lisa ein, »wenn wir alles verstehen und steuern wollen, dann passiert gar nichts. Du mußt auch mal Deinen Verstand loslassen können, bei allen berechtigten Fragen, die es in punkto Gott gibt!« »Ja, aber Du darfst diesen Text nicht nur auf eine persönlich beziehen!«, mischt sich jetzt wieder Christine ein, »schließlich geht's da um das Volk Israel. Und die haben sich Gott auch kriegerisch und zornig vorgestellt – gegenüber anderen und gegenüber sich selbst. Gott soll sie auch in diesem Text zu ihrem Glück zwingen, ihnen schmerzlich die Grenzen zeigen!«
»Ja, aber der Text endet doch damit, daß allen, die auf Gott vertrauen, etwas Gutes geschieht« entgegnet da wieder Gertrud! Sie hält den Text in der Hand und studiert konzentriert die letzten Sätze. »Kein Ohr hat gehört, kein Auge gesehen einen Gott außer dir, der so wohl tut denen, die auf ihn harren« zitiert sie.
»Ja, das ist ein beeindruckender Satz«, sagt da Anne, »im Grunde gilt der doch für alle Menschen, die nach Gott suchen, für alle Religionen. Nur mit dem Gott vom Anfang des Textes, der die Menschen nichts spüren läßt von seiner Güte und ihnen nicht hilft, paßt das nicht zusammen!«

Das Gespräch der fünf Frauen ging noch eine Weile um die Frage, welcher Gott denn hier nun gemeint ist – der abwesende, unbarmherzige Vater oder ein gütiger Gott, auf den nach Meinung von Anne alle Menschen in allen Religionen hoffen. Eine Lösung wird von den Frauen nicht gefunden. Der Gedanke, daß sich göttliche Macht in Naturkatastrophen erweisen könnte, ist den meisten fern. Die Macht Gottes spielt für sie eine untergeordnete Rolle – obwohl der Text mit den Licht- und Schattenseiten dieser göttlichen Macht ringt!
Alle Frauen können sich ein Eingreifen Gottes in ihr Leben vorstellen. Der Stellenwert des persönlichen Tun und Lassens auf der Suche nach Glaubenserfahrungen bleibt unstrittig. Die Frage, ob Gott auch als Mutter gedacht werden kann und ob damit andere Handlungsmöglichkeiten Gottes denkbar würden, ist nicht aufgetaucht. Der zeitgeschichtliche Kontext des Jesajatextes ist kaum angesprochen und wahrgenommen werden.
Die Äußerungen der Frauen legen – aus meiner Sicht – vor allem ein Grundthema nahe:
Gottes Macht soll durch Güte spürbar werden – fehlende Barmherzigkeit, Katastrophen und Strafen machen Gott fragwürdig.

Alle Vornamen wurden geändert! Den Gesprächsverlauf habe ich gerafft und aus Notizen rekonstruiert. Ich selbst habe mich nicht beteiligt – so hatten wir das vorher vereinbart.

Zum Gottesdienst

Susanne Labsch

Exegetisch-homiletische Skizze

Die Gesprächsrunde, die sich diesem Predigttext näherte, stellt der Predigt die Aufgabe, darüber nachzudenken, wie Gott hier erscheint. Die Frauen verschiedener Generationen, die sich dem Text näherten, fragten sich, wie Gott in ihrem Leben erfahrbar sei. Sie finden in diesem Abschnitt aus dem Jesajabuch kein eindeutiges Gottesbild, finden ihn verwirrend. Beim ersten Lesen erging es mir genauso. Das Gottesbild in diesem Volksklagepsalm schillert zwischen dunkel und hell.
Nach der Lektüre von Claus Westermanns Kommentar werde ich den Abschnitt für die Predigt eingrenzen auf die Verse Jesaja 63,15.16 sowie 64,1.2 a.3. Er erscheint mir so klarer. In der Verwirrung der vielen Gottesbezeichnungen entdecke ich einen großen Reichtum, der in einer Predigt nur angedeutet werden kann.
Im Theologischen Handwörterbuch zum Alten Testament (Hrsg. von Jenni/Westermann) stieß ich auf eine Vielzahl von inhaltlich reich gefüll-

ten biblischen Worten, Bildern und Begriffen und würde Predigerinnen und Predigern dieses Textes anraten, selbst biblische Vergleichsstellen zu suchen.

»Schau vom Himmel ...« (V. 15 a) spielt mit dem Bild des ›Angesicht Gottes‹. Zum Ausgang unserer Gottesdienste bitten wir mit den Worten um Gottes Segen, daß er sein ›Angesicht über uns erhebe und leuchten lasse‹.

Seine ›Barmherzigkeit‹ erinnert von der hebräischen Wortwurzel her an den ›Mutterschoß‹, an die ›weiblichen‹ Seiten Gottes. Ansonsten stehe sein ›Erbarmen‹ im ausschließlichen Gegensatz zu seinem Zorn. Der Ausdruck begegnet besonders in der Psalmen- und Gebetssprache. Gott wird noch mit Zurückhaltung ›Vater‹ genannt (nach Westermann), eine Bezeichnung, die heute wieder Schwierigkeiten bereitet (siehe unten).

Doch Gott ist zugleich ›Eiferer‹, der sich für oder gegen Menschen richten kann. Zweimal in Jesaja 63,16 und 64,1 wird mit dem hebräischen Wort für ›kennen‹ gearbeitet. Gott kennt die Seinen und macht sich zugleich durch furchtbare Erscheinungen kenntlich. Da liegen einige der in den Annäherungen genannten Fragen und Widersprüche dieses Abschnittes.

Viele biblische Erfahrungen mit Gott werden hier erinnert.

Wie kann dieser Reichtum von Erfahrungen in der Predigt anklingen, ohne die dunklen Seiten auszuschließen? Kann er in einer Predigt angeregt oder sogar vermittelt werden?

Der Form nach ist unser Predigtteil Teil eines großen Volksklageliedes, das von 63,15 bis 64,11 reicht. Diese Form bindet insofern, als daß diese Verse nicht als rein individuelle Gotteserfahrungen gedeutet werden können. Es enthält Anrede, Klage, Bitte und Bekenntnis einer ganzen Gemeinde. Gemeinsame Erfahrungen mit Gott werden hier benannt, wobei kein Bereich der Wirklichkeit von Gott getrennt werden kann.

In diesem Predigttext scheinen die ›dunklen Seiten Gottes‹ hervor. Mit diesen Seiten Gottes haben wir in der Verkündigung, wie die Annäherungen zeigen, große Schwierigkeiten: »Unser theologisches Denken möchte Gott von allen grausamen, intoleranten und bedrohlichen Zügen reinigen. Nur dann meinen wir, ihn als Gott festhalten zu können. Vielleicht aber ist es genau umgekehrt. Vielleicht ist nur ein Gott, der sich selbst das Äußerste an Entfremdung, Schmerz und Betroffenheit zumutet, imstande, einer Welt Hoffnung zu geben, die an solchen Zumutungen leidet« schreiben Walter Dietrich und Christian Link in der Einleitung zu ihrem Buch »Die dunklen Seiten Gottes« (siehe bei den ›Kontexten‹).

»Gott erfahren«, diese Frage möchte ich in der Predigt anhand einer Person deutlich machen, die dieses Jahrhundert fast durchlebt hat. Sie setzt sich aus Menschen zusammen, die ich kennengelernt habe. In ihren Erfahrungen werden die ›vielen Gesichter Gottes‹ deutlich, die dieser Psalm beschreibt. Sie hat trotz Fragen, Krisen und Zweifel am Glauben an Gott ›Vater‹ (V. 15) und ›Erlöser‹ (V. 16) festgehalten.

Während der Arbeit an dieser Predigtskizze las ich immer wieder in der Studie »Was die Menschen wirklich glauben ...« (Hrsg. Klaus-Peter Jörns und Carsten Großeholz, Gütersloh 1998). Dort wird untersucht, inwiefern Glaubensaussagen je nach Geschlecht und Lebensalter Zustimmung erfahren oder abgelehnt werden, wobei die Frage bleibt, ob Menschen mit höherem Lebensalter ›frömmer‹ werden oder der Glaube generationsspezifisch sei.

Zur Liturgie

Lieder

Der Predigtabschnitt findet Widerhall im alten Adventslied: »O Heiland, reiß die Himmel auf« (EG 7). Es läßt sich gut in der Tonart kombinieren und textlich konstrastieren mit einem modernen Kirchenlied: »Komm in unsre stolze Welt« (EG 428).
Mit beiden Liedern könnte ein roter Faden durch den Gottesdienst gespannt werden:
Als Eingangsstrophen EG 7,1 und 3 mit 428,1; als Lobvers eignet sich EG 7,7; als Strophen vor der Predigt: EG 7,4 mit 428,3; als Schlußstrophen EG 7,5 und 428,5.
Nach der Predigt würde ich den Kanon: »O, Herr, sei mitten unter uns« mit der Gemeinde singen (EG 576 im Regionalteil Baden, Elsaß, Lothringen).
Der Wochenspruch, Lukas 21,28 findet sich in der Vertonung von V. Ochs unter EG 21. Die Gemeinde könnte sich den Wochenspruch nach der Sendung, vor dem Segen, einander zusingen und nach dem Segen noch einmal aufnehmen.

Als *Eingangssprüche* möchte ich Jeremia 31,20 und Jesaja 49,15 sprechen wegen der beiden Gottesbilder.
Als Alternative zum *Wochenpsalm* 80 wäre auch Psalm 57 möglich.

Bußgebet

Manchmal, Gott, bis Du für mich unbegreiflich und undurchschaubar, und ich weiß nicht, was ich Dich bitten soll.
Manchmal, Gott, bist Du für mich unendlich weit weg, und ich weiß nicht, wo ich Dich suchen soll.
Manchmal, Gott, bist Du mir so fremd, und ich weiß nicht, in welchen Bildern ich Dich beschreiben soll ...
Kyrie
Oder das Gebet von Huub Oosterhuis, aus: Du bist der Atem und die Glut. Verlag Herder, Freiburg 4. Aufl. 1996:
Reiß die Wolken auseinander und komm.
Hier, jetzt sei unser Gott, wer sonst?

Niemand sonst hat uns gesucht,
niemand hat unser forteilendes Herz umgewendet, unsere widerspenstige Seele angeredet als du.
Niemand sonst hat gerufen wie ein Verliebter: Hier bin ich, hier bin ich.
Wie ein Verlorener hast du gerufen, und unser Herz kehrte um und hörte.
Wo bist du jetzt? Wo bleibt deine Leidenschaft? Bist du nicht mehr der Eine von damals?

Gnadenzusage
Richtet euch auf und hebt eure Häupter; denn eure Erlösung naht (Lukas 21,28)

Es wäre auch möglich, bei Konfirmand/innen oder in Gemeindegruppen Bilder von Gott oder Fragen an Gott zu sammeln, sowohl für die *Gebete* als auch für die *Predigt.*

Fürbittengebet
Es ist möglich, die Fürbitte an verschiedenen Adventssonntagen thematisch zu orientieren. Ich stelle hier ein Beispiel aus der Liturgie der Waldenserkirche in Italien vor, wobei dort kein Kehrvers vorgesehen ist.
Liturg/in: Du, unser Gott, bist das Licht der Welt und das Licht aller, die im Dunkel wohnen.
Sprecher/in 1: Heute beten wir für alle Frauen und Männer, die ihren Arbeitsplatz verloren haben und alle, die immer noch keinen gefunden haben ...
Wir beten für alle, die durch ihre Arbeitsbedingungen krank geworden sind ...
Weil Du das Licht der Welt bist, singen wir:
Kehrvers: »Sende Dein Licht und Deine Wahrheit ...« EG 172
Sprecher/in 2: Wir beten für alle Frauen und Männer, die ihre Arbeit im Schatten anderer tun und für alle, deren Arbeit wenig Anerkennung findet ...
Wir beten für alle, die kaum noch Vertrauen in ihre eigenen Fähigkeiten besitzen ...
Weil Du das Licht der Welt bist, singen wir:
Kehrvers: »Sende Dein Licht ...« EG 172
Aktuelle Fürbitten aus der Gemeinde ...
Liturg/in: Unser Gott, Du Licht der Welt, schenk uns offene Augen und aufmerksame Ohren, gib uns eine ausgestreckte Hand, damit wir denen, für die wir beten, begegnen können.
Bei Dir ist Erlösung. Laß uns nicht auf leichtfertige Versprechungen hereinfallen.
Stärke in uns Geduld und Mut, Dir zu folgen ...
(Übersetzt aus Chiesa Evangelica Valdese. Testi Liturgici, 2. Domenica di Advento, Torre Pellice, 1994)

Vorschlag zur Predigt

Möglicher Anfang

»O Heiland, reiß die Himmel auf ...« Eben haben wir es gesungen.
»Reiß ab vom Himmel Tor und Tür, reiß ab, wo Schloß und Riegel für«? Wollen wir, daß Gott so in unser Leben einbricht, daß er so gewaltig kommt - oder ganz anders?
»Komm in unsre stolze Welt, Herr, mit Deiner Liebe werben ...« Eben haben wir es gesungen.
Wie kommt Gott, wie erfahre ich Gott in meinem Leben?
Mit gewaltigem Arm oder mit einer eher zarten Berührung?
Heute morgen denken wir über einen Abschnitt aus dem Buch Jesaja nach, eben haben wir ihn gehört.
Die jüdische Gemeinde bat darum, daß Gott so gewaltig kommen möge: »Blicke vom Himmel und sieh ... Ach, daß du den Himmel zerrissest und führest herab!«
Sie befanden sich in dunkler, schwerer Zeit. Sie waren gewaltsam weggeführt aus ihren Häusern und Orten, der Tempel in Jerusalem war zerstört, sie hatten alles verloren und oft einander verloren. Sie sehnten sich danach, daß Gott gewaltig erscheine und eingreife in diese dunkle, stolze Welt. »Ach, daß du den Himmel zerrissest und führest herab, daß dein Name kund werde deinen Feinden und daß vor dir die Völker erbeben.«
Aber in unserem Abschnitt finden sich auch ganz andere Züge Gottes, Gott, der innere Regungen spürt, mitfühlt, sich erbarmen läßt, mitleidet. Die Gemeinde zur Zeit Jesajas bat Gott, er möge sich ihnen liebevoll zuwenden und zugleich machtvoll in ihr Leben eingreifen.
Liegt da nicht ein Widerspruch, kann und soll Gott so viele verschiedene Gesichter annehmen?
Über diese Fragen möchte ich mit Ihnen nachdenken anhand des langen Lebens einer Frau. Ich nenne sie hier Elisabeth. Viele von Ihnen werden einen Menschen wie sie kennen: Eine Frau so alt wie unser Jahrhundert, ja sogar ein bißchen älter, denn sie wurde am 24. Dezember 1899 geboren, weit weg von Neckar und Rhein. Sie hat in ihrem langen Leben viel erlebt. Vor zwei Jahren war sie so alt und lebenssatt, daß sie nur noch sterben wollte. »Wann macht Gott endlich die Tür auf...« klagte sie. »Ich glaube, er hat mich hier schon vergessen ...«
Nun aber hat sie wieder einen Wunsch: »Das wäre schön, hundert Jahre alt zu werden und das neue Jahrhundert anbrechen zu sehen. Dann hätte ich in drei Jahrhunderten gelebt.«
Wenn ich sie besuchte, entführte sie mich an entlegene Daten und Schauplätze.

Zum weiteren Verlauf
1909–1939:
Elisabeth ging in eine christliche Grundschule. Gott als Vater, Jesus Christus, der die Kinder auf dem Weg auf einer brüchigen Brücke schützt. Ein entsprechendes Bild aus ihrer Schulbibel. Gott als Schutzengel. Im Ersten Weltkrieg stand »Gott mit uns« auf dem Koppelschloß ihres älteren Bruders. Er fiel 1916. Sie hatte viele Fragen an »Gott, Vater ...«
Sie träumte von seinem ›starken Arm‹ – der beschützte und bedrückte sie zugleich.
Sie träumte von seinem Angesicht und es schien ihr liebevoll und dann wieder verzerrt.
1919 wird sie Telefonistin, in einer kleinen Stadt im Osten. Sie mag technische Entwicklungen, und sie muß für ihre Geschwister mitverdienen.
Sie gehört zur deutschsprachigen, lutherischen Minderheit. Dort lernt sie ihren Mann kennen. Sie heiratet. Drei Kinder werden bis 1939 geboren. Nach den Geburten ihrer Kinder ist sie Gott besonders dankbar, erfährt ihn als zugewandt. »Er hat vom Himmel zugeschaut ...«, sagt sie. Er hat seine Hand über uns gehalten.
1939–1949:
Jahre ohne Erbarmen nennt sie diese Zeit. Dunkel und schwer. Sie hatten jüdische Freunde, Berta und Max. Sie betrieben einen Laden und verkauften schon Schallplatten. Der Boykott, die Schmierereien, die Übergriffe. Es wurde immer schlimmer.
1942 wurde ihr Mann eingezogen, 1944 ihr Sohn, mit 19. Berta und Max verschwanden. Elisabeth konnte ihnen nicht helfen. »Wir waren so mit uns selbst beschäftigt, wir vergaßen Gott und unsere Nächsten.«
Den 14. Februar 1944 kann sie nicht vergessen. »O Heiland reiß die Himmel auf ...« Mit Überzeugung gesungen. »O komm, du Trost der ganzen Welt ...« Mit diesem Lied gingen wir auf die Flucht. Elisabeth kam mit zwei Töchtern und ihrer Mutter nach Dresden. Den Feuersturm auf Dresden haben sie überlebt. Es war wie am Jüngsten Tag, Beben und Feuer. Aber als Gottes Gericht wollte sie das nicht sehen. »Damals haben wir alle an Gott geglaubt, jeden Sonntag feierten wir Gottesdienst, stehend, in den Trümmern der Kirche.« Der Segen war ihr wichtig, das »Angesicht sollte über ihnen leuchten«.
1979 bis 1998:
Elisabeths Tochter Ruth ist Lehrerin geworden. Sie ist politisch engagiert, lebt alternativ, auf dem Land. Sie fährt mit ihrer Klasse zum Kirchentag, aber geht sonntags kaum in die Kirche.
Ruth findet, daß Gott weibliche Züge hat. Elisabeth ist dieser Gedanke etwas fremd, aber auch nicht unsinnig.
Ruths Kinder werden viel freier erzogen. Nach dem Tod ihres Mannes zieht Elisabeth zu ihr. Das Zusammenleben mit drei Generationen ist schön aber auch anstrengend.

Die Enkel stellen so viele Fragen, als sie größer werden: »Oma, wie war das damals?«
Jetzt erst trauert sie um ihre Freunde. Sie träumt wieder viel von Gott, wie er auf einer brüchigen Brücke neben ihr steht und sanft berührt und wie er an einem langen Bach neben ihr läuft. Sie liest jetzt viel in der Bibel, in den Übersetzungen von Jörg Zink.
1992 erkrankte Ruth an Krebs. Elisabeth geht in ein Altersheim. 1995 im Advent starb Ruth. Sie war 61. Elisabeth kann Gottes Willen nicht fassen. Warum öffnet er nicht die Tür für sie, eine hochbetagte Frau? »Wo bleibst du Trost der ganzen Welt ...?« Sie möchte gerne Gott schauen und ihn vieles fragen ...
Elisabeth war Telefonistin von Beruf, eine der ersten.
Ihr Urenkel hatte ihr stolz seinen Internet-Anschluß vorgeführt. Das fand sie spannend. Ihr Urenkel korrespondiert mit Freunden in aller Welt. Einer arbeitet bei ›Brot für die Welt‹ und hilft an AIDS erkrankten Kindern. Sie will etwas dafür spenden. Ihr fällt Jesus auf der brüchigen Brücke ein.

Zum Schluß
Elisabeth hat es nicht geschafft. Sie wird das neue Jahrhundert hier nicht anbrechen sehen. Über ihrem Bett hing ein geschwungenes Kreuz aus Olivenholz mit einer Taube. Ein Geschenk ihrer Tochter. »Ich kann Gott nicht sehen, aber wenn ich dieses Kreuz sehe, dann spüre ich, wie weit Christi Arme sind ...«
Ich hoffe, daß sie erfahren hat, was kein Auge je gesehen und kein Ohr je gehört hat, daß sie erfahren hat, daß Gott an ihr handelt - auch über ihr langes Leben hinaus.
Uns als Gemeinde wünsche ich, daß wir einander weiter sagen, wie wir Gott in unserem Leben erfahren und erwarten.

Alternativer Predigtvorschlag

Der Prediger oder die Predigerin öffnet Türen am Adventskalender, verschiedene Türen für verschiedene Namen Gottes, die in unserem Predigttext, besonders in V. 16 genannt werden und führt diese mit biblischen Beispielen aus:
1. Türchen: Gott als Vater (V. 16)
2. Türchen: Der unbekannte Gott, den wir nicht kennen (V. 16)
3. Türchen: Gott im brennenden Dornbusch (Jesaja 64,1)
4. Türchen: Gott als Erlöser (V. 16)
5. Türchen: Ein neues, ungewohnteres Bild, ausgehend von Jesaja 63,15: ›racham‹ - Erbarmen.

Kontexte

»Wenn wir beten, dann wissen wir, daß wir uns an Gott wenden und daß wir ihn oder sie nicht beschreiben. Wenn wir im Gebet dem Du einen Namen beigeben, dann wissen wir, daß er Gott weder definiert noch einengt. Wenn wir uns an Gott wenden als Mutter, Vater, als Geliebten oder Freundin, als Richter/in und Heiler/in, als Befreier oder Begleiterin oder auch als Sonne, Ozean, Burg, Schild und weiter als Schöpfer/in, Erlöser/in und Bewahrer/in, dann wissen wir, daß diese Ausdrücke Gott nicht beschreiben. Wenn wir zu Gott sprechen, dann sind wir uns dessen bewußt, wie unangemessen unsere Sprache zu Gott ist. Aber diese Tatsache vergessen wir nur allzu leicht, wenn wir von Gott sprechen, also wenn wir Theologie betreiben ...
Wenn wir zeigen, daß andere Modelle als die traditionellen geeignet und erhellend sind, um den christlichen Glauben heutzutage auszudrücken, dann müssen wir ein wichtiges Eingeständnis machen: Gott hat viele Namen ...«
Aus dem Nachwort des Buches von Sallie McFague, Models of God. Theology for an Ecological, Nuclear Age, Fortress Press, Philadelphia, USA 1987. Es ist leider nicht in deutscher Übersetzung zugänglich.

»Von Gott als ungegenständlicher Einheit von Sein und Sinn kann homiletisch nur in Bildern gesprochen werden! Wir sollten daher alle Bilder von Gott sammeln, beschreiben, fortschreiben – auch neue Bilder erfinden und das weit über das hinaus, was eine strenge systematische Theologie für zulässig hält.«
Aus: Gerhard Theißen, Zeichensprache des Glaubens, Chancen der Predigt heute, © Gütersloher Verlagshaus, Gütersloh 1994, Seite 97.

»Die Gesichter spiegeln also die Beziehung, die wir zu einem Menschen und die sie oder er zu uns haben.
Ganz entsprechend verhält es sich mit den Gesichtern Gottes ... In den Gesichtern Gottes sehen wir immer zugleich die Geschichte Gottes mit Menschen, wie sie uns überliefert worden ist und die Geschichte unserer eigenen Erfahrungen mit Gott bzw. unsere eigene Beziehung zu Gott.«
Aus: Klaus Peter Jörns, Die neuen Gesichter Gottes, C. H. Beck'sche Verlagsbuchhandlung, München.

»Was in den Erfahrungen von Wirklichkeit zählt ist ihre Vielheit, nicht eine davon abgezogene Einheit ... deshalb gibt es von Gott auch keinen Allgemeinbegriff. Er zeigt sich als Gott Abrahams wie als Gott Isaaks und Jakobs, aber nicht als Gott dieser ›Väter‹, sondern auch als Gott der Söhne und Töchter, als Gott Sems (Gen 9,26) oder als Gott der Naomi (Rut 1,16), zuletzt als ›Vater unseres Herren Jesus Christus‹ (1 Petr 1,3), und immer sind es verschiedene Erfahrungsfelder, die sich mit diesem Namen verbinden.«
Aus: Walter Dietrich, Christian Link, Die dunklen Seiten Gottes, Willkür und Gewalt, Neukirchener Verlag, Neukirchen-Vluyn 1995, 2. erg. Aufl. 1997.

3. Sonntag im Advent

Annäherungen an den Predigttext
Brief an die Gemeinde in Rom 15,4–13

Jörg Passoth

1. »Biblisches Gespräch«

Eine Gruppe von ca. 14 Gemeindegliedern, vorwiegend ältere Frauen und einige weniger Männer, z. T. seit vielen Jahren in der einen oder anderen Weise im Leben der Gemeinde engagiert, treffen sich wöchentlich zu Bibellektüre und Gespräch.

»Darum nehmt einander an, wie Christus euch angenommen hat...« Nach einer ersten Wahrnehmung des Textes wird V. 7 als das eigentliche Thema ausgemacht. Besonders wichtig sind auch noch V. 5 (Der Gott der Geduld und des Trostes, der mit diesen Elementen so etwas wie Eintracht untereinander überhaupt erst möglich macht) und V. 13 (Der Gott der Hoffnung, der, der uns mit seiner Hoffnung ansteckt und sie in uns immer reichhaltiger macht.)

»Angenommen sein ...« Das ist die entscheidende Voraussetzung. Nur wer sich angenommen fühlt, angenommen ist, kann auch anderes annehmen – womöglich sogar über die Grenzen hinweg, die doch jeder und jede hat und bei sich selbst und bei anderen gelegentlich heftig zu spüren bekommt. *Einträchtig gesinnt sein* untereinander, sich annehmen über Grenzen hinweg – ein hohes Ziel angesichts so vieler eindeutig entgegengesetzter Alltagserfahrungen. Schwer genug zu erreichen. Nun aber nicht nur einigermaßen miteinander auskommen, sondern auch noch *mit einem Mund loben*!? Ist das nicht ein bißchen viel verlangt?

Und außerdem wäre es doch gerade schön, wenn das Lob Gottes mit verschiedenen Stimmen gesungen würde. Muß denn alles »einstimmig« sein? Und dann sollen auch noch *»Heiden«* in das Lob Gottes einstimmen, also Menschen, die vielleicht einen ganz anderen Gott haben. Das weckt Erinnerungen an gewaltsame Missionspraktiken. So doch sicher nicht, aber wie dann?

»Freut euch, ihr Heiden ...« (V. 10). Liest man im Dtn. den Kontext der zitierten Stelle, dann demonstriert dort der absolut allein herrschende Gott auf blutrünstige Weise sein Durchsetzungsvermögen. Und das soll die Heiden dazu animieren, Gott zu loben? Hier aber heißt es, daß die Heiden Gott loben um seiner Barmherzigkeit willen (V. 9).

Fragen und Bedenken. Trotz allem: »Die Gemeinschaft der einander Fremden« - der Juden, der Heiden, der Christen im Römerbrief - das ist heute mehr als ein interessantes Thema angesichts wachsender und z. T. zu politischem Konzept erhobener Fremdenfeindlichkeit. In unserer Gemeinde gibt es Menschen, die dafür sensibel sind, z. T. in Erinnerung an Martin Niemöller - die Kirchengemeinde Dahlem der Ort, an dem die Bekennende Kirche entstand - z. T. weil heute Kirchenasyl zu gewähren mit zum Leben der Gemeinde gehört. »Die Gemeinschaft der einander Fremden« - eine besondere Herausforderung, wenn die Fremdheit bzw. die jeweilige Besonderheit von Gott aufrechterhalten, ja geradezu hervorgehoben, gar gefördert wird und trotzdem in ein gemeinsames Loben einmündet.

»Wo tauchen denn bei uns Fremde auf?« Das Gespräch wendet sich dem Gottesdienst zu. Manchmal kommen Trauernde oder andere zufällige BesucherInnen. Sprechen wir sie an? Woraufhin sprechen wir sie an? Wie können wir das besser tun?
Bisherige Erfahrungen werden erörtert, Verbesserungsvorschläge für Begrüßung, für das Kirchen-Café (das regelmäßig nach den Gottesdiensten stattfindet), für die Abkündigungen (die so gestaltet sein müssen, daß auch Fremde sich zurechtfinden), für die »Einladung der Neuen« (Neuzugezogene, die demnächst eingeladen werden sollen zu einem ersten Kennenlernen) werden gesammelt.

2. Kirchen»fremde«
Berufstätige mittleren Alters mit z. T. erheblicher Kirchendistanz. Einige Reaktionen auf den Text und auf den »Treffpunkt Gottesdienst«.
»Das höchste Ziel der Religionen ist Erlösung. Sie haben die Summe des Glücks auf Erden außerordentlich vermehrt, aber auch die des Unglücks: Gewalt, Schreckbilder und Zuchtmittel, Gewissenspein und Intoleranz gegenüber Andersdenkenden und Andersgläubigen. Das irdische Glück, das Kirche wirklich hervorrief, lag vor allem in der Nächstenliebe und im Trost. Der christlichen Aufforderung, seine Nächsten wie sich selbst zu lieben, sind wohl nur wenige Menschen nachgekommen. Aber der Appell »Liebet eure Feinde!«, der zwar eine Überforderung unserer seelischen Möglichkeiten darstellt, hat doch die Menschen immer wieder bewegt und manches Unglück geringer gemacht. Aus diesem Geist ist der Respekt vor dem Individuum entstanden und das Paket jener bürgerlichen Freiheiten, die wir heute in Händen halten. Das Wort »Heide« hat darin keinen Platz; es signalisiert heute Intoleranz, Abwertung.« (Redakteurin, 60 J.) »Schon das Wort ›Heide‹ regt mich auf. Jeder, ob Christ oder Nichtchrist, soll nach seiner Façon selig werden.« (Psychologin, 48 J.)
»Aber reicht das denn? Muß nicht aus dem einfachen Gewährenlassen, dem Nebeneinander in unserer multikulturellen Gesellschaft vornehmlich in den Großstädten ein Miteinander werden, ein aktives Miteinander?

Und wie gehen wir da mit den ›Heiden‹ um, mit denen, die eigentlich nicht zu uns gehören? ›Kommt doch mal vorbei, schaut euch um, macht mit, feiert mit uns Gottesdienst!‹ Geht das so?« (Redakteurin, 60 J.)
»Wenn ich denn schon mal aus kulturhistorischem Interesse oder durch Freundschaftsbeziehungen Kontakt zur katholischen Kirche bekam, dann hatte ich Probleme mit den für mich fremden Ritualen, obwohl ich doch auch Christin bin. Gottesdienst, das ist für mich so etwas Intimes, ein spontaner, manchmal gar unkontrollierter und unkonturierter Rückgriff in die Kindheit mit seiner scheinbaren Glückserfahrung.
Ich brauche eben mein mir vertrautes Umfeld und fühle mich durch Fremde gestört und abgelenkt und glaube, daß das umgekehrt den Fremden nicht anders ergeht, wenn wir zu ihnen in ihre Gotteshäuser kämen.« (Psychologin, 48 J.)
»Gemeinschaft der Fremden? Das bedarf einer Vorbereitung. Die Leute müssen vorgestellt werden. Man muß etwas über sie und ihre Traditionen erfahren. Ich lade mir ja auch keine Menschen von der Straße ein, sondern solche, die ich kenne und von denen ich schon weiß, daß ich mit ihnen ein paar gemütliche Stunden verbringen werde. – Vielleicht ließe sich ein partnerschaftliches Miteinander nach dem Modell der Partnerstädte entwikkeln.« (Kauffrau, 54 J.)
»Die Fremden fremdeln doch auch. Sie wollen doch auch nicht, daß wir zu ihnen in die Moschee kommen. Und wir stören ja auch, weil wir gar nicht mittun können, eben fremd sind. Es müßten andere Veranstaltungen sein außerhalb der Kirche, z. B. im Gemeindesaal ...« (Dipl. Ing., 59 J.)
»Ich würde ja auch nicht einfach in eine Synagoge gehen. Das hat nichts mit Ablehnung oder Intoleranz zu tun, sondern mit Rücksichtnahme. Ich weiß, daß ich eine Fremde bin. Aber ich bin Mitglied in der Deutsch-Jüdischen Gesellschaft. Das ist für mich der Ort, etwas von mir zu geben und Fremdes aufzunehmen. Das Fremde wahrzunehmen und nicht sofort anzunehmen ist doch eine ganz normale Reaktion. Toleranz ja, Miteinander nur, wenn es wirklich gewünscht wird. Man muß sich doch nicht in persönliche Erlebniswelten hineindrängeln. Das riecht so nach Missionieren aus alten, unseligen Zeiten ...« (Journalistin, 51 J.)
»So ein christliches Gebot, jeden anzunehmen, ist zwar sehr löblich, aber nicht realistisch. Egal ob es sich um Juden, Schwule, Lesben, Türken, Hindi, Fußballer oder andere Gruppierungen handelt, die Fremden sind zunächst mal Außenstehende und man läßt sie es fühlen. Aber auch in den inneren Zirkeln gibt es Abgrenzungen bis hin zu offener Feindschaft. Gruppe gegen Gruppe, Betonklötze gegen Liberale, Nobel-Markenträger gegen ›Normalo‹-Jeansträger usw.
Jeder sagt erst mal, er sei tolerant. Das ist heute zum Klischee geworden. Aber hier geht es ja darum, ob ich mit Fremden einen Gottesdienst z. B. teilen will, so wie ich ihn verstehe. Ich glaube nicht. Da soll alles so sein, wie ich es aus meiner Kindheit kenne, von der ersten Note bis zum letzten

Gebet. Aber wenn die Kirche Begegnungen solcher Art will, dann gibt es doch so viele Möglichkeiten. In der außerkirchlichen Welt ist das längst üblich. Ich habe schon berufsmäßig viele Feste zu besuchen. Da treffe ich ständig Menschen, die anders aussehen, anders leben und denken als ich, na und! Aber innerkirchlich ist der Toleranzaufruf und das Sich-Kümmern meist mit Aufgaben für die Dritte Welt verbunden. Und da geht es immer im Pflichten statt um Freude. Dabei wäre alles so einfach. Man müßte es nur so anpacken, wie es außerhalb der Kirche schon längst geschieht.« (Fotograf, 48 J.)

Zum Gottesdienst

Eckhard Herrmann

Exegetisch-homiletische Skizze

»Bereitet dem Herrn den Weg; denn siehe, der Herr kommt gewaltig.« Der Wochenspruch - Jesaja 40,3.10 - gibt das Thema des Gottesdienstes (und der Predigt) an diesem 3. Advent vor.
»Bereitet dem Herrn den Weg!« Aber wie?
Paulus nimmt im Römer 14,1–15,13 zu einem die Gemeinde belastenden Streit zwischen den sogenannten »Starken« und den sogenannten »Schwachen« Stellung. »Schwach« steht für jene Christinnen und Christen, die sich strikt an - in den Augen des Apostels übertriebene - religiöse (v. a. Speise-)Gebote halten, um es Gott auf jeden Fall recht zu machen. Für »stark« hingegen halten sich diejenigen, die sich über diese Ordnungen hinwegsetzen, weil sie sich der Gnade Gottes sicher sind. Zu ihnen zählt sich auch Paulus.
»Der Herr kommt«, und darauf will man vorbereitet sein. Jede und jeder auf seine Weise. Es geht um die Frage der Rechtfertigung: Was muß ich tun (und was lassen), um Gott recht zu sein?
»Wie soll ich dich empfangen und wie begegn' ich dir?« [EG 11,1]. »Ihr dürft euch nicht bemühen noch sorgen Tag und Nacht, wie ihr ihn wollet ziehen mit eures Armes Macht. Er kommt, er kommt mit Willen, ist voller Lieb und Lust, all Angst und Not zu stillen, die ihm an euch bewußt.« [EG 11,7]
»Stark« oder »schwach« bedeutet nicht: »richtig« oder »falsch«. Es gibt nicht nur eine Möglichkeit, Gott den Weg zu bahnen und sich auf seine Ankunft vorzubereiten. Deswegen fordert Paulus auch keine Entscheidung zugunsten der einen oder der anderen Lebens- und Glaubensweise; sondern - für viele Parteigänger beider Gruppierungen sicherlich eine Zumutung - er läßt beide gelten, vorausgesetzt, daß dabei Gott im Blick bleibt und ihm gedankt wird (vgl. Römer 14,6).

Konsequenterweise ermahnt Paulus die Christinnen und Christen in Rom, nicht nur die Ansicht des anderen zu akzeptieren und zu tolerieren, sondern auch den anderen selbst. Mehr noch: Der Apostel ruft die Gemeindeglieder - allen Meinungsverschiedenheiten zum Trotz - zu einem einträchtigen Miteinander auf. »Nehmt einander an!« (Römer 15,7; vgl. Römer 14,1). Schließlich, so seine Begründung, sind auch sie - alle, ohne Ausnahme - angenommen: von Christus selbst, der sie nicht in »Starke« und »Schwache« einteilt, sondern gleichberechtigte Brüder und Schwestern in ihnen sieht.
»Bereitet dem Herrn den Weg!« Wie? Indem ihr einander annehmt. Das ist der alltägliche »vernünftige« (vgl. Römer 12,1) Gottesdienst, zu dem Paulus auffordert. Gegenseitige Annahme »zu Gottes Lob« (Römer 15,7).
»Bereitet dem Herrn den Weg!« der Wochenspruch, dem die Gottesdienstbesucherinnen und Gottesdienstbesucher vor der Predigt - sei's bei der Begrüßung, sei's bei einem der liturgischen Texte des Eingangsteils - schon einmal begegnet sein sollten, ist für mich die Tür zum Text und der Einstieg in die Predigt.

Vorschläge zur Liturgie

Kollektengebet
Gott, du hast die Tür zwischen dir und uns ganz weit aufgemacht.
Du willst zu uns, und wir können zu dir kommen.
Du sitzt mit uns an einem Tisch, und wir sind deine Gäste.

Wir bitten dich:
Hilf uns, die Türen zu öffnen und die Mauern niederzureißen,
die uns von anderen und andere von uns trennen,
die uns den Blick zueinander versperren und uns einsam machen.

Hilf uns, zu erkennen, wo wir einander brauchen und uns gegenseitig helfen können.

Damit Licht, dein Licht, in unsere Häuser und Herzen komme.

Fürbittengebet
Wir blicken zurück und danken dir, Gott, für alles, was du uns in den vergangenen Wochen und Monaten geschenkt hast.
Wir danken dir für Begegnungen mit Menschen, denen wir und die uns nahegekommen sind,
für Gespräche, die uns und andere weitergebracht haben,
für Worte, die ermutigt und Gesten, die getröstet haben.

Wir sehen uns um und bitten dich, Gott, für alle, die auf ein Zeichen deiner Nähe warten.
Wir bitten dich für die Entmutigten, daß sie sich wieder mehr zutrauen;

für die Arbeitslosen, daß sie sich keine Sorgen mehr um das tägliche Brot machen müssen;
für die Asylsuchenden, daß sie bei uns Sicherheit und ein neues Zuhause finden;
für die Kranken, daß sie in ihrem Leid nicht allein gelassen werden;
für uns, daß du uns die Augen öffnest für alles, was um uns herum geschieht, und uns Kraft gibst, in deinem Namen zu handeln, wo wir gebraucht werden.

Wir schauen nach vorn und bitten dich, Gott, für alle, die sich aufmachen, um etwas Neues anzustoßen.
Wir bitten dich für alle, die sich um Menschen kümmern, die Hilfe brauchen, daß sie die passenden Worte finden und das Rechte tun;
für alle, die für eine gerechte, eine friedliche, eine bessere Welt eintreten, daß sie mit ihrem Einsatz etwas bewirken und daß ihre Träume wahr werden;
für alle, die sich Gedanken über die Zukunft machen, daß sie Gleichgesinnte finden, die sie unterstützen, ihre Gedanken zu verwirklichen;
für alle Christinnen und Christen, daß es ihnen gelingt, deiner Frohen Botschaft mit Worten und Taten Gehör zu verschaffen und deinem Namen Ehre zu machen.

Liedvorschläge
Zu Beginn: EG 17,1-3: »Wir sagen euch an den lieben Advent« (bei jeder Strophe wird eine Kerze des Adventskranzes entzündet); als Glorialied (trotz der Adventszeit): EG 337: »Lobet und preiset, ihr Völker, den Herrn« (vgl. Römer 15,11) oder EG 181.6: »Laudate omnes gentes«; vor der Predigt: EG 11: »Wie soll ich dich empfangen«; nach der Predigt: EG 9: »Nun jauchzet, all ihr Frommen« oder EG 10: »Mit Ernst, o Menschenkinder«.

Vorschlag zur Predigt

Möglicher Predigtanfang
»Bereitet dem Herrn den Weg«, ruft uns der Prophet Jesaja zu, »denn siehe, der Herr kommt gewaltig.«
»Bereitet dem Herrn den Weg!« Aber wie? Wie sollen wir Gott empfangen? Heute, in diesem Gottesdienst? In ein paar Tagen ... zum großen Fest? Und immer dann, wenn er zu uns kommen will?
Advent. Was haben wir da nicht alles zu erledigen! Karten und Briefe müssen geschrieben werden, Geschenke besorgt, das Essen für die Festtage, der Weihnachtsbaum, die Feier im Sportverein, das Konzert in der Schule ...; schließlich möchte man es doch allen recht machen. Da bleibt – ich jedenfalls erlebe das in diesen Wochen so – kaum noch Zeit, sich selbst

ein paar ruhige Augenblicke zu gönnen und sich auf den zu besinnen, um dessen Advent, dessen Ankunft es eigentlich geht: auf Gott.
»Bereitet dem Herrn den Weg!« Aber wie?
Eine Frage, die sich vor knapp zweitausend Jahren auch die Christinnen und Christen in Rom gestellt haben.
Wie können wir uns auf das Kommen Gottes vorbereiten? Was müssen wir tun ... und was vielleicht auch lassen, damit Gott den Weg zu uns findet?

Zum weiteren Verlauf
a) Rom ...
Der Prediger/die Predigerin kann an dieser Stelle die unterschiedlichen Weisen beschreiben, in denen sich die Christinnen und Christen in Rom auf die Wiederkunft des Auferstandenen einstellen. Auf der einen Seite die Vorsichtigen, die Ängstlichen, die »Schwachen«, die »auf Nummer sicher« gehen wollen und sich selbst zur Einhaltung zahlreicher Gebote verpflichten, um es Gott recht zu machen. Auf der anderen Seite die »Starken«, die fest davon überzeugt sind, daß sie sich Gottes Gnade nicht verdienen, sondern nur schenken lassen können. Zwischen den Frauen und Männern dieser beiden Gruppen kommt es zum Streit. Denn alle halten die jeweils eigene Glaubens- und Lebensauffassung für die richtige, die der anderen hingegen für die falsche. Wer hat recht?
b) ... und wir ...
Hier bietet sich ein Transfer in die Gegenwart an. Vielleicht haben sich einige Hörerinnen und Hörer der Predigt im Stillen mit den Christinnen und Christen der einen oder anderen Gruppe in Rom identifiziert und erwarten jetzt eine Art Bestätigung für die Richtigkeit des von ihnen gewählten - sei's anerzogenen, sei's nach eigenem Suchen gefundenen - Weges. Vielleicht kann der Prediger/die Predigerin - aus der Distanz und ohne jede Wertung - schlaglichtartig erzählen, wie Menschen heute, womöglich in der eigenen Gemeinde, versuchen, Gott den Weg zu bereiten. Dabei sollte er/sie - wie Paulus - ruhig auch den Mut haben, zu zeigen, wo er/sie selbst steht.
c) Nehmt einander an ...
Wer hat recht? Niemand! Keiner macht es besser als der andere. Deswegen mahnt Paulus zu gegenseitiger Toleranz, zu Eintracht und Frieden, und: »Nehmt einander an ...! Akzeptiert nicht nur die andere Meinung; akzeptiert auch den anderen Menschen!«
»Nehmt einander an, wie Christus euch angenommen hat zu Gottes Lob!« Römer 15,7 als Motto des Advent; als gemeinsamer Versuch, dem Herrn den Weg zu bereiten.
d) ... wie Christus euch angenommen hat ...
Christus und wir. Mit Blick in die Evangelien richtet der Prediger/die Predigerin die Aufmerksamkeit der Hörerinnen und Hörer auf Menschen, die wir - heute - dem Beispiel Jesu folgend im Namen Gottes annehmen sollen.

»Nehmt einander an, wie Christus die Zöllner angenommen hat!« - Menschen, die sich durch ihr Verhalten selbst ins Abseits manövriert haben, warten darauf, daß ihnen Brücken gebaut werden müssen, auf denen sie wieder in die Gesellschaft zurückkehren können.
»Nehmt einander an, wie Christus die Kranken angenommen hat.« - Menschen, die, weil sie krank oder behindert sind, nur noch teilweise oder gar nicht mehr am Leben ihrer Umgebung partizipieren können, warten auf Zeichen der Nähe, auf Worte der Hoffnung und auf Taten der Liebe.
»Nehmt einander an, wie Christus seine Mitmenschen angenommen hat!« - Die Trauernden, die Stummen, die Fremden, die Zweifelnden und die Verzweifelten, die Hilfsbedürftigen und die Mittellosen. »Nehmt einander an ...«, wie Christus Menschen angenommen hat, die - es geht (auch) um die Frage der Rechtfertigung! - ihm nichts bieten konnten außer ihrem Vertrauen und ihrem Glauben.
Es fehlt nicht an biblischen »Typen«, für die sich Entsprechungen in der Gegenwart (und womöglich auch in der Gemeinde) finden lassen.
Annahme im Namen Christi kann auch konkret werden in der finanziellen Beteiligung an Hilfs- und Spendenaktionen, zu denen gerade im Advent (»Brot für die Welt«, »Misereor« etc.) aufgerufen wird. Vielleicht unterstützt die Gemeinde ja ein konkretes Projekt.
e) ... zu Gottes Lob
Christinnen und Christen machen Gott Ehre, wenn sie - trotz unterschiedlicher Charaktere und entgegengesetzter Ansichten - die Gemeinschaft untereinander und das Miteinander mit anderen suchen. Gegenseitige Annahme geschieht nicht um des eigenen Vorteils willen, sondern zum Lobe Gottes; sie ist »vernünftiger Gottesdienst« (Römer 12,1).

Möglicher Predigtschluß
»Bereitet dem Herrn den Weg; denn siehe, der Herr kommt (gewaltig).« - Advent. Weihnachtspost hin, Einkäufe her. Gott kommt. Zu jeder und jedem von uns - so, wie wir sind. Gott sei Dank!

Kontexte

Johannes Jourdan: Gott kommt zu uns

Wir müssen nicht mehr zweifelnd nach ihm fragen.
Gott kommt zu uns,
um seine Gnade anzusagen.
Gott kommt zu uns und läßt uns wieder hoffen.
Sein großes Herz ist für uns alle offen.
Gott kommt zu uns.

Lene Mayer-Skumanz: Jetzt kann Gott kommen

Ein Mann erfuhr, daß Gott zu ihm kommen wollte. »Zur mir?« schrie er. »In mein Haus?« Er rannte durch alle Zimmer, er lief die Stiegen auf und ab, er kletterte zum Dachboden hinauf, er stieg in den Keller hinunter. Er sah sein Haus mit anderen Augen. »Unmöglich!« schrie er. »In diesem Sauhaufen kann man keinen Besuch empfangen. Alles verdreckt. Alles voller Gerümpel. Kein Platz zum Ausruhen. Keine Luft zum Atmen.« Er riß Fenster und Türen auf. »Brüder! Freunde!« rief er. »Helft mir aufräumen - irgendeiner! Aber schnell!« Er begann, sein Haus zu kehren. Durch dicke Staubwolken sah er, daß ihm einer zu Hilfe gekommen war. Sie schleppten das Gerümpel vors Haus, schlugen es klein und verbrannten es. Sie schrubbten Stiegen und Böden. Sie brauchten viele Kübel Wasser, um die Fenster zu putzen. Und noch immer klebte der Dreck an allen Ecken und Enden. »Das schaffen wir nie!« schnaufte der Mann. »Das schaffen wir!« sagte der andere. Sie plagten sich den ganzen Tag. Als es Abend geworden war, gingen sie in die Küche und deckten den Tisch. »So«, sagte der Mann, »jetzt kann er kommen, mein Besuch. Jetzt kann Gott kommen. Wo er nur bleibt?« »Aber ich bin ja da!«, sagte der andere und setzte sich an den Tisch. »Komm, und iß mit mir!«

(aus: »Die Mietwurzel«, Verlag St. Gabriel. © Lene Mayer-Skumanz, Wien)

Siegfried Macht: Ent-Täuschung

Noch immer erwarten

die Priester den Priester
den großen Gelehrten

die Krieger den Krieger
den mächtigen Herrscher

die Fans ihren Star
die Reichen Profit

aber Gott wird Mensch

(aus: S. Macht, Dein Name ist DuBistBeiMir, © beim Autor)

4. Sonntag im Advent

Annäherungen an den Predigttext
2. Brief an die Gemeinde in Korinth 1,18–22

Theodor Bohlen

Zu dem Gesprächskreis, dem ich den Text vorlege, gehören 12–15 Frauen und Männer im Alter von 40–75 Jahren. Sie treffen sich einmal im Monat und sind an Fragen des christlichen Glaubens interessiert.
Das folgende Gesprächsprotokoll faßt die wichtigsten Beiträge, Fragen und Antworten zusammen
1. Die Lektüre des Predigttextes löst zunächst Schweigen aus. Zögernd stellt ein Teilnehmer die Frage nach dem Hintergrund des Textes. Die Verse 15–17 werden gelesen: Paulus hat seinen Reiseplan geändert. Er kann die Zusage, die Gemeinde in Korinth zu besuchen, nicht einhalten. Das löst in Korinth Enttäuschung aus und wird als Vertrauensbruch empfunden.
Ein Teilnehmer - Mitglied der evangelikal geprägten Landeskirchlichen Gemeinschaft - reagiert sehr spontan und direkt: »Der Anlaß ist für mich nicht so wichtig. Die wichtigste Aussage dieses Abschnittes ist für mich: Gott sagt in Jesus Ja zu uns Menschen.« Er fügt hinzu: »Jesus ist Gottes Ja zum Menschen.«
2. Die Teilnehmer und Teilnehmerinnen sind dankbar für diese klare Aussage. Sie fragen nach: »Was bedeutet es für uns, daß Gott Ja zum Menschen sagt?«
Das Gespräch wird lebhafter. Eine Frau erinnert sich an die Taufe ihres Enkels: »Der Pastor hat gesagt: ›Gott sagt in der Taufe Ja zu jedem von uns. Er redet uns mit Namen an; wir sind ihm wichtig, von Kind an‹.«
Mehrere Mitglieder führen diesen Gedanken weiter. »Darauf hat Martin Luther seinen Glauben, ja sein Leben gegründet: Ich bin getauft!« »Gott sagt aber auch Ja zu unseren Fehlern und Schwächen. Er heißt sie nicht gut. Aber er kennt uns. Seine Geduld, zu vergeben, ist grenzenlos.«
»Sagt Gott auch manchmal nein?« »Sicher, er sagt nein zu allen todbringenden Mächten, zu allen das Leben zerstörenden Kräften. Er sagt nein zur Sünde, aber nie nein zum Menschen.«
3. Ein älterer Mann erhebt Einspruch, andere reagieren darauf: »Gottes Ja zum Menschen beißt sich mit der Art und Weise, wie wir mit den Menschen umgehen. Wie oft sagen wir nein zu anderen Menschen. Und wir behandeln sie entsprechend. Warum läßt Gott das zu?« »Er läßt es nicht zu. Er

hört nicht auf, uns einzuladen, uns Mut zu machen, auch Ja zu anderen Menschen zu sagen.«
»Das ist Nächstenliebe. Was ist Nächstenliebe anderes als: Ja sagen zu Menschen, so wie sie sind. So fängt Nächstenliebe an.«
»Aber wenn wir Gottes Ja zum Menschen ernstnehmen, dann müssen wir auch öfter nein sagen: dort, wo Menschen Böses zugefügt wird.«
»Wo sie ungerecht behandelt werden, wo ihre Menschenwürde verletzt wird.«
»Davor drücken wir uns viel zu oft.«
»Wenn Gott Ja zu uns sagt, dann müssen wir nein zu allem sagen, was dem Ja Gottes entgegensteht.«
»In unserem Bibelabschnitt steht: Unser Wort soll nicht ja und nein zugleich sein. Was heißt das für uns?«
»Ich verstehe darunter, daß wir das, was wir sagen, auch in die Tat umsetzen müssen.«
»Wir dürfen unser Fähnchen nicht in den Wind hängen.«
»Wort und Tat gehören zusammen. Jesus hat auch getan, was er gesagt hat.«
»Bonhoeffer hat einmal dem Sinne nach gesagt (Beitrag des Diakons): Nur wer gegen das Unrecht protestiert, das den Juden passiert, darf auch gregorianische Gesänge singen.«
4. Ein Teilnehmer stellt fest: »Wir haben bisher nur von Gottes Ja gesprochen. Aber am Anfang haben wir gesagt: Jesus ist Gottes Ja zum Menschen.«
»Ja, an Jesus wird Gottes Ja zum Menschen deutlich.«
Die Teilnehmer erinnern an Erzählungen und Gleichnisse des Neuen Testaments: an Zachäus, an das Gleichnis vom verlorenen Sohn, an Heilungsgeschichten. »Gottes Ja zu Jesus wird vollends deutlich in Jesu Tod am Kreuz.«
5. Zum Abschluß des Gesprächs stellt eine Teilnehmerin die Frage: »Wieso konnte Jesus das, ja sagen zu Menschen?«
»Er hatte Vertrauen zu Gott. Er konnte zu Gott ›Vater‹ sagen. Er wußte sein Leben in Gottes Hand. Das machte ihn frei, ja zu sagen, zu sich selbst und zu seinen Nächsten.«

Zum Gottesdienst

Dieter Schupp

Exegetisch-homiletische Skizze

1.
Was sich die Experten – sicherlich nach langem Nachdenken – dabei gedacht haben, 2. Kor 1,18–22 als Predigttext für den 4. Advent in die Peri-

kopenordnung aufzunehmen, bleibt mir rätselhaft. Geschludert hat man allemal, denn entgegen allen exegetischen Erkenntnissen bleiben die Verse 15–17, die für das Verständnis des Textabschnittes unbedingt nötig sind, unberücksichtigt.
Paulus hat seine Reisepläne geändert. Er kann die Zusage, die Gemeinde in Korinth zu besuchen, nicht einhalten. Es muß einmal von ihm ein »Ja, ich komme zu euch« gegeben haben, aber nicht, um dort ein paar Freunde zu besuchen, sondern um nach dem Rechten zu sehen. Die Gefahr der Spaltung besteht innerhalb der Gemeinde und man erwartet, daß er auf Grund seiner apostolischen Autorität es fertigbringt, daß Gleichgesinnte – allen sonstigen Unterschieden zum Trotz – dennoch miteinander leben und in Gottes Namen gemeinsame Sache machen können. Sein Kommen wäre nötig, seine Anwesenheit unbedingt erforderlich.
Doch seine Zusage kann Paulus nicht einhalten, weil er (eine Begründung bleibt er schuldig) seine Reisepläne ändern mußte. Das löst in Korinth Enttäuschung aus und wohl auch Groll; es wird als Vertrauensbruch empfunden und als unglaubwürdiges Verhalten bewertet.
Jetzt muß er sich nicht nur rausreden, sondern auch verteidigen bzw. in einem ganz profanen Sinne rechtfertigen. Dabei greift er – nicht ungeschickt – tief in die theologische Kiste und schließt nach einer kleinen Doxologie ab mit einem »Amen«.
Ein bißchen riecht das schon nach »Roma locuta – causa finita«, aber eben auch danach, daß Verhältnisse und Umstände es zuweilen unabdingbar nötig machen, Pläne zu ändern bzw. wichtige Vorhaben fallen zu lassen, ohne im einzelnen erklären zu können, warum und wieso.

2.
Suche nach Überschriften:
»Gegen den Vorwurf der Unwahrhaftigkeit« – (Luther-Bibel).
»Paulus wehrt sich gegen falsche Anschuldungen« – (Mit vollem Einsatz, IBS)
»Jesus ist Gottes Ja zum Menschen« – (Annäherungen an den Predigttext)
»Gereizte Stimmung in der Gemeinde wegen mangelnden Vertrauens« – (Das NT für Menschen unserer Zeit)
»Der Reiseplan des Apostels und seine Zuverlässigkeit« – (Wendland in NTD, Seite 146)
»Wie der Herr, so's G'scherr« – Volksmund.

3.
Zu den Annäherungen:
Typisch für ein Mitglied der evangelikal geprägten landeskirchlichen Gemeinschaft ist die spontane Aussage (2): »Der Anlaß ist für mich nicht so wichtig. Die wichtigste Aussage dieses Abschnittes ist für mich: Gott sagt ja zu uns Menschen.« Er fügt hinzu: »Jesus ist Gottes Ja zum Menschen.«

Das ist ein gescheiter und wohl auch richtiger Satz, der allerdings - für mich - nur aus lauter Buchstaben besteht. Für mich, - nicht jedoch für andere, denn T. Bohlen protokolliert: »Die Teilnehmer und Teilnehmerinnen sind dankbar für diese klare Aussage.« Alles klar?
Wieder einmal ist es einem Evangelikalen gelungen, andere mit einem »schlagkräftigen« Satz regelrecht zu bevormunden. Und niemand wagte es danach, nachzufragen, warum Paulus sich gezwungen sieht, sich so zu äußern. Man hat ihm vorgeworfen, seine Rede sei zuweilen zugleich ein Ja und ein Nein, er sei unzuverlässig und unglaubwürdig. Paulus leugnet keineswegs, daß er seine Pläne hat ändern müssen, aber er bestreitet mit aller Entschiedenheit, leichtfertig und gedankenlos gehandelt zu haben. »Gott ist mein Zeuge, daß unser Wort an euch nicht ja und nein zugleich ist.« (V. 18).

4.
»Wie der Herr, so's G'scherr« oder »Von der Glaubwürdigkeit«
- In der Verkündigung geht es einzig darum, daß Gott zur Sprache kommt: als eine Wirklichkeit in einem Ja-Wort zeitlich da und gegenwärtig ist.
- Jeder Satz, in welchem Gott zur Sprache kommt, ist zugleich immer auch ein Satz, der eine Aussage macht grundsätzlich über die Welt und über den Menschen, in Sonderheit über mich selbst.
- Gerade dort, wo Verkündigung wirklich Verkündigung des Glaubens sein will, darf um der Wirklichkeit des Glaubens willen kein einziger Satz mehr fallen, der eine Aussage allein über Gott macht.
- Die Verkündigung ergreift die Wirklichkeit des Glaubens gerade dann nicht, wenn sie die Wirklichkeit meiner selbst und dieser Welt ausklammert und sich gewissermaßen einzig auf die Wirklichkeit Gottes spezialisiert.
Meines Erachtens lohnt es sich, aus gegebenem Anlaß neu nachzudenken über eine Passage aus Bultmanns Aufsatz »Welchen Sinn hat es, von Gott zu reden?« (Glauben und Verstehen I, Seite 26 ff.): »Versteht man unter ›von Gott‹ reden ›über Gott‹ reden, so hat solches Reden überhaupt keinen Sinn, denn in dem Moment, so es geschieht, hat es seinen Gegenstand, Gott, verloren ... Denn jedes ›Reden über‹ setzte einen Standpunkt außerhalb dessen, worüber geredet wird, voraus. Einen Standpunkt außerhalb Gottes aber kann es nicht geben, und von Gott läßt sich deshalb auch nicht in allgemeinen Sätzen, allgemeinen Wahrheiten reden, die wahr sind ohne Beziehung auf die konkrete existenzielle Situation des Redenden ... In wissenschaftlichen Sätzen, d. h. in allgemeinen Wahrheiten von Gott reden, bedeutet eben, in Sätzen reden, die gerade darin ihren Sinn haben, daß sie allgemein gültig sind, daß sie von der konkreten Situation des Redenden absehen. Aber gerade indem der Redende das tut, stellt er sich außerhalb der tatsächlichen Wirklichkeit seiner Existenz, mithin außerhalb Gottes und redet von allem andern als von Gott.«

5.
Es ist anzunehmen, daß die »Perikopen-Experten« sich bewußt gegen 2. Kor 1,15–22 824) und für 2. Kor 1,18–22 entschieden haben.
Der Grund?
Man muß so Paulus nicht in Schutz nehmen, braucht ihn und die Situation in der damaligen Gemeinde in Korinth nicht unbedingt erwähnen (Gefahr einer Spaltung) und hat leichter reden ›über Gott‹. Es läßt sich von Gott in allgemeinen Wahrheiten reden, die wahr sind ohne die Beziehung auf das konkrete historische und geschichtliche Umfeld (Kontext) und ohne die konkrete existentelle Situation des Redenden verantwortlich mitzubedenken.
Herauskommen muß dann ein so wahrer Satz wie (siehe Annäherungen): »Gott sagt in Jesus ja zu uns Menschen.«
Ich stelle mir vor: Ihn und andere vergleichbare »wahre Sätze« hört ein 14jähriger Hauptschüler, eine alleinerziehende Mutter, ein junger Schichtarbeiter, eine trauernde Witwe, ein Ehepaar mit zigtausend Mark Schulden ...

6.
Korinth, im Jahre 54 nach Christus: Ein Gespräch unter den Fischweibern auf dem Markt:
»Wenn Paulus kommt ...«
»Er kommt nicht. Hast du noch nichts vom dem Brief gehört, den er uns geschrieben hat?«
»Wie, was?? Einen Brief! Er wollte doch selbst zu uns kommen. Hat er jedenfalls fest versprochen. Und warum kommt er nicht?«
»Es ist ihm halt was dazwischengekommen. Mußte seine Reisepläne ändern.«
»Ha, ha! Das Pflaster hier ist ihm wohl zu heiß. Er hat ja damals schon seinen Zwischenaufenthalt kurzerhand abgebrochen, weil es zu scharfen Auseinandersetzungen gekommen ist. Erst zusagen und jasagen, dann aber doch absagen, – mein lieber Herr Apostel! Mal so und mal so, – das nenne ich Zuverlässigkeit!!«
»Ich kann das so nicht sehen. Ich glaube nach wie vor, daß man sich auf jedes Wort von ihm verlassen kann. Es sind halt manchmal die Verhältnisse, die einen dazu bringen, aus einem Ja ein Nein machen zu müssen. Weil es einfach nicht anders geht!«
»Ja, ja, so kann man alles drehen und wenden ... Und mit den ›Verhältnissen‹ läßt sich grad alles begründen, he?«

Vorschläge zur Liturgie

Votum
»Kommt und laßt uns Christum ehren, Herz und Sinnen zu ihm kehren, singet fröhlich, laßt euch hören, wertes Volk der Christenheit.«

Introitus-Psalm
Ps 85,2–8

Lesung
Mt 5,33–37

Eingangsgebet
In deinem Namen, Gott in Ewigkeit, sind wir zusammen, um uns durch dein Wort daran erinnern zu lassen, daß du deinen Sohn in diese enge und oft so dunkle Welt schickst, zu uns, deinen wunderlichen Kindern. So möge zu uns kommen der, der von sich gesagt hat: »Ich bin das Licht der Welt.« Wir brauchen es, sind darauf angewiesen: daß uns ein Licht aufgeht, wir erleuchtet werden, klar sehen und einsehen, wohin der Weg führt, den du mit uns gehen willst. Laß es hell und klar in uns und um uns werden, durch Jesus Christus, deinen Sohn.

Wenn schon die Predigt – bedingt durch den Textabschnitt – wenig Adventliches zu bieten hat, so sollten im Gottesdienst wenigstens fünf Adventslieder gesungen werden.

Fürbittengebet
Wir beten zu Gott und bitten:
in das Leben derer mit seiner Liebe zu kommen,
die sich einmal falsch entschieden haben,
sich mit Entscheidungen schwer tun,
in einem konkreten Fall nicht ja und nicht nein sagen können,
durch besondere Umstände von einem Entschluß abrücken mußten,
unter einem nicht eingehaltenen Versprechen leiden,
die jemanden ungerecht beurteilten,
in einer Krise stecken
und sich fürchten vor jeder Veränderung.

Wir beten zu Gott und bitten:
in das Leben derer mit seinem »Ja« zu kommen,
die überall nur abgelehnt werden,
umgeben sind von lauter Verboten,
sich nichts zutrauen, es keinem recht machen können,
ständig nur ein Nein zu hören bekommen,
sich vorkommem müssen wie eine Null
und nichts mehr für ihr Leben erwarten.

Wir beten zu Gott und bitten ihn:
in das Leben derer als ein Licht zu kommen,
die vor einer Wand stehen,
nicht mehr wissen, woher sie kommen und wohin sie gehen sollen,

sich vor dem nächsten Mirgen fürchten,
felsenfest glauben, daß es nicht weitergeht,
aus allen Wolken gefallen sind,
keinen Halt mehr haben,
wie blind durch ihr Leben gehen
und - enttäuscht wie sie sind - nur noch zu allem nein sagen:
zu sich selbst, zu ihren Mitmenschen und zu dir, Gott.
Laß sie erfahren, daß du an deinem Ja festhältst,
und wenn du meinst, wir könnten dir dabei helfen,
so rede uns an, sprich nur ein Wort.

Vorschlag zur Predigt

Möglicher Anfang (1)
Auffällig in den Talkshows im Fernsehen: Die vielen »Jeins«.
»Haben Sie diesen Mann je geliebt?« - »Würdest du dieser Partei deine Stimme geben?« - »Ist es möglich, so ohne jegliche Perspektiven weiterzuleben?«
»Jein!«
Also nicht ja und nicht nein.
Es mag ja durchaus ein paar Situationen in unserem Leben geben, wo wir - wenn wir danach gefragt werden - weder mit einem klaren Ja noch mit einem eindeutigen Nein antworten können.
Das aber sollte die Ausnahme sein.

Weiterer Verlauf
Es fällt uns schwer, Jesu Wort aus der Bergpredigt wortwörtlich zu nehmen: »Eure Rede aber sei: Ja, ja; nein, nein. Was darüber ist, das ist vom Übel.«
Auch Paulus hat es beim besten Willen nicht geschafft, seine den Korinthern gegebene Zusage einzuhalten: Die Umstände, die Verhältnisse ...
Wir projizieren unser Verhalten (wankelmütig, unentschlossen, unzuverlässig usw.) in bestimmten Situationen des Lebens auch auf Gott, nur umgekehrt proportional »Wie's G'scherr, so der Herr!«
Bei Gott aber ist ein Ja ein Ja. Und ein Nein ein Nein. Das zieht sich, wie ein roter Faden (biblisches Beispiel) durch die Lebensgeschichte z. B. eines Josefs.
Gottes Ja ist Person, ist Mensch geworden in Jesus Christus. Seitdem kann Gott nicht anders als ja sagen zu uns Menschen. Zu uns, seinen unzuverlässigen Kindern.

Möglicher Anfang (2)
Was erwarten wir?
Daß jemand kommt in unser Leben und uns sagt, was wir uns selber nicht sagen können: ein lösendes Wort, einen wegweisenden Satz, eine aufre-

gende Bemerkung, ein eindeutiges Ja zu diesem Schritt, den wir uns vorgenommen haben oder ein klares Nein zu der Entscheidung, die wir zu treffen haben ...

Vielleicht haben wir da schon jemanden im Sinn, sogar im Auge. Von ihm versprechen wir uns etwas, er ist absolut vertrauenswürdig.

Schön, wenn er käme: »Mein Paulus ...«

Doch sicher ist das nicht. Menschen können uns täuschen und enttäuschen und manchmal sind sie, sind wir eben schwächer als die Umstände, die Verhältnisse.

Paulus weist hin auf den einen, der allein und unbedingt verläßlich und glaubwürdig ist. Sein Ja ist ein Ja und wird ein Ja bleiben, selbst über Raum und Zeit hinweg. Er ist der, der sein Versprechen einhält und an seinem Ja festhält.

Möglicher Anfang (3)

Mir gefällt – auf den 4. Adventssonntag bezogen – der Vorschlag zur Predigt von Chr. Schad in Gottesdienstpraxis Serie A, Bd. 1 (1993), Seite 39.

Ich will ihn hier mit wenigen Worten wiedergeben:

Er sagt: »Ja!« Gott leistet sich das. Niemanden schließt er aus, sondern vorbehaltlos jede und jeden ein. Die Fremdlinge und Gäste in unseren Städten und Dörfern nicht weniger als uns Einheimische; die Brüder und Schwestern im Osten Deutschlands und genauso die Türken, Polen und Vietnamesen ...

Leben, denken und handeln wir aus der Kraft solcher Lebensbejahung?

Kierkegaard: »Ich, der ›Entweder-oder‹, kann keinem mit einem ›Sowohl-als-Auch‹ dienen. Ich bin im Besitz eines Buches ... ›Das Neue Testament unseres Herrn und Heilandes Jesu Christi‹«. Mit ihm sagt Gott »Ja« zu allein seinen Geschöpfen; durch ihn spricht er den Gottlosen, mich, los von schuldbeladener Vergangenheit; in ihm ist Gottes Liebe, die dem verlorenen Sohn entgegenläuft, begreifbar, leibhaftig geworden.

Das Weihnachtsfest, auf das wir zugehen, erinnert uns an diese unüberbietbare Menschenfreundlichkeit Gottes ...«

Weiterführende Stichworte

- Weil Gott ja zu mir sagt ohne Wenn und Aber, obwohl ich so bin, wie ich bin (ironisch, vergeßlich, nachtragend, unaufrichtig ...), kann ich mich auch selbst bejahen und nachsichtig mit mir sein.
- Weil Gott ja zu mir sagt ohne Wenn und Aber, obwohl ich so lebe, wie ich lebe (zurückgezogen, gehemmt, unsicher, schuldbewußt ...), kann ich mit einem Nein leben (Ablehnung, Enttäuschung, Verweigerung usw.)
- Weil Gott ja zu dir sagt ohne Wenn und Aber, obwohl du so bist, wie du bist (kritiklos, fremd, evangelikal, leichtfertig ...), kann ich dich nicht ablehnen und mit dir »fertig sein« dürfen.

- Weil Gott ja zu uns sagt (Gemeinde, Christen, Protestanten, Frauen, Deutsche ...), werden wir auch euch (Andersdenkende, Unbequeme, Liberale, Kurden ...) annehmen und gelten lassen.
- Weil Gott ja zu euch sagt (Schwierige, Konsumorientierte, Unterhaltungssüchtige, Moslems, Lesben ...), dürft ihr in meinen Augen nicht weniger (...) sein als ich.
- Wo ich (du, wir, ihr) aber davon leben will, daß ich ein respektabler, unfehlbarer Mensch bin, mich selbst idealisiere und mich auf Erden schon in unmittelbarer Nachbarschaft zu Gott wähne, da sage ich nein zu Gott.
- Wo du (ich, wir ihr) dich aber weigerst in deinem Dünkel, im anderen, der anders ist als du deinen Bruder zu sehen, deine Schwester, da sagst du nein zu Gott.
- Wo wir (ihr, du, ich) das edle Bild, das wir von uns besitzen und das wir kultivieren, ständig nur den anderen vorhalten, uns jedoch weigern, uns neben ihnen auf dem »Sünderbänkchen« Platz zu nehmen, da sagen wir nein zu Gott.
- Wo ihr (wir, ich, du) euch einredet, ihr seid allein im Besitz der Wahrheit (Weisheit, Glaube) und von uns definitiv verlangt, daß wir genauso glauben, denken und leben sollen wie ihr, da sagt ihr nein zu Gott.

Zum Predigtschluß
Wenn ich mich selbst (in meiner Fehlerhaftigkeit) annehmen darf und wenn ich von anderen (in meiner Schwierigkeit) akzeptiert werde und wenn ich die anderen, die mir so Fremden, zu bejahen versuche, bekomme ich - wie Paulus - »offene Augen« für Jesus. Dann begreife ich, was er mit Gnade meint: »Durch Gottes Gnade bin ich, was ich bin.«
Wer auf diese Weise »offene Augen« bekommt, der ist vielleicht nicht immer pünktlich, ordentlich (...), aber verläßlich und glaubwürdig. Ein Ja ist ein Ja, und ein Nein ist ein Nein. Er bleibt nicht immer in »Jerusalem«, nimmt nötigenfalls Umwege in Kauf, kann feste Termine nicht immer einhalten (...) der geht dort hin, wo er gebraucht wird und tut das, was ihm vor die Hand kommt, ohne ängstlich zu sein. Er lebt, denkt, glaubt und handelt aus der Kraft jener Lebensbejahung und Menschenfreundlichkeit Gottes, die Person geworden ist in Jesus Christus.

Heiliger Abend

Annäherungen an den Predigttext Jesaja 9,1-6

Anke Zimmermann

Ausgangssituation: Ich habe den Predigttext mit den Konfirmandinnen und Konfirmanden des Kirchspiels besprochen. Es sind Jugendliche im Alter von 12 bis 14 Jahren aus drei kleineren Dörfern im Waldecker Land.

Erste Annäherungen der Konfis an den Text:
»Der Text gehört zu Weihnachten, aber da gibt es auch noch schönere von den Hirten und den Königen und den Engeln.« Die Konfis haben sofort eine Nähe zu Vers 5 gefunden und damit Jesu Geburt in Bethlehem assoziiert. Von diesem Vers ausgehend (Zentrum) konnten sie die übrigen Verse des Textes etwas besser verstehen.
Als Vorfragen mußten geklärt werden:
- Was ist ein Joch, eine Jochstange?
- Was ist gemeint mit dem Tag Midians?
- Wie sind die »komischen« Namen (Vers 5b) zu verstehen?
- Ist ein Wunder-Rat ein Wunderheiler?

Ein Konfirmand konnte die historische Einordnung des Textes nicht verstehen. Er sagte: »Es hört sich an, als ob Jesus schon gekommen ist. Aber das ist doch erst im Neuen Testament so. Woher wissen das die Leute, als Jesaja gelebt hat?« Andere deuteten den Text als Voraussage, wie es sein wird, wenn Jesus kommt.
Viele Konfis hatten den Eindruck, daß der Text »irgendwie gut« ist: Ein Zeichen der Freiheit kommt vor (Jochstange, Stecken zerbrechen), es ist von Frieden die Rede und von Gerechtigkeit.

Die einzelnen Verse:
1: »Es ist schön, wenn es hell ist, da kann man sich freuen.« Das Licht wird mit Jesus in Verbindung gebracht. Einer Konfirmandin fällt dazu das Licht der Engel bei den Hirten auf dem Feld ein.
2: Dieser Vers war gut zu verstehen. »Da gibt's was« (Beute). »Da kann man sich freuen. Es ist ein schönes Bild, wenn sich die Menschen freuen. Das paßt gut zu Weihnachten.«

3: Dieser Vers ist ohne Vorinformationen nicht zu verstehen gewesen. Er wirkt komisch und ergibt für die Konfis keinen Sinn. Nach den Erläuterungen meinerseits wurde klar, daß die Befreiung gut ist und daß Gott die Last abnimmt.

4. »Es sollte jedesmal so gehen«, damit war gemeint, daß kein Krieg mehr sein soll. »Da ändert sich was.« Ein Konfirmand vermutete, daß alle Untaten vergeben und vergessen sind, woraufhin eine Konfirmandin fragte, was mit den Unschuldigen sei, die unter den Stiefeln und Soldatenmänteln gelitten hätten.

5: Zu diesem Vers konnten die Konfirmandinnen und Konfirmanden den besten Zugang finden. Die Geburt des Kindes hat sie an ihre eigene Geburt erinnert. »Das Kind macht die Welt schön« sagte eine Konfirmandin. Es war sofort klar, daß mit diesem Kind Jesus gemeint ist. Dem zufolge erinnerten sich die Konfis an die Geburtsgeschichten aus dem Neuen Testament. Sehr befremdend wirkten die aufgeführten Namen in der zweiten Vershälfte. Am ehesten konnte man sich unter »Friede-Fürst« etwas vorstellen.

6: Von Vers 6 blieb der Begriff Frieden in Erinnerung als Wunsch für das eigene Leben und für die ganze Welt. Mit dem Thron Davids und dem Gottesnamen Zebaoth konnten die Konfis nichts anfangen. Die Worte Recht und Gerechtigkeit sind eher abstrakt geblieben. Eine Konfirmandin hatte die Idee, daß damit ein gutes Miteinander, Geschwisterlichkeit gemeint sei.

Abschließende Eindrücke der Pfarrerin aus dem Gespräch mit den Konfis:
Nach anfänglichen Befürchtungen (schwierige Worte, schwierige Themen) war ich angenehm überrascht, daß sich die Konfis auf diesen Bibeltext einlassen konnten und ihn nicht einfach als »doof und unverständlich« abgetan haben. In allen Unsicherheiten und in allem Nichtverstehen (aber welcher Erwachsene kann das von sich weisen?) ist ihnen deutlich geworden, daß Gott Macht hat: »Er will die Welt mit uns verändern.« »Durch Jesu Geburt kann Frieden werden. Keiner muß mehr in Unterdrückung leben. Gott will Freiheit. Keiner muß mehr Angst haben.« Diese Dimension wurde deutlich gehört. Ein Konfirmand wies darauf hin, daß gute und schlechte Zeiten (Frieden und Krieg, Licht und Dunkelheit, Last und Freude, Unterdrückung und Gerechtigkeit) in dem Text vorkommen und daß das genauso im Leben ist. Zu dem Licht aus Vers 1 meinte eine Konfirmandin, daß damit freundliche Menschen gemeint seien, die teilen und zusammenhalten.
Für die Predigtvorbereitung denke ich mir folgendes:

- Vers 3 und 4 sind ohne Erklärungen (historischer Hintergrund) kaum zu verstehen.
- Die Namenreihe in Vers 5 b könnte eine separate Predigt wert sein. Da wird man und frau sich entscheiden müssen. Vielleicht sind kurze Übertragungen möglich.

- Ich könnte mir vorstellen, aus diesem Predigttext Parallelen zur »vertrauten« Weihnachtsgeschichte ziehen zu können, z.B. Finsternis auf dem Weg, bei den Hirten u.a.
- Die großen Begriffe des Textes (Frieden, Gerechtigkeit, Unterdrückung) müßten meines Erachtens materialisiert werden, um wirklich anzukommen. Aufgabe der Predigt könnte es sein, sie mit Leben zu füllen, damit sie für das eigene Leben relevant werden.
- Im Gespräch mit den Konfis wurde mir klar, wieviel Kraft dieser Text hat. Er ist ermutigend gehört worden. Gott wird viel zugetraut. Weihnachten hat die Welt verändert. Das ist doch allemal eine Predigt wert!

Zum Gottesdienst

Stefan Claaß

Exegetisch-homiletische Skizze

Wie in jeder neuen Umgebung ist es guter Brauch, sich erst einmal in der Nachbarschaft umzusehen. Der vorliegende Abschnitt ist (vgl. Kap 7) von den mittelalterlichen Kapiteleinteilern zu einem Neuansatz geworden, weil er als eine der zentralen messianischen Verheißungen in der Hebräischen Bibel angesehen wurde. Inhaltlich ist er jedoch eine deutliche Fortführung der in Kapitel 8 geschilderten Lage: Naphtali und Sebulon sind in Angst (8,23), weil sie nach dem syrisch-ephraimitischen Krieg vom Stammland abgetrennt und so »in Schmach gebracht« wurden.
Wie diese Schmach und Trübsal zu überwinden seien, danach sollen nicht »Totengeister und Beschwörer« (8,19) befragt werden, sondern der »Herr Zebaoth, der auf dem Berg Zion wohnt« (8,18). »Hin zur Weissagung und hin zur Offenbarung!« (8,20) – das ist der Grund, aus dem die Verheißung des Propheten sprießt, aus dem Dunkel der Angst herauszufinden.
Er leitet seine Verheißung ein mit dem Zeichen des Lichts, das Befreiung kündet. Es ist ein ähnliches Licht wie in Gen 1,3, das das Dunkel und das Chaos schlagartig besiegt. Zum anderen denken wir an das Licht, das in den Wohnungen der Israeliten zu sehen war, während die Ägypter im Finstern tappten (Exodus 10,23). Diese Erinnerung an die große Befreiung führt der Prophet auch in den anderen Bildern fort, wenn er vom Zerbrechen der Jochstange und des Treibersteckens spricht (vgl. Exodus 5,13 ff.). In Vers 2 finden wir den Hinweis auf den Tag Midians. Damals hat Gideon mit wenigen Kämpfern einen überraschenden Sieg gegen die Midianiter errungen. Auch dies ein Hinweis, daß mit Gottes Hilfe Geringes über scheinbar Großes zu siegen vermag. Nach dem Zeichen des Lichts und der Er-

innerung an Gottes einschlägiges Handeln spricht der Prophet nun von einem Zeichen, das in die Zukunft weist: Ein Kind ist uns geboren ... (Ähnliche Geburtsankündigungen finden sich in Rut 4,17; 1. Könige 13,2; 1. Chronik 22,9). Typisch ist auch, daß nun die Aufgabe, die Funktion dieses kommenden Herrschers beschrieben wird, indem ihm entsprechende Namen gegeben werden: Wunder - Ratgeber - Gott - Held - Vater auf ewig - Friedensfürst. (Näheres bei R. Gradwohl: Bibelauslegungen aus jüdischen Quellen, ctb 37, Stuttgart, 2. Aufl. 1995, Bd. 2, Seite 148 ff.). »Der Knabe besitzt eine Aufgabe für das ganze Volk ... Gekoppelt mit der Herrschaft - einer Friedensherrschaft - ist die Realisierung von »Recht und Gerechtigkeit«. Der Friede ist immer nur dann verwirklicht, wenn er sich im gesellschaftlichen Raum niederschlägt. Ohne Recht im Innern bleibt der Friede nach außen hin - im Bereich der Völker - bruchstückhaft.« (Gradwohl, a. a. O., Seite 152) Offensichtlich ist zu Jesajas Zeit die Prophetie auf König Hiskia bezogen worden. Mit fortschreitender Enttäuschung wurden die Verse dann auf eine eschatologische Ebene verlagert.
Zum anderen haben sich spätere jüdische Exegeten von der Vorstellung distanziert, das Heilsereignis sei bereits eingetreten (wurde uns geboren, »prophetische Vergangenheit«) - wohl auch in Abgrenzung gegen entsprechende christliche Meinungen, die die Verheißung für Jesus von Nazareth in Anspruch nahmen.

Zur Situation: Heiligabend ist ins Zentrum des Weihnachtsfestes gerückt. Schon der erste Feiertag ist zum »Nachklang« des Festes geworden (vgl. die Beobachtungen von Karl-Fritz Daiber in Gottesdienst Praxis, Serie B, Weihnachten, Gütersloh 1996). Sehnsucht und Wehmut wehen genauso durch die Kirche wie die Erleichterung, nach dem Langstreckenrennen durch die Adventszeit nun am Ziel zu sein. Heiligabend ist nicht mehr Ausgangspunkt der Weihnachtszeit, sondern Endpunkt der Vor-Weihnachtszeit. Kaum geboren ist das göttliche Kind schon am Ziel angelangt -?
In den Reihen der Gemeinde sind auffällig viele »Heimkehrerinnen und Heimkehrer« zu sehen - Studierende, die Weihnachten bei den Eltern verbringen. Neben der familiären Zusammenführung ist die Wiedersehensfreude mit den Jugendfreunden rund um den Gottesdienst eine fröhliche Angelegenheit. Viele der Jugendlichen leben das ganze Jahr über ganz anders als ihre Eltern - aber das Fest feiern sie in klassischen Traditionen. Wenige nutzen des Jahres beste Gelegenheit zum Opponieren.
Das Thema Familie/Generationen ist fester Bestandteil des Abends. Nach den - mehr oder weniger - eingestandenen Sehnsüchten zu Weihnachten liegen zur Zeit des Gottesdienstes auch die ersten Enttäuschungen hinter den Beteiligten.

Zur Predigtplanung: Egal, welcher Abschnitt der Bibel zur Auslegung vorgesehen ist: Lukas ist immer dabei! (siehe Annäherungen) Ohne die klassi-

sche Weihnachtsgeschichte aus Bethlehem ist ein Gottesdienst am Heiligabend für viele Menschen eine Enttäuschung. Sie setzt die Atmosphäre, sie ersetzt zunehmend die häusliche Lesung, sie ist das Zentrum. Ich sehe wenig Sinn darin, die Gemeinde hier »umerziehen« zu wollen. So ist es gut, im Blick auf Jesaja den guten Lukas nicht aus den Augen zu verlieren. Die Struktur der prophetischen Verheißung scheint mir geeignet, auch die Predigt zu stützen: Zeichen des Festes - Erinnerung/Vergewisserung der Erfahrung mit Gott - begründete Hoffnung auf das Kommende.
Die Predigt wird nicht darauf verzichten können, den Lebenshorizont der einzelnen aufzunehmen, aber sie sollte um des Propheten willen nicht dabei bleiben (s. o. Zitat von Gradwohl). Auch im Blick auf die Konfirmandinnen und Konfirmanden der Annäherungen habe ich mich entschieden, die »Zeichensprache« des Propheten aufzunehmen und so zu versuchen, die Brücke über die Zeiten zu schlagen. Wichtig ist mir am Ende, einen Weg zu finden, der Weihnachten zum Anfang von etwas werden lassen kann. Das Fest als Endstation (s. o.) wäre für mich kein Weihnachten.

Alternativvorschlag: Für eine narrative oder dialogische Form könnte sich ein Gespräch zwischen Jesaja und seiner Frau eignen (siehe Jesaja 8,34). Hier treffen sich zwei entgegengesetzte Erfahrungen aufeinander: die vertraute und in der Hebräischen Bibel häufig anzutreffende, daß die Geburt eines Kindes die Wende zum Guten anzeigt (siehe z. B. die Geburt des Mose) - und die entgegengesetzte in Jesaja 8, in der der eigene Sohn Raubebald-Eilebeute als unheilvolles Vorzeichen des Kriegszugs der Assyrer erscheint. Thema der Predigt könnte dann sein, daß nicht jedes neugeborene Kind ein (sentimentales) Zeichen für neue Hoffnung ist, sondern daß die gegensätzlichen Zeichen in Jesaja 8 und 9 *beide* darauf hinweisen, daß Gott in der Welt handelt und sich zu erkennen gibt. Christologischer Ausblick könnte dann sein, daß in unserer Welt Krippe und Kreuz aus demselben Holz geschnitzt sind.

Vorschläge zur Liturgie

Introitus: Psalm 2,1-6 oder 96,10-13

Lieder: EG 56: Weil Gott in tiefster Nacht erschienen; aus dem Regionalteil Hessen des EG 652: Stern über Bethlehem, 593: Licht, das in die Welt gekommen. Aus Thuma Mina, Internationales ökumenisches Liederbuch, München 1995: 263: Auf, singt das Lied, das Umsturz preist, 271: Heute noch kommt Gottes Wort (Str. 2: heute fällt in unsre Dunkelheit großes Licht ...).
Für die Predigt schlage ich an der jeweiligen Stelle kurze Zwischengesänge vor.

Die Liturgie der Christvesper und Christmette lebt vom Wechsel zwischen kurzem Reden und dem Singen der Gemeinde. Zwischen vielen vertrauten Liedern dürfen auch ein bis zwei neue dazukommen (s. o.). Dazwischen hören wir nur Eröffnung - Psalm - Gebet - Evangelium nach Lukas 2 - Predigt - Fürbitten/Vaterunser - Segen.

Eröffnung

Ehre sei Gott in der Höhe und Friede auf Erden bei den Menschen seines Wohlgefallens! Herzlich willkommen zur Christvesper/nacht in der ... kirche. »Heilige Zeiten sind wie Brunnen«, so habe ich neulich gelesen, »heilige Zeiten sind wie Brunnen, deren Wasser unsichtbar bleiben. Es bedarf der Umsicht und Geduld, Gefäße in sie hinabzulassen und auf das Echo ihres Eintauchens zu hören. Solche Brunnen versiegen selten, oft aber werden sie verschüttet.«

Laßt uns heute nacht den Krug unseres Herzens in den Brunnen des Christfestes versenken. Schon hören wir das geheimnisvolle Rauschen jener unsichtbaren Wasser: Ein Kind wird geboren und notdürftig versorgt, über denen, die im Dunkeln leben scheint ein neues Licht, neue Hoffnung keimt auf. Laßt uns den Krug unseres Herzens in den Brunnen senken und schmecken, womit er sich füllt - im Namen des Vaters und des Sohnes und des Heiligen Geistes.

Eingangsgebet

Erste/r: Gott, du bist Mensch geworden. So sehr liebst du deine Schöpfung, daß du dich in diese Gefahr begeben hast. Ja, es ist gefährlich unter den Menschen, lebensgefährlich.

Zweite/r: Es schnürt uns die Kehle zu, Gott, wenn wir sehen, wie wenig wir Menschen das Leben achten - andere töten - ausstoßen - verachten - übersehen.

Trostlose Gestalten sind wir - und voller Sehnsucht.

Erste/r: Reiß den Himmel auf, Gott, gib uns Luft zum Atmen, damit uns die Weihnachtshoffnung nicht im Hals stecken bleibt.

Singen wollen wir, Gott, singen gegen das Dunkle, gegen Angst und Resignation:

Lied: EG 5: O Heiland, reiß die Himmel auf ...

Fürbitten

Erste/r: Du kommst zu uns, Gott und feierst mit uns das Leben. Wir möchten mitfeiern: wahrhaftig, freudig und hoffnungsvoll. Deshalb bringen wir unsere Weihnachtsbilder und Weihnachtsgefühle zu dir - denn sie nadeln so schnell wie die Bäume zuhause.

Zweite/r: Du hast den langen Atem, Gott. Hauche uns von ihm ein, damit wir nicht müde werden, dein Kommen zu feiern.

Kyrie eleison ...

Erste/r: Wir feiern, indem wir an Menschen denken, die vor dir unsere Schwestern und Brüder sind:
Zweite/r: Wir denken an die, denen dein Fest dunkel bleibt, weil sie niemanden haben, um Freude zu teilen -
Kyrie eleison ...
Erste/r: Wir denken an die, denen Krieg und Gewalt das Licht verstellen.
Zweite/r: Wir denken an die, die nach Brot hungern und nach Zuwendung -
Kyrie eleison ...
Erste/r: Wir denken an Menschen im Dunkel der Nacht und schließen sie in unsere Feier mit ein, denn du kommst zu allen.
Zweite/r: In der Tiefe, Gott, dein Erbarmen. In der Nacht, Gott, dein Licht. In unserem Leben: Jesus Christus, Mensch, der dir gleicht. In unserer wunden Welt, Gott, Spuren davon, wer du bist und wer wir sein könnten -
Kyrie eleison ...
Vater unser ...

Vorschlag zur Predigt

Möglicher Anfang
Diese Nacht ist anders als alle anderen Nächte. Nichts ist wie sonst. Wir hören andere Geräusche, wir riechen andere Gerüche, wir ziehen uns anders an, wir machen ein anderes Gesicht, wir fühlen uns anders, wir erwarten Anderes, wir erinnern uns an andere Dinge als in allen anderen Nächten des Jahres. Wenn wir hier unter uns für jede Erinnerung eine Kerze entzündeten, ein heller Schein würde die Kirche, ja die ganze Stadt erfüllen.
Stellen Sie sich vor: für jede Erinnerung eine Kerze. Unser erstes Weihnachten, das wir noch vor Augen haben - Weihnachten, als wir in die Schule kamen - wie wir als Jugendliche gefeiert haben. Das erste »eigene« Fest mit der Freundin, dem Freund. Diese Nacht verbindet alle Jahre unseres Lebens miteinander. Die Erinnerungen aneinandergereiht ergäben eine beeindrukkende Lichterkette - sie beleuchtet, wonach wir uns sehnen, wofür wir dankbar sind, worüber wir uns freuen und das, was uns maßlos enttäuscht hat. Wir sind ganz in unsere eigenen Weihnachtsempfindungen verstrickt. So kommen wir hierher und über alle flackernden Kerzlein hinweg erstrahlt ein kosmisch grelles Licht, das uns fürs erste mächtig blendet. Was ist das? Wir schauen auf, wir horchen auf, hört zu:
Lesung Jesaja 9,1-6
Lied: EG 261,1: »Sonne der Gerechtigkeit«, evtl. nur instrumental.

Zum weiteren Verlauf
»Was ist das für ein Licht, verehrter Jesaja, von dem du erzählst?«
Jesaja gibt kurz Auskunft über die Situation im Nachkriegsland: Die Leute leben in Angst, es herrscht das Recht der Stärkeren. (Wo werden 1999 aktuelle Beispiele zu finden sein: immer noch im Kosovo? Im Sudan?)

Viele erinnern sich an die Zeit in Ägypten: Menschen zur Zwangsarbeit vergattert, ohne Rechte, ohne Würde (siehe Vers 3).
Gott hat damals den Mose geschickt und durch ihn neue Freiheit, neue Hoffnung. So wird er einen neuen Menschen schicken, der Gerechtigkeit und Frieden bringen wird.
Lied: »Ubi caritas« (Taizé) oder »Komm, göttliches Licht« (Thuma Mina 150)

Der Evangelist Lukas mischt sich ins Gespräch ein: Das Licht, von dem Jesaja erzählt, ist das gleiche, das auf den Hirtenfeldern um Bethlehem erstrahlte (2,9: die Klarheit des Herrn). Vieles erkennt Lukas in Jesajas Erzählungen wieder: die Fremdherrschaft der Römer im Land, die Rechtlosigkeit der Juden: Jeder Römer konnte einen Juden einfach zu Hilfsdiensten verpflichten. Soldatenstiefel als Zeichen der Zeit.
Gott setzt dagegen: ein neugeborenes Kind, das die Verhältnisse von unten her aufrollen wird.
Lied: »Meine Hoffnung und meine Freude« (Taizé, in: Thuma Mina 92)

Wir müssen Jesaja und Lukas leider eingestehen: Unsere Welt ist immer noch bedroht, zerrissen, noch nicht alle (Springer)Stiefel sind in der Müllverbrennung gelandet. Aber wie die Juden in Ägypten, wie die Christen in Bethlehem erfahren haben, so geht auch uns neues Licht der Hoffnung auf. Wo Christus an Einfluß gewinnt, wo Menschen in seiner Sphäre leben, da wächst Mut gegen die Angst, Lachen gegen die Gewalt. Mal ehrlich: Wem trauen wir auf lange Sicht mehr zu? (Zur Illustration dieser Frage stelle ich ein Paar Springerstiefel und ein Paar Babyschuhe auf die Kanzel.)
Instrumental: »Es ist ein Ros entsprungen« EG 30

Möglicher Schluß
Zum Schluß, liebe Gemeinde, noch eine kleine Frage: Wie gedenken Sie Ihre Hoffnung und Ihre Freude für die Welt von diesem Weihnachten her ausstrahlen zu lassen? Oder anders: Kann das große helle Licht über allem Volk eine neue Kerze in Ihrem eigenen Leben entzünden?
Diese kleine Frage ist oft die schwerste. Aber schauen Sie auf die Babyschuhe und schauen Sie auf die Stiefel. Aus kleinen Anfängen wird oft mehr als aus den großen Plänen. Ich möchte Ihnen zum Fest eine kleine Idee schenken. Wahrscheinlich haben Ihnen zahlreiche Menschen ein frohes und gesegnetes Fest gewünscht. Wie wäre es, wenn Sie ein oder zwei Leute herauspicken würden, um Ihnen in den nächsten Tagen zu schreiben: »Liebe Helene, lieber Kurt ... Du hast mir ein frohes Weihnachtsfest gewünscht. Das war schön von Dir. Und weißt Du was? Dein Wunsch ist (nicht) in Erfüllung gegangen. Weihnachten geht mir immer noch im Kopf herum. Was wird aus all den guten Wünschen? Was wird aus dem Kind werden? Ich habe mir gedacht, ich könnte Dir einmal genauer schreiben, worauf ich wirklich hoffe, worum ich Gott bitten möchte in diesem Jahr - Doppelpunkt:
Lied: »Dies ist die Nacht« EG 40

Kontexte

»Hoffnung ist die Fähigkeit, die Musik der Zukunft zu hören. Glaube ist der Mut, in der Gegenwart danach zu tanzen.«
(Peter Kuzmic, Kroatien)

anrufungen: gott ohnbeginn / gott endverbleib / gott ruhestark / gott odemnah / gott gerneklein / gott ewigklang!
(kurt marti, gott gerneklein, Stuttgart, 2. Aufl. 1996, Seite 46)

Die Hoffnung
1. Wir sind Phantasten des Herrn / und tragen das Kreuz als Krone, / daß Hoffnung lebt auf jedem Stern / und Freundschaft in uns wohne.
2. Zeige dein Lächeln, zeig dein Gesicht! / Christus ist mit uns: Fürchte dich nicht! / Wir sind die Hoffnung, Er ist das Licht. / Es steht ein Leuchten in unserm Gesicht. / Daß alle Furcht von dannen zieht, / singen wir täglich dieses Lied:
3. Die Hoffnung kommt, die Hoffnung kommt, / die Hoffnung fliegt von Stadt zu Stadt, / von Land zu Land, die Hoffnung siegt! / Die Hoffnung ist Christus, Jesus allein, / die Hoffnung der Sinn und Christus das Sein.
4. Die Hoffnung kommt, die Hoffnung kommt, / die Hoffnung fliegt von Stadt zu Stadt, / von Land zu Land, die Hoffnung siegt! / Wir sind Phantasten des Herrn.
5. wie 1.
6. Zeig Deine Freude, teile dein Glück, / laß keinen Menschen ängstlich zurück! / Hebe ihn auf und nimm seine Hand, / sag ihm, die Hoffnung zieht durch das Land, / die Hoffnung, der Traum und die Zuversicht. / Zeige dein Lächeln, zeig dein Gesicht:
7. wie 3.
8. wie 4.
(Hanns Dieter Hüsch. Ein Text für den Deutschen Katholikentag in Mainz, 1998. © tvd-Verlag Düsseldorf, 1998)

1. Weihnachtstag

Annäherungen an den Predigttext 1. Johannes 3,1–6

Rolf Heinrich

Gottes erwachsene Kinder?
»Ich bin groß geworden und bin das gerne. Ich möchte kein Kind mehr sein. Ich hasse die Bevormundung. Andere entscheiden über mich. Jetzt kann ich viel mehr Möglichkeiten wahrnehmen. Ich bin selbständig, stehe auf eigenen Füßen, lasse mich nicht von anderen beherrschen und lasse mir nicht in mein Leben hereinreden. Gottes Kind sein möchte ich nicht. Das ist überhaupt keine Frage für mich. Ich bin ein fröhliches Menschen-Kind und das ist genug!«
»Ich habe keine unbelastete Kindheit gehabt, und ich habe wenig Liebe gespürt. Das möchte ich nicht noch einmal erleben. Wenn ich noch einmal ein Kind wäre, dann würde ich einiges anders machen, obwohl es wahrscheinlich nicht in meiner Macht stünde, weil Erwachsene über das Leben der Kinder verfügen. Wenn ich Gottes Kind wäre, dann wäre ich Jesus. Seine Kindheit und sein Leben waren schmerzhaft, geboren in einem Stall, auf der Flucht, hingerichtet am Kreuz. Es hängt von den Eltern, von der Familie und den Freunden ab, ob sie in unmenschlichen Zeiten Kindern Geborgenheit und Liebe geben können.«
»Ich möchte kein Kind mehr sein, wenn ich das Leben der Kinder sehe. Sie haben keine unbeschwerte Kindheit. Sie müssen viel zu früh erwachsen werden. Es gibt zu viele Auflagen. Verbote, Pflichten, Zwänge. Sie müssen die Welt der Erwachsenen erdulden mit Arbeitslosigkeit, fehlender Zukunftsperspektive, AIDS und Umweltzerstörungen. Aber 20 oder 30 Jahre wäre ich gerne noch einmal. Ich würde dann allerdings einiges anders machen.«
»Gottes Kind, was ist das überhaupt? Müßte ich dann Christkind spielen? Ich müßte immer Gutes tun, Vorbild sein und reine Gedanken haben. Dazu bin ich nicht geeignet. Ich müßte mich zu sehr anstrengen.«
»Noch einmal ein Kind sein, das wäre schön. Ich kann die Welt und die Menschen neu entdecken. Ich bin neugierig, staune über den ersten Schnee, den ersten Schmetterling und den ersten Vogel, den ich sehe. Das erste Bad im Meer, den ersten Sonnenuntergang möchte ich noch einmal erleben. Ich möchte das Staunen und Erstaunen lernen. Ich möchte krei-

schen vor Vergnügen und laut heulen vor Wut. Ich möchte lachen, wenn ich fröhlich bin und weinen, wenn ich traurig bin. Ich möchte direkt zeigen können, wen ich mag und wen nicht. Die Welt wäre wieder ein Märchen, voll mit guten Feen und Hexen, mit Engeln und Monstern. Gerne würde ich wieder in das warme Bett der Eltern kriechen, wenn ich nachts mit Angst aufwache. Je älter ich geworden bin, desto mehr Verantwortung mußte ich für mich selbst und für andere übernehmen. Gottes Kind wäre ich gerne. Ich würde dann den Nächsten mehr in meinem Leben und Handeln wahrnehmen und berücksichtigen.«

»Wenn ich an Weihnachten denke, dann wäre ich gerne ein Kind. Ich wurde beschenkt, bewahrt und behütet. Geschenke und glitzernde Kugeln haben mich fasziniert. Heute sehe ich vieles nur noch als Wohlstandsmüll an.«

»Gottes Kind ist jeder Mensch. Gott spiegelt sich in jedem Menschen wider, weil Gott Liebe ist und jeder Mensch lieben kann.«

Ich erlebe im Gespräch mit Erwachsenen, daß der Text insgesamt als unverständlich, abstrakt und aus Bruchstücken zusammengesetzt empfunden wird. Allerdings regt der Ausdruck »Gottes Kinder« zur Erinnerung an die eigene Kindheit an. Diese Erinnerungen sind konkret und vielfältig. Es ist keineswegs von vornherein ausgemacht, was Kindheit, Kinder, Gottes Kinder und was Liebe wirklich meint. Die jeweilige Lebenssituation verdirbt in der Regel die schönsten Konzepte. In der Liebe und in der Kindschaft, auch in der Gotteskindschaft geht es um Beziehungen. Beziehungen aber haben die fatale Eigenschaft, daß sie mißbraucht oder nicht akzeptiert werden können. Auch die Erinnerungen an frühere Weihnachten, als die Kinder noch klein waren, als sie noch im Haus waren oder die Erwachsenen selbst noch Kinder waren, sind vielfältig, brüchig, widersprüchlich und ambivalent. Begleitet werden die Erinnerungen von der Sehnsucht nach Wärme und Geborgenheit, nach Erstaunen und zärtlicher Berührung in der Kälte der Welt. In der Erinnerung verborgen ist die Sehnsucht danach, daß alles ganz anders sein könnte, daß Menschen »zuhause sind und alle sind da«. Erwachsene wollen nicht Kinder spielen, um wie in der eigenen Kinderzeit feiern zu können. Sie wollen aber auch nicht Erwachsene sein, deren Aufgabe darin besteht, Kinder zu bescheren und lediglich Zaungäste eines Festes für Kinder zu sein »Weihnachten ist nur etwas für Kinder«. Weihnachten für Erwachsene. Wie sieht das aus?

Wir haben 1. Joh 2,29 und 1. Joh 3,7 zur Perikope hinzugenommen. Die Gotteskindschaft schien jetzt auf den ersten Blick konkreter und verständlicher zu werden. Ein Kind Gottes ist der, der recht tut, der gerecht ist und sich von niemandem verführen läßt. Dann könnte auch ein Erwachsener neu geboren werden, ein Kind Gottes werden. Die Verführer unserer Zeit sind: Eltern, die ihre Kinder zu sehr verwöhnen; Eltern, die Kinder an ihrer Selbständigkeit hindern. Die Verführer unserer Zeit sind Konsum und Werbung, Macht und Geld. Wie kann ich gerecht sein und das Rechte tun? Was ist Gerechtigkeit? Steuergerechtigkeit, gerechter Ausgleich zwischen arm

und reich? Recht tun, bedeutet das, für die Meschenwürde von Flüchtlingen und Fremden, von Ausgegrenzten, Alten und Kranken einzutreten? »Sind das nicht alles Bedingungen, die ich erfüllen muß, um ein Kind Gottes zu werden?« »Gibt es so etwas wie bedingungslose Liebe unter Menschen und zwischen Gott und den Menschen? Wie kann diese bedingungslose Liebe konkret erfahren und beschrieben werden?«
»Wenn ich keine Sünde und kein Unrecht tue, dann bin ich tot.« »Einen Menschen, der kein Unrecht tut, den gibt es nicht.« »Was geschieht mit denen, die Unrecht tun?« »Ist Unrecht tun und sündigen dasselbe?« »Wird Gott die sehen, die sündigen und Unrecht tun, auch wenn sie ihn nicht erkennen?« »Wäre es nicht eine Sünde Gottes, wenn er die Menschen, die sündigen, nicht sieht und sie ihn nicht sehen dürfen?« Mehr Fragen als Antworten. Weihnachten für Erwachsene. Wie sieht das aus? Wie kann ein Mensch geboren werden, der erwachsen und alt ist?
(GesprächspartnerInnen waren: Alison Dritelar, Anna-Marie Heske, Lisa und Sara Heinrich, Guido Hofmann, Michael Gregorowius, Uli Kaminski, Peter Smock)

Zum Gottesdienst

Gisela Fähndrich

Exegetisch-homiletische Skizze

Die Johannesbriefe – Briefe ohne genannte/n Verfasser/in, anonym. Keine Glaubensautorität, der man sich beugen muss keine/r, die oder der sich hinter großen Namen verbirgt, um seine Einstellung zum Glauben abzusichern und allgemein gültig zu machen. Erst später aus eher formalen Gründen dem johannäischen Schrifttum zugeordnet. So wurde aus einem Traktat ein Brief, um einen angemessenen Platz im Kanon zu finden.
Um den Grundkonsens des gemeinsamen Glaubens geht es dem/der Verfasser/in, nicht um die Regelung des alltäglichen Zusammenlebens. Die Schwerpunkte Liebe, Gerechtigkeit und Sünde verbunden mit dem Bekenntnis zu Jesus als dem Christus werden in den Kapiteln entfaltet. Dabei ist vorausgesetzt, daß das Bekenntnis zum Vater ohne das entsprechende Handeln, das mit Liebe benannt wird, ohne Bedeutung ist. Allerdings benennt der/die Verfasser/in keine Sanktionen für die, die sich dem Bekenntnis nicht anschließen. Sie sind schlimmstenfalls die, die Gott nicht gesehen und erkannt haben. Ihr Weg ist also noch offen zum Bekenntnis. Ein Freudenausruf ist der Beginn des Predigttextes, Freude über die Zugehörigkeit derer, die bekennen können und dürfen.

Stichwort für die Zugehörigkeit ist im johannäischen Kontext die Kindschaft. Für die Predigthörer wird dieses Stichwort unterschiedliche Assoziationen wachrufen. Gottesdienstbesucher, zumal am 1. Weihnachtsfeiertag, sind in erster Linie Erwachsene. In unserer Kultur ist es eingegraben, daß der/die Erwachsenen sich u. a. dadurch definiert, daß er/sie nicht mehr Kind ist. Kindheit ist dann definiert durch die Mängel, das Noch nicht. Unselbständigkeit, Begrenztheit, Mangel an Übersicht und Einsicht sind die Negativmarkierungen.

Da mag es aber auch die geben, denen bei Kindheit anderes einfällt, Geborgenheit, Spontaneität, Unbefangenheit, Dankbarkeit, nicht für alles selbst verantwortlich zu sein, jemanden zu haben, an den/die ich mich wenden kann, Recht auf Hilfe und Schwäche.

Bei mancher/manchem werden sich beide Seiten mischen. Erwachsensein als Anforderung und Vorfindlichkeit und der geheime Wunsch oder auch ein Bewußtsein für einen Rest Kindheit.

Für den 1. Joh ist die Benennung Gottes Kind der Ausdruck der Zugehörigkeit, der Definition des Lebens der Glaubenden als die, denen Gott das Leben geschenkt hat, damit die es in der Liebe leben.

Die Gotteskindschaft ist schön, aber mit den Augen der Welt nicht erkennbar. In dieser Spannung leben Glaubende. Aber auch in dieser Zuversicht. Daraus folgt das Leben in der Liebe, an anderen Stellen »Bruderliebe« genannt, für uns klarer und eindeutiger als »Geschwisterliebe« zu benennen. Dabei sind zwei Aspekte zu bedenken. Geschwister sucht sich niemand aus. Mit Geschwistern zu leben ist eine Aufgabe. Aber sie kann auch Geschenk sein. Denn Geschwister muß sich niemand suchen, weil sie da sind. So ist das auch eine mögliche Erfahrung von selbstverständlicher Geborgenheit. Hier spielen Geschenk und Auftrag ineinander. Wie Geschwister sich in das Füreinanderdasein einüben müssen im Heranwachsen, so müssen sich Glaubende einüben in das Zusammengehören. Da kann die Unterschiedlichkeit zu Reibungen führen, aber auch eine Bereicherung werden. Der Geschwisterkreis ist das Lernfeld des Füreinanderdaseins. Je kleiner die Familien werden, desto schwieriger wird es, diesen Gedankengang zu vermitteln.

»Geschwisterliebe« im joh. Schrifttum ist übrigens nicht exklusiv zu verstehen, also nur für einen »Innenkreis« gedacht, sondern ein Bild gegen das Mißverständnis, die Gemeinschaft der Glaubenden könnte eine Gemeinschaft der Gleichgesinnten sein.

Der zweite wichtige Begriff im Predigttext ist »Sünde«. Sie wird ganz konkret als Unrechttun definiert. Wie sie in die Welt kommt, wird nicht benannt. Sie ist da, eine mitmenschliche Erfahrung. Auch die Glaubenden sind nicht ausgenommen. Da entsteht ein Widerspruch, den das joh. Schrifttum nicht auflöst. Wer Gott erkannt hat, also Glaubende/r ist, ist frei von Sünde wie Christus. Die Glaubenden haben durch Christus Gott erkannt und sündigen doch, tun Unrecht.

Vielleicht ist es nötig, hier paulinische Gedanken zuhilfe zu nehmen, die das Gebet, die Bitte um Vergebung und die deutlichere Spannung zwischen dem Schon und Noch nicht durchbuchstabieren.
Ein Text für den 1. Weihnachtsfeiertag. Das Kind in der Krippe - Gottes fleischgewordenes Wort (logos). Durch dieses Kind werden Suchende, Fragende, Glaubende hineingenommen in die Gotteskindschaft. Dieses Kind wird Bruder, der denen, die sich zu ihm bekennen, den Weg zum Vater weist. Ein schwieriger Text angesichts einer Erwartung, die orientiert ist an der lukanischen Fassung der Weihnachtsgeschichte und ihrer Ausgestaltung in Krippenspielen. Es könnte reizvoll sein, den Gedanken der »Geschwisterschaft« mit Gemeindegliedern zu erarbeiten und diese Ergebnisse in den Gottesdienst hineinzunehmen, vielleicht durch Mitwirkung anderer in der Predigt und Liturgie.

Vorschläge zur Liturgie

Der dem 1. Weihnachtsfeiertag zugeordnete *Psalm,* Ps 96 (EG 738), eignet sich gut als *Hinführung zum Gloria in excelsis.* Das Gloria in excelsis könnte dann mit allen Strophen des Liedes »Allein Gott in der Höh' sei Ehr'« (EG 179) gesungen werden. Damit wird der Lobpreis des Psalms aufgenommen.

Hinführung zum Kyrie
Der Himmel erscheint uns oft verschlossen, Gott,
wir hören dich nicht.
Der Alltag ist so laut.
Viele Erfahrungen in unserem Leben belasten uns.
Auf dein Kommen sind wir nicht vorbereitet.
Wir fühlen uns uns selbst überlassen.
Deshalb rufen wir zu dir:
Kyrie eleison ...
(nach: Gottesdienstbuch, Gebete, Lesungen, Lieder für die Sonn- und Feiertage des Kirchenjahres, hrsg. von Christian Zippert, © Gütersloher Verlagshaus, Gütersloh, 3. Aufl. 1995, Seite 26)

Vorschlag zur Predigt

Wir singen es zu Weihnachten (EG 23,4; EG 42,6), zu Ostern (EG 104,3; EG 109,4), zu Pfingsten (EG 127,2.5; EG 134,3): Wir sind Kinder Gottes. Gott hat sich zu uns bekannt, gleichgültig, ob wir im Augenblick daran glauben oder nicht, ob wir es gerade spüren oder nicht. Wir sind es, weil Gott es so erklärt und gewollt hat. Kind Gottes sein, bei ihm geborgen und beschützt. Eine gute Gewißheit, aufgefangen in den Zeichen, die zu Weihnachten gehören, den leuchtenden Kerzen, dem Weihnachtsbaum als Bild für geschenktes Leben, der Krippe, die die Geschichte erzählt, daß Gott zu uns

Menschen gekommen ist, herunter bis zu uns, um uns nicht allein lassen zu müssen.
Kindschaft - ein ambivalentes Bild. Erwachsene sind qua definitione keine Kinder. Das müssen wir alle mühselig durch die Jugendzeit hindurch lernen. Abgelegte Kindschaft ist Zeichen des Erwachsenseins, so wird es von uns verlangt. Was bedeutet es, wenn wir es annehmen, Gottes Kinder zu sein? Geben wir damit die Verantwortung, die den erwachsenen Menschen ausmacht, wieder ab? Erinnerungen an spannungsgeladene Gefühle erwachsener Kinder ihren Eltern gegenüber.
Positive Wertung des Kindseins: zu wissen, daß wir uns nicht uns selbst verdanken, daß Leben geschenkt ist - auch wenn es uns dann und wann zur Last wird. Aus der Gewißheit zu leben, daß wir begleitet und geleitet sind, daß wir es zugeben dürfen, nicht alles allein meistern zu können. (Dieser Gedanke ist gut eingefangen im Kindermutmachlied, Mein Liederbuch für heute und morgen, tvd-Verlag. C 15)
Wenn wir Kinder Gottes sind, nicht nur heißen, dann gehören wir in einen Geschwisterkreis, den Geschwisterkreis derer, die nach dem Predigttext Gott gesehen und erkannt haben, also ihr Leben aus Gottes Hand nehmen. Ein Geschwisterkreis ist eine nicht gewählte Gemeinschaft. Geschwister sind sehr unterschiedlich, es gibt Eifersüchteleien, Rivalitäten, wie in der christlichen Gemeinde. Wenn diese Gemeinschaft aber gelingt, dann kann sich eine/r auf den/die andere/n verlassen. Füreinanderdasein wird ganz selbstverständlich eingeübt. Die im Geschwisterkreis eingeübte Toleranz kann das Leben außerhalb der Familie tragen.
Diese Gemeinschaft schenkt uns Gott, indem er uns zu seinen Kindern gemacht hat. Das ist Geschenk und Aufgabe in einem. Geschenkt sind uns Geborgenheit, Zugehörigkeit, ein Wissen um geistliche Heimat.
Aufgetragen ist uns, miteinander und füreinander in Gottes Liebe zu leben. Unrecht vermeiden, Recht tun.
Hier können Beispiele aus dem gemeindlichen, dem familiären, dem sozialern, gesellschaftlichen oder politischen Leben eingefügt werden. Was heißt es für uns: Recht tun?
Das ist das einzige Zeichen für unsere Gotteskindschaft, auch wenn viele das von außen nicht erkennen.
In der gelebten Kirche ist dann auch deutlich, daß Gotteskindschaft nicht in einem vereinfachten Bild vom Kindsein, als einem Leben ohne Verantwortung, zu fassen ist. Gottes Kind sein führt uns auf den Weg seiner Liebe, die er uns schenkt, damit wir sie teilen. Damit sind wir als Gottes Kinder ganz Erwachsene, die Verantwortung tragen für das Leben auf dieser Erde, die Gottes Erde ist.
Hier öffnet sich unser Horizont von der Geschwisterschaft der Gemeinde zur Geschwisterschaft weltweit.
Seht, welch eine Liebe hat uns der Vater erwiesen, daß wir Gottes Kinder heißen sollen - und wir sind es auch.

Ein Freudenausruf - auch aus unserem Munde, so wie es jener Mitchrist gemeint hat, als er sagte: »Mit meinem Gott kann ich über Mauern springen.«
Die Freude der Weihnacht ist hier aufgenommen und an uns weitergegeben. Als Gottes Kind zu leben, sich bei ihm und durch ihn geborgen zu wissen, begleitet durch die guten und bösen Tage unseres Lebens.
Möge uns diese Gewißheit nicht nur in der Weihnachtszeit, sondern weit darüber hinaus, tragen.

Kontexte

Zum Gedanken des Rechttuns, an anderer Stelle z.B. 1. Joh 3,10 »Bruderliebe« genannt: Die Alte, die auf Gott wartete (Zigeunermärchen)
Gott hatte es einer alten Frau versprochen, sie zu besuchen. Sie richtet ihr Haus für den hohen Besuch. Dreimal klopft es an ihre Tür. Jemand bittet um Hilfe. Sie hat keine Zeit. Durch das Warten müde geworden, schläft sie ein. Gott erscheint ihr im Traum: »Ich habe dich dreimal besucht.«
(© Artemis Verlags AG, Zürich. Aus: Taikon erzählt Zigeunermärchen, aufgezeichnet von C.H. Tillhagen, aus dem Schwedischen übertragen von E. Schaper)

Zu 1. Joh 3,1:
Der Olivensee (chinesisches Volksmärchen)
Um die Frage beantwortet zu bekommen, warum der Olivensee trüb ist, sucht der Sohn den Berggeist. Unterwegs bekommt er weitere Fragen von der Mutter des stummen Mädchens, für den Alten, dessen Orangenbaum keine Früchte mehr trägt, für die Schlange, die in den Himmel möchte. Dem Berggeist darf er nur drei Fragen stellen. So verzichtet er auf die eigene Frage. Dafür wird er reich beschenkt. Die Welt verändert sich für ihn und seine Mutter.
(© Aventinum Publishing House, Prag)

Dietrich Bonhoeffer in Widerstand und Ergebung:
Das Gedicht: »Christen und Heiden«

Dietrich Bonhoeffer aus »Gemeinsames Leben« im 1. Kapitel »Gemeinschaft«:
»Es ist nichts Selbstverständliches für den Christen, daß er unter Christen leben darf.«
»Die leibliche Gegenwart anderer Christen ist dem Gläubigen eine Quelle unvergleichlicher Freude und Stärkung.«

»Über der leiblichen Gegenwart des Bruders preist darum der Gläubige den Schöpfer, den Versöhner und den Erlöser, Gott Vater, Sohn und Heiligen Geist.«
Bonhoeffer entwickelt seine Gedanken von Ps 133,1 aus, aber joh. Geist läßt sich in diesem Kapitel mehrfach finden.

Dorothee Sölle entwickelt den Gedanken von Zugehörigkeit, Zusammengehörigkeit und »beim Vater sein« angelehnt an das Gleichnis vom verlorenen Sohn in Dorothee Sölle, Hans-Eckehard Bahr, Wie dem Menschen Flügel wachsen. Über Umkehr aus dem Gewaltsystem, Kaiser Traktate 81.

2. Weihnachtstag

Annäherungen an den Predigttext Offenbarung 8,9–12 (13–17)

Ernst Arfken

Gesprächspartner waren drei Studierende der Theologie und eine Gasthörerin (A, B, C, D). Als Wegweisung diente die 1985 von cand. theol. Joachim Schnell und Pastor Ernst Arfken entwickelte »Schichten-Theorie«. Diese Methode, sich dem Bibeltext zu nähern, sucht zu vermeiden, daß dem Text eine fest vorgefertigte Predigtform gleichsam übergestülpt wird wie z. B. die Gesetz- und Evangeliumspredigt lutherischer Tradition oder die dreiteilige Themapredigt nach Hegelschem Denkschema oder die psychologische wie auch soziologische Predigt, die u. U. dem Text gar nicht angemessen erscheinen. Statt solcher Eingleisigkeit möchte die »Schichten-Theorie« die jeweilige Eigenart und Vielseitigkeit des Textes zur Geltung bringen und für die Predigt fruchtbar machen (vgl. »De Kennung«, Zeitschrift für plattdeutsche Gemeindearbeit, Heidelberg 1985, 8. Jg., Heft 1/2, Seite 133). Solche Schichten können u. a. in Rückgriffen auf das Alte Testament oder in christologischen, heilsgeschichtlichen, zeitgeschichtlichen, gemeindebedingten, ethischen oder politischen Inhalten bestehen.
Pastor: Dem Prediger ist freigestellt, seiner Predigt die Verse 9–12 oder 9–17 zugrunde zu legen. Beschränken wir uns zunächst auf die ersten vier Verse und beginnen mit den Anklängen an das Alte Testament. In manchen Bibelausgaben ist als Parallelstelle für Vers 9 a auf 1. Mose 15,5 verwiesen.
A: Abraham wird verheißen, seine Nachkommenschaft soll so groß sein, daß sie niemand zählen kann. Auch die »weißen Kleider« sind im Alten Testament ein mehrfach gebrauchtes Bild für vergebene Schuld und Reinheit.
B: Die »Palmenzweige« (V. 3) sind ebenfalls ein alttestamentliches Bild, lassen aber auch an den Einzug Jesu in Jerusalem denken.
A: Der »Thron« (V. 9) erinnert mich an die Vision des Propheten Jesaja (Jes 6), ebenso der Lobgesang, der vor dem Thron angestimmt wird. Ferner finden sich die in Vers 12 genannten Königs-Prädikate auch in den Königspsalmen des Alten Testaments.
P: In welcher Zeit-Ebene bewegt sich der Text?
C: Er schildert eine Zukunfts-Vision.
A: Es gibt aber auch den Begriff der »mythologischen Zeit«. Diese kennt keine Dreiteilung in Vergangenheit, Gegenwart und Zukunft, sondern ist immer präsent.

D: Die Sammlung der Völker aus aller Welt ist ein endzeitliches Bild.
P: Die Offenbarung des Johannes ist ein Buch aus der Zeit der Christenverfolgung. Ist das hier auch erkennbar?
C: Die Verse 13–17 sind wie eine Trostrede an die Verfolgten, besonders der letzte Vers, der an den 23. Psalm anklingt und mit dem Satz endet: »Gott wird abwischen alle Tränen von ihren Augen.«
A: Der ganze zweite Teil ist eine Auslegung des ersten Teils. Sieht man in ein griechisches Neues Testament hinein, in dem die wörtlichen Zitate aus dem Alten Testament dick gedruckt sind, dann wimmelt es hier geradezu davon. Das ist typisch für die jüdische Art zu predigen, ein sogenannter Midrasch.
B: Die weißen Kleider kommen auch wieder vor (V. 14). Ich sehe darin auch einen Hinweis auf die Taufe bzw. die weißen Taufkleider, wie sie noch heute üblich sind.
C: Der Gegensatz dazu sind die Bußkleider »in Sack und Asche«, keine hellen Farben, wie bei Hiob. Auch die Versammlung um Gottes Thron (V. 9) erinnert mich an Hiob (Kap 1).
P: Ich kann das nur vermuten. Möglicherweise hat das Waschen der Kleider auch etwas mit dem Blut der Märtyrer zu tun. – Es wird Sie überraschen, für welchen Sonntag bzw. Feiertag dieser Text bestimmt ist. Es ist der 2. Weihnachtstag. Das erklärt sich daraus, daß dieser Tag zugleich der »Tag des Erzmärtyrers Stephanus« ist.
D: Darauf deutet auch das Evangelium dieses Tages, Matth 10,16–22, hin, in dem Jesus vom Martyrium der Jünger spricht.
A: Aber mit Weihnachten läßt sich der Text auch in Verbindung bringen. Das »Gloria« der Engel und die Hymne in Vers 12 sind sich ähnlich, ebenso die Anbetung der Weisen aus dem Morgenland und die Anbetung der Menschen aus allen Völkern in Vers 9. Christus als Weltenherrscher ist das Gegenbild zu dem Kind in der Krippe.
P: Für welche Textfassung würden Sie sich bei Ihrer Predigt entscheiden, Vers 9–12 oder Vers 9–17?
C: Mir wären zwar die ersten Verse genug, aber auf den Trost von V. 17 möchte ich doch nicht ganz verzichten.
A: Der zweite Teil ist ja schon eine Predigt; und eine Predigt über eine Predigt zu halten fällt schwer. Daß es Märtyrer sind, die vor Gottes Thron stehen, das kann man auch mit den Versen 9–12 deutlich machen.
B: Ehe ich mich für die Zahl der Verse entscheide, möchte ich mir über den Schwerpunkt der Predigt klar werden. Suche ich ihn bei den Märtyrern, beim Lobgesang oder in einem Christ-Königs-Fest, wie es die Katholiken jährlich feiern?
P: Auf jeden Fall sollte die Predigt erkennen lassen, daß sie auch eine Weihnachtspredigt ist, denn Weihnachten ist ein »Lob-Fest«, wie es die Lieder Gelobet seist du Jesus Christ«, »Lobt Gott, ihr Christen alle gleich« u. a. bezeugen.

Zum Gottesdienst

Klaus Reblin

Exegetisch-homiletische Skizze

Auf den ersten Blick löste der Text von Offenbarung 7,9–17 bei mir Irritationen aus: Darüber soll ich am zweiten Weihnachtstag predigen? Ist das nicht eher ein Text für die letzten Sonntage des Kirchenjahres? Es ist wohl nicht von ungefähr, daß auch die »Annäherungen« überrascht sind angesichts der Wahl dieses »Weihnachtstextes« und daß sie sich redlich Mühe geben müssen, um überhaupt weihnachtliche Motive darin zu entdecken. Indessen hilft diese Suche nicht allzu weit. Der Text bleibt nun einmal ein apokalyptischer Text mit apokalyptischen Topoi: Leben und Tod, irdisches Leid und himmlische Herrlichkeit. Und dazu kommen Bilder aus der Passionszeit: das Lamm, das Blut. Ein Weihnachtstext also?

Sicher, die Weihnachtserfahrung ist durchaus nicht eindeutig, sondern eher zwiespältig. Neben dem schönen, anrührenden Antlitz des Jesuskindes auf den alten Weihnachtsbildern stehen immer auch noch die knochigkantigen Gesichter der namenlosen Kinder, die im Sudan und anderswo verhungern müssen; die Chöre der Engel werden kontrastiert durch die Aggressionen in der Familie, die nicht feiern kann; und die stille Andacht der Maria über ihrem Kind stößt sich hart mit den Schreien derer, deren blutige Kleider keiner weiß waschen kann. Derweilen freilich haben wir längst gelernt, solche Gegensätze zu harmonisieren, sodaß sie niemandem mehr weh tun. Wer wüßte nicht, schön und erbaulich über Hunger und »Brot für die Welt« zu predigen?

Offenbarung 7 harmonisiert die Dissonanzen nicht, die Gegensätze der Erfahrung werden nicht ineinander aufgelöst. Die Farben des visionären Bildes sind grell: Das Weiß der Engel steht gegen das Rot des Märtyrerblutes, irdisches Martyrium gegen himmlischen Glanz. Hier gibt es keinen Glauben an eine Verbesserung der Welt, sondern nur Hoffnung auf ihren Untergang. Mehr noch: Die bedrängende Gegenwart (mit ihrem Martyrium und ihren Leiden) wird im Text zur Vergangenheit, zu einem Geschehen in grauer Vorzeit, die, so Wolfgang Steck, »angesichts der vergegenwärtigten hellen Zukunft völlig aus dem Erfahrungshorizont verschwindet. Das Blut ist restlos weggewischt, die Erde endgültig erledigt«. (Göttinger Predigtmeditationen 1981/82)

Damit aber wird noch ein weiterer Unterschied zu unserem weihnachtlichen Erleben sichtbar. Während wir zu Weihnachten Vergangenheit vergegenwärtigen (nicht nur die des Krippengeschehens von Bethlehem, sondern auch die des eigenen Lebens – wer dächte an diesem Fest nicht zurück an die eigene Kindheit, an eigene weihnachtliche Kindheitserlebnisse, und wer träumte nicht den alten Traum von der Rückkehr in die Welt der Kindheit?), verrechnet Offenbarung 7 die Zeit völlig anders. Nicht nur die Vergangenheit ist für die Apokalypse vergangen, selbst die Zukunft wird im Präteritum vorgestellt: »Danach sah ich ...« Mit diesen Worten beginnt die Vision der Zukunft, die auch im Folgenden im Imperfekt bzw. Perfekt dargeboten wird. Selbst die äußerste Hoffnung des Menschen ist bereits in Erfüllung gegangen. Eine größere Distanz zu unserer Weihnachtswelt ist also kaum denkbar.

Das ist der Grund dafür, daß ich - will man überhaupt bei Offenbarung 7 bleiben - den Predigttext weniger auf den Kasus Weihnachten, umso mehr aber auf die letzten Tage des Jahres und die bevorstehende Jahrtausendwende beziehen würde, die die Gedanken unserer Gemeinden am 26. Dezember 1999 mit Sicherheit stärker bestimmen werden als das sich dem Ende zuneigende Weihnachtsfest. Ist das aber das Umfeld, in das hinein wir zu predigen haben, dann legt es sich nahe, den Text stärker auf seine jüdischen Motive hin abzutasten, die viele Anregungen für die Predigt bereit halten. Das gilt vor allem für die Symbole, mit denen der Text arbeitet: das weiße Gewand, das die vor dem Thron des Lammes Versammelten tragen, und die Palmenzweige, die sie in den Händen halten. Diese Textelemente werden - im Gefolge frühchristlicher Tauftradition - von vielen Kommentaroren als Symbol der Reinheit bzw. als Siegeszeichen gedeutet. H. Ulfgard freilich interpretiert in seiner Untersuchung »Feast and Future« unseren Text und vor allem die genannten beiden Symbole vom Judentum her und verknüpft die Vision des Textes mit den theologischen Inhalten des Versöhnungs- und des Laubhüttenfestes. Dieser Zugang erscheint mir vor allem deswegen legitim, weil die Johannesapokalypse als ganze eine Fülle vom alttestamentlichen und spätjüdischen Motiven verarbeitet - die »Annäherungen« haben das in wünschenswerter Weise dargelegt -, ja, es gibt Interpretatoren, die das Buch sogar in seiner Gänze für eine Überarbeitung einer spätjüdischen Apokalypse halten.

Beim jüdischen Versöhnungsfest tragen alle Glieder der Gemeinde, Männer wie Frauen, ein weißes Gewand, das an das Totengewand erinnern soll, also gleichsam ein memento mori, Klärung von Sinn und Ziel des Lebens, Bewußtmachung der eigenen Vergänglichkeit und der Endlichkeit aller menschlichen Geschichte, aber auch Vergewisserung der Zielgerichtetheit aller unserer Wege: hin zu Gott. Dem Versöhnungstag voraus geht ein zehntägiges Fasten zur Vorbereitung auf das Sündenbekenntnis vor Gott und auf die Feier der Versöhnung. Deren Mitte ist die in 3. Mose 16,20 ff. anschaulich geschilderte Übertragung der Sünden auf den »Sündenbock« Asasel, der hernach mit diesen Sünden »in die Wüste« geschickt wird. Das Volk Israel wird dadurch aller Sünden »frei, ledig und los«, wie es in der alten Absolutionsformel heißt.

Das zweite Symbol, die Palmenzweige, erinnert an das Laubhüttenfest, das jüdische Erntedankfest, das zugleich die Befreiung Israels aus der ägyptischen Sklaverei und den langen Marsch durch die Wüste vergegenwärtigt,

den das Volk bewältigen mußte, um ein selbständiges und freies Volk zu werden. Während dieses einwöchigen Festes versuchen die Juden, wie die Väter und Mütter während der vierzigjährigen Wüstenwanderung zu leben, deren Ziel das gelobte Land ist. Dabei erleben sie noch einmal alles Elend dieses Weges, Hunger und Durst, Angst und Zweifel an Gott, aber auch dessen immer neue Führung und Hilfe. Die Laubhütte aber, der Palmenzweig, symbolisiert, worauf Verlaß ist: nicht das feste Dach über dem Kopf, nicht Häuser, nicht Besitz, sondern allein die Gegenwart Gottes. Nicht unser Haben, sondern Gottes Sein.
Ich denke, daß es keine besondere Mühe bereiten sollte, diese Inhalte umzusetzen in eine Predigt, die die Gemeinde mitnimmt auf den Weg von Weihnachten hin zum Beginn eines neuen Jahrtausends.

Vorschläge zur Liturgie

Nach dem *Votum* Hinweis auf den Charakter dieses Gottesdienstes auf dem Weg von Weihnachten zum beginn des neuen Jahrtausends.

Als *Introitus-Psalm* - er wird bei uns im Wechsel zwischen Pastor/Pastorin und Gemeinde gebetet - ist Psalm 96 (EG 738) vorgesehen. Vielleicht läßt er sich in der Predigt im Zusammenhang mit Offenbarung 7,12 noch einmal aufnehmen?

Sündenbekenntnis und Gnadenzusage, letztlich eine Psychologisierung der altkirchlichen Liturgie im Zuge der Aufklärung, sind mir, von Luthers liturgischen Entwürfen herkommend, fremd. Stattdessen ordnen wir in unserer Gemeinde dem Kyrie und Gloria jeweils Texte zu, die bestimmte Situationen unserer Welt oder Erfahrungen von Menschen spiegeln. Das können Zeitungsmeldungen, wichtige kleinere Prosatexte oder Gedichte sein. Auf diese Weise haben die alten liturgischen Formeln einen unmittelbaren Bezug. So würde ich *vor dem Kyrie* das Gedicht »Nichts bleibt« von Rose Ausländer lesen:

»Tage kommen und gehen
alles bleibt wie es ist
Nichts bleibt wie es ist
es zerbricht wie Porzellan

Du bemühst dich
die Scherben zu kleben
zu einem Gefäß
und weinst
weil es nicht glückt«

(Rose Ausländer, aus: dies., Ich höre das Herz des Oleanders. Gedichte von 1977–1979. © S. Fischer Verlag GmbH, Frankfurt a. Main, 1984)

Vor dem Gloria würde ich von derselben Dichterin das Gedicht »Ein Stück weiter« lesen:

»Wir sind
ein Stück weitergegangen
in die Zeit
die uns verleugnet

Bäume die alten Freunde
erkennen uns
auch der Wind
sagt manchmal ja
zu unserer Richtung

Wir lassen uns nicht einschüchtern
von strengen Verboten
und Uhurufen

Ein Orkan
wirft uns zu Boden
eine Sonnenhand
hebt uns auf

Wir träumen
ins Herz
der Zukunft«

(Rose Ausländer, Quelle siehe S. 68)

Kollektengebet
Gott, am Morgen dieses Tages suchen wir dich. Du bist das Licht, du bist ewiger Glanz, du bist schaffende, erneuernde Kraft. Wir danken dir, daß du Mensch geworden bist in Jesus Christus. Wir danken dir, daß du alles mit uns teilst, unser Leben und unseren Tod, unsere Traurigkeit und unsere Freude, unsere Angst und unsere Hoffnung. Wir bitten dich, begleite uns durch die Zeiten, laß uns nicht allein. Gott, wir vertrauen auf dich. Laß uns nicht verloren gehen.

Lesungen
Epistel ist Hebräer 1,1–3, Evangelium Johannes 1,1–5,9–14.

Fürbitten
Gott, du bist uns im Stall von Bethlehem nahe gekommen. Wir danken dir für deine Gegenwart, für deine Liebe und bitten dich: Bleibe bei uns auf unserem Wege. Bleibe bei uns mit deiner Gnade und Güte, mit deinem Wort und Sakrament, mit deinem Trost und Segen. Bleibe bei uns in Traurigkeit und Angst, in Zweifel und Anfechtung, in der Nacht des bitteren Todes. Bleibe bei uns, bei allen, die zu uns gehören, bei allen, die an dich glauben, bei allen Menschen dieser Erde in Zeit und Ewigkeit.

Lieder
Zu Beginn: Fröhlich soll mein Herze springen (EG 36); zwischen den Lesungen: Gelobet seist du, Jesu Christ (EG 23); vor der Predigt: Lobt Gott, ihr Christen, alle gleich (27); nach der Predigt: Wunderbarer Gnadenthron (EG 38,1 und 3) oder: Ach bleib mit deiner Gnade (EG 347); zum Schluß: Ehre sei Gott in der Höhe (EG 26 als Kanon) oder: O du fröhliche (EG 44).

Vorschlag zur Predigt

Möglicher Anfang
Was hat sich in unserem Leben eigentlich verändert durch die weihnachtliche Botschaft, daß Gott Mensch geworden ist? Der Text aus der Offenbarung des Johannes, den wir eben gehört haben, sagt, diese Veränderung lasse sich am besten beschreiben mit einem neu gefundenen Ausblick auf den Himmel. Die wichtigste Verwandlung, die eingetreten ist, bestehe in der Vision der Welt, für die wir eigentlich bestimmt sind, daß an Weihnachten ein Horizont aufgerissen worden ist, der der Welt, der Menschheit, jedem einzelnen von uns eine frohe Hoffnung ermöglicht. Was aber gäbe es Wichtigeres für Menschen, die sich auf dem Wege befinden nicht nur in ein neues Jahrhundert, sondern die an der Schwelle zu einem neuen Jahrtausend stehen? Ein neu gefundener Ausblick auf den Himmel.
Was es bedeuten mag, den Himmel offen zu sehen, davon hat die Jüdin Janina David vor einigen Jahren Zeugnis abgelegt, ohne daß sie das eigentlich beabsichtigte. In ihrer Biographie schilderte sie ihre Kindheit im Warschauer Ghetto: ihre Familie auf der Flucht vor den Nazischergen, sie selbst als Kind eingepfercht in eine dunkle Kammer, von der niemand wissen durfte. Inmitten aller Angst und Dunkelheit aber gab es ein einziges winziges Fensterchen. Danach hat sie ihre Biographie benannt: »Square of Sky« – ein Stück Himmel. Sie schildert in diesem Buch eine dunkle, düstere Welt, in der es viele Gründe gibt, traurig zu sein oder gar zu verzweifeln. Und doch gibt es dieses Himmelsfenster, und es fällt ein heller Lichtstrahl dadurch herab auf unsere Welt und unser Leben.
Was ist in dem offenen Himmel, von dem die Johannesapokalypse erzählt, zu sehen? Das erste, was wir ausmachen können, ist eine unzählbar große Ansammlung von Menschen, sozusagen eine »multikulturelle« Gesellschaft, Menschen »aus allen Nationen und Stämmen und Völkern und Sprachen«. Es ist eine Repräsentanz der Menschheit, in der alle Grenzen und Schranken aufgehoben sind. Gleichberechtigt stehen sie alle vor Gottes Thron. Wenn ich bedenke, wie sehr die Menschheit im jetzt zu Ende gehenden Jahrtausend auf Unterschiede, auf Abschottungen, auf Grenzen geachtet und mit welcher Verbissenheit sie sie verteidigt hat, – wenn ich bedenke, wie sehr die Menschen aller Jahrhunderte in den Kate-

gorien von Herrschaft und Knechtschaft gedacht und wieviel Leid sie dadurch über sich gebracht haben, dann ist das eine Vision, die an Faszination kaum zu überbieten ist. Wollte Gott, wir kämen im nächsten Jahrtausend diesem Himmel ein bißchen näher. Mag sein, daß jene himmlisch-multikulturelle Welt Utopie ist und noch lange bleiben wird. Utopie ist etwas, was keinen, noch keinen Ort hat. Aber ist eine Weltkarte, in der dieses Utopia nicht eingezeichnet ist, auch nur eines Blickes würdig? Ich denke jedenfalls, daß wir Christen zuallererst uns stark machen sollten für dieses Utopia, um der Wohlfahrt aller Menschen willen.

Gedankenskizze zum weiteren Verlauf
Der Blick in jenes Himmelsfenster der Johannesapokalypse offenbart aber noch mehr: Die im Himmel Versammelten tragen nämlich einheitlich weiße Gewänder. Das erinnert mich an das alte jüdische Versöhnungsfest, da trugen auch alle Glieder der Gemeinde, Männer wie Frauen, weiße Tuniken, Gewänder, die bewußt an das Totengewand erinnern sollten, gleichsam ein memento mori. Auch dies ist ein wichtiges Memorial auf unserem Weg in ein neues Jahrtausend. Jeder weiß um Menschen, mit denen er gern diesen Weg zusammen gegangen wäre – aber der Tod hielt sie fest, sie mußten zurückbleiben. Und wir selbst, ob jung oder alt, werden jene Grenze auch als vom Tod immer schon Infizierte überschreiten. Wir bleiben sterbliche, vergängliche Wesen, so wie die menschliche Geschichte eine Geschichte der Endlichkeit bleiben wird. Irgendwann werden wir auch zurückbleiben müssen, während die anderen weitergehen. Irgendwann fordert die Sünde, das heißt: unser Verflochtensein in eine Welt voller Schuld (vgl. die Definition von Sünde im Römer 7,19) ihren Tribut. Das zwingt uns zur Nüchternheit. Es ist die Endlichkeit des Menschen, die dafür sorgt, daß auch im neuen Jahrtausend die Bäume nicht in den Himmel wachsen. Jedenfalls werden wir nicht den Himmel stürmen. Memento mori: Nichts bleibt (siehe obiges Gedicht), alles fällt. »Und doch ist einer, welcher dieses Fallen unendlich sanft in seinen Händen hält.« /R. M. Rilke, Herbst). Vielleicht wäre hier die Stelle, an der vom »Sündenbock« zu reden wäre?
Und dann die dritte Ein-Sicht in den Himmel des Sehers Johannes: Die vor Gottes Thron Versammelten tragen Palmen in den Händen. Auch dies wieder eine Erinnerung an ein jüdisches Fest, an das Laubhüttenfest. Hier Entfaltung des Sinngehalts dieses Festes: menschliches Leben als immerwährendes Unterwegssein. Es gibt nur Scheinsicherheiten. Verlaß ist nicht auf Haus und Besitz, sondern nur auf Gottes Gegenwart. Nicht auf das, was wir haben, sondern auf das, was er ist. Vielleicht könnte man Gottes Gegenwart konkretisieren anhand von Erfahrungen des Volkes Israel beim Exodus, aber so, daß dabei auch unsere eigenen Erfahrungen mit in den Blick kommen.

Möglicher Schluß

Wir kommen von Weihnachten her. Vor uns liegt ein neuer, großer Abschnitt menschlicher Geschichte. Vielleicht gelingt es der Menschheit, die Welt im neuen Jahrtausend ein wenig menschlicher zu machen und ein bißchen mehr Gottes Vorstellungen von seiner Schöpfung anzunähern. Sicher wird es auf diesem Wege auch manche dunkle Etappe geben. Umso wichtiger ist dann jenes Himmelsfenster der Apokalypse mit seinem Anblick auf die Gegenwart und Treue Gottes. Er bleibt. Er bleibt uns. Darum singen die um seinen Thron Versammelten, Engel und Menschen, ihr jubelndes Lied: »Lob und Ehre und Weisheit und Dank und Preis und Kraft und Stärke sei unserem Gott von Ewigkeit zu Ewigkeit. Amen.«

Kontexte

Im Zeitalter der Esoterik ist es auch unter uns zum Ausweis geworden, auf der Höhe der Zeit zu sein, wenn man sich intensiv und inklusiv mit Engeln und Engelinnen beschäftigt. Wer mag, kann Offenbarung 7 auch dafür benutzen. Ich erinnere z. B. an Sarah Kirsch's »Engel«:

Ich sah einen er kam im Taxi der Vordersitz
War flachgelegt so hatte er Platz
Man hob ihn heraus vor dem kleinen Fischgeschäft
Geleitete ihn in einen geschorenen Garten
Da stand er ernst in der Luft überragte
Die ihn stützten seine Augen erreichte nichts
Die Kleider waren verblaßt Goldreste
Überzogen die Brust er war ohne Flügel
Seine Führer lehnten ihn an einen Karren
Blockierten zuvor die Räder damit er
Nicht ins Gleiten käme sich etwa zerschlüge
Ich sah seine Hände sie waren leer
Hatten wohl vorher den Ölzweig getragen oder
Ein Seitenspiel jahrhundertelang
Jetzt war er taxiert unterwegs auf Wohnungssuche
Erst ins Antiquitätengeschäft was wird aus ihm wer
Braucht schon einen Engel der so groß ist
Er füllt eine Küche stünde
Wo besser ein Kühlschrank steht oder der Tisch mit
Der Brotschneidemaschine der Ausweg für ihn
Wäre ein Kindergarten wenn der ihn beherbergte
Wer wüchse nicht gern mit einem Engel auf

(Sarah Kirsch, Hundert Gedichte. Langewiesche-Brandt, Ebenhausen bei München 1985)

Schön, nicht? Und viel Vergnügen damit!

Altjahrsabend

Annäherungen an den Predigttext
2. Mose 13,20–22

Ulrike Schilling

Das Gespräch über diesen Text war zugleich meine erste Begegnung mit dieser Gruppe. Die Frauenhilfe der Gemeinde, in der ich seit einem Monat arbeite, trifft sich monatlich. An diesem Nachmittag waren wir 12 Personen.
Daß der Text für den Silvesterabend 1999 bestimmt sein soll, löst eine freudig überraschte Spannung aus.
- Ich habe von einer Silvesterveranstaltung gehört, für die die Karten schon vor zwei Jahren ausverkauft waren (jetzt haben wir Januar 1998).
In dieser Gruppe gibt es bislang keine besonderen Pläne für diesen Tag oder Abend:
- So weit denke ich noch nicht. Wer weiß, ob wir das noch erleben! Ich bin froh über jeden kleinen Abschnitt, den ich bestehen kann.
Es kommt die Frage auf, ob dieser Text speziell für diesen Jahreswechsel ausgesucht worden sei. Ich gebe eine kurze Erläuterung der Perikopenordnung.
- Dann paßt dieser Text aber gut.
Die Frauen vermuteten den richtigen Zusammenhang des Textes, trotzdem war eine genaue Zeit- und Ortsbestimmung angebracht: Das Volk Israel hat gerade Ägypten verlassen. (Die Verse schließen an 12,37–39 [Jahwist] an.) Es lagert am Rand der Wüste und ahnt noch nicht die Verfolgung durch den Pharao. Die Menschen befinden sich auf der Schwelle, auf der Grenze zwischen dem Alten, Verhaßten, gleichwohl Vertrauten und dem Aufbruch ins Neue, in das verheißene Land, das mit dem Weg in die Wüste, durch die Wüste beginnt. Die Ortsnamen, Bezeichnungen für Wohnzelte und Grenzbefestigungen unterstreichen beides.
- So wie die Flüchtlingslager, die man heute im Fernsehen sieht.
- Ich weiß, wie das ist, eine Flucht. Ich bin geflohen 1945. Mein Sohn war gerade drei Monate alt. Ihr wißt ja, daß es ihm so schlecht nicht bekommen ist. Aber damals ... So viele Kinder sind umgekommen unterwegs. Ich dachte, wenn er stirbt, dann ist es so. Dann kann ich nichts machen. Ich hatte damit abgeschlossen. Wir wollten nur weiter, weg von den Russen. Das hat uns getrieben.

- Die Israeliten hatten es eigentlich gut. Sie hatten die Wolkensäule und die Feuersäule vor sich. Sie wußten, woran sie sich halten konnten. Wir wissen oft gar nicht so genau, wo unser Weg hingeht.
- Sie werden diesen Schutz aber auch gebraucht haben, um nicht in die Irre zu gehen, in der Hitze, unter diesen extremen Bedingungen.
- Sie haben ja oft genug gemurrt und wollten an die Fleischtöpfe zurück in Ägypten.
- Sind wir bereit, uns auf das Neue einzulassen, das mit dem Jahr 2000 beginnt? Oder wollen auch wir das Altbekannte festhalten?
- Es ist ja doch ein Einschnitt, nicht nur ein neues Jahrhundert, auch 2000 Jahre nach Christi Geburt.
- Die Israeliten waren auch aufeinander angewiesen. Sie mußten zusamenhalten.
- Tag und Nacht wurden sie geführt - sind sie auch bei Nacht gewandert?
- Vielleicht mußten sie manchmal einen großen Wegabschnitt in einem Zug schaffen.
- Es ist eigentlich nicht zu verstehen, daß sie sich 40 Jahre dort in der Wüste aufhalten mußten. Heute schafft man den Weg mit einer Busreise an einem Tag.

Ich nehme wahr, daß meine Vorstellung von der Wüste als eines gefährlichen, aber notwendigen und unvermeidlichen Übels aus meinen Kindertagen stammt. Eine der Frauen hatte gerade die Familie ihres Sohnes in Saudi-Arabien besucht. Sie hatte am Rand der Wüste gestanden und war beeindruckt gewesen von diesem Anblick. Daß die Wüste auch eine verlokkende, faszinierende Herausforderung sein kann, ein einzigartiges Erlebnis, eine ganz besondere Möglichkeit der Selbsterfahrung, der Erfahrung überhaupt, die Grenzen zu erleben, zugleich Grenzenlosigkeit und Weite, war für mich ein ganz neuer, belebender Gesichtspunkt in diesem Gespräch. Mir fielen dazu Schilderungen ein aus Michael Ondaatje, »Der englische Patient« und aus Robyn Davidson, »Spuren. Eine Reise durch Australien«. Und Israels Grunderfahrung war ja genau diese: Nicht, daß Gott sein Volk vom Pharao erlöst hat, sondern dieser Weg durch die Wüste: Er hat uns, sein Volk, aus Ägypten heraufgeführt. Auch Johannes der Täufer und Jesus haben entscheidende Erfahrungen in der Wüste gemacht. Die Wüste als Lebensraum - hier mußten und konnten die Israeliten leben, überleben, als Nomaden.
- Das gelobte Land war ja nicht frei. Es war besiedelt. Dort gab es Städte. Wie in unserem Jahrhundert auch, als die Juden nach Palästina zurückkehrten.
- Es ist doch immer dasselbe, bis heute: Krieg, Flüchtlinge, Krieg. Wieviele Menschen sind heute weltweit auf der Flucht.

Was kann dieser Text für uns bedeuten?
- Er kann uns beiden eine Hilfe sein für das, was uns jetzt bevorsteht, sagt eine zu ihrer Nachbarin. - Beide müssen sich in Kürze im Krankenhaus einem Eingriff unterziehen.

- Ich erlebe Wolken- und Feuersäule als Schutz. Wir sind keinen Moment allein.
- Gott selbst war ja gar nicht sichtbar. Wolke und Feuer sind Zeichen, und Zeichen gibt es für uns heute auch. Wenn wir sie erkennen.
- Wir haben als Richtschnur den gekreuzigten Christus als Bild, aber auch als den, der uns führt, der gesagt hat: Siehe, ich bin bei euch alle Tage bis an der Welt Ende.

Noch ein *Liedertip:* Gerhard Tersteegen, Kommt, Kinder, laßt uns gehen (EG 393).

Zum Gottesdienst

Günter Gottschämmer

Exegetisch-homiletische Skizze

Die Perikope gehört in den Überlieferungszusammenhang der Exodustradition: »mit erhobener Hand« (Ex 14,8) - der geballten Faust als Zeichen der gewonnenen Freiheit - ziehen die ehemaligen Sklaven »aus dem Diensthause«. Die Route führt sie aus Gosen über Sukkoth nach Etam, an den Rand der Wüste. Die Orte sind nicht lokalisierbar. Dies ist auch nicht die Absicht der Erzählung, vielmehr geht es um die Qualität des Weges: Es ist der Weg der Befreiung. In der jüdischen Tradition wird er verstanden als die Grundtatsache des rettenden Eingreifens Jahwes. Nicht nur in den Zeiten der Bedrängnis, sondern wiederkehrend im Ritual vergegenwärtigt sich Israel des befreienden Handelns Gottes im Exodus: Dtn 26,5-10 macht es jedem, der das Erstlingsopfer der Feldfrüchte feiert zur Pflicht, die Geschichte der Befreiung zu rezitieren. »Der Herr führte uns mit starker Hand, ... unter Zeichen und Wundern aus Ägypten und brachte uns an diese Stätte und gab uns dies Land, darin Milch und Honig fließt.« Der Weg der Befreiung ist nicht der kürzeste Weg. Die kürzeste Route hätte »durch das Philisterland« (Ex 13,17) geführt. Schnell, ohne den Umweg von 40 Jahren, wären sie an ihr Ziel gelangt. Dieser Weg galt aber als sehr gefährlich: Von Ägypten her war er befestigt und mit Militärkastellen besetzt; auf der philistäischen Seite hätten sie mit militärischen Konfrontationen rechnen müssen. So zog das Volk - abweichend von der normalen Route - den Weg durch die Wüste, und »niemals wich die Wolkensäule bei Tag ... noch die Feuersäule bei Nacht.«
Wolke und Feuer sind überlieferungsgeschichtlich sehr alte Bilder für das Erscheinen Gottes: Ex 3,2 erscheint der Engel im Feuer, das im Dornbusch

brennt und ihn doch nicht verbrennt; Ex 9,23 berichtet von der siebenten Plage nicht nur als Hagel, sondern auch als Feuer, das vom Himmel schießt; Exodus 19,18 erzählt, wie Jahwe im Feuer vom Berg Sinai herabfährt. Ex 24,17 beschreibt »die Herrlichkeit des Herrn anzusehen wie ein verzehrendes Feuer« und Ex 16,10 berichtet von der »Herrlichkeit des Herrn, die in der Wolke erschien«. Dem entsprechend sind auch die Wolken- und Feuersäule Symbole für die Präsenz Gottes. Durch sie erhellt er die Welt. Im Talmud heißt diese Präsenz schechinah). In seiner schechinah wohnt Gott inmitten seines Volkes. Sie ist Zeichen seiner bergenden Präsenz und des Schutzes, den er bietet - und das gerade angesichts des hier geschilderten Weges durch die Wüste (vgl. Annäherungen). Rabbi Bachja ben Ascher formuliert: »Sie (die beiden Säulen) waren Merkmal und Zeichen, daß Gott Tag und Nacht mit ihnen war, um ihnen den Weg zu zeigen und sie vor den Bedrängnissen zu schützen und (aus der Not) zu erretten« (zitiert nach Roland Gradwohl, Bibelauslegung aus jüdischen Quellen, Stuttgart 1987, Seite 55. Ähnlich betont auch Psalm 105,39 das Motiv des Schutzes: »Er breitete eine Wolke aus, sie zu decken und ein Feuer, des Nachts zu leuchten.« Das Motiv des Schutzes (vgl. auch Annäherungen: »Ich erlebe Wolken- und Feuersäule als Schutz. Wir sind keinen Moment allein.«) wird noch verstärkt durch das Moment der Permanenz: Tag und Nacht ist Gott gegenwärtig - »niemals weichen« (V. 22) die Zeichen seiner Gegenwart.
Der Wolken- und der Feuersäule ist noch ein zweites Attribut zu eigen: In ihnen brennt nicht nur Gottes Geist »vor Ort«, sie sind darüber hinaus auch Zeichen seiner Präsenz »auf dem Wege«. Nach dieser Vorstellung verweilt die schechinah Gottes nicht an einem Ort, sondern sie geht mit (vgl. die Tradition des Stiftszeltes als dem - beweglichen - Ort der Präsenz Gottes), sie ist Symbol der Führung Gottes (systematisch-theologisch: gubernatio). In diesem Sinne benennt Gersonides das »Gehen Gottes« als Umschreibung seiner Vorsehung. Das »Gehen Gottes« ist zielorientiert: Er führt sein Volk an sein Ziel. Dabei kommt dem Führen Gottes eine Eigenart zu, auf die die jüdische Tradition aufmerksam macht: »Gott gleicht einem Vater, der vor seinem Sohn und einem Meister, der vor seinem Diener eine Fackel trägt.« (zitiert nach Gradwohl, Seiute 55). Jahwe verzichtet, indem er sein Volk führt, auf seine Ehre.
In beidem, in seinem Wohnen und in seinem Führen, bleibt Gott der Unverfügbare. Wolken- und Feuersäule sind ein treffendes Bild: Er enthüllt sich - wohnt bei seinem Volk, führt sein Volk - und bleibt doch der Verhüllte; die schechinah ist Zeichen der unsichtbaren Präsenz Gottes. Damit liegt die vorliegende Perikope ganz in der Tendenz von Ex 3: In der Stiftung des Gottesnamens offenbart sich Gott und bleibt doch zugleich der unverfügbare Herr seiner Offenbarung. Ich fasse zusammen: Die Perikope beschreibt Gottes unsichtbare Präsenz in den Motiven des Schutzes und des Führens (des Weges).

In der evangelischen Kirche hat der Gottesdienst am Altjahrsabend keine langjährige Tradition. In den Agenden kommt er erst seit Ende des 19. Jahrhunderts vor. Seinen Ort findet er heute vor allem als Möglichkeit der Besinnung, der Meditation, des Ruhens vor Gott angesichts einer von Böllern und Lärm erfüllten Umwelt. Wer am Altjahrsabend den Gottesdienst besucht, wird sein Leben in der Gegenwart Gottes bedenken und beleuchten lassen wollen. Der Silvesterabend fokussiert den Standort »zwischen den Jahren«. Die Gottesdienstbesucher blicken zurück auf das vergehende Jahr und nach vorne auf das kommende. Im zu Ende gehenden Jahr werden sie nach Spuren des beschützenden Handelns Gottes suchen und seine Wege und Umwege mit ihnen selbst erkennen. Für das kommende Jahr werden sie sich einen Lebensweg wünschen, der von Gottes Gegenwart beleuchtet ist, wobei zu bedenken ist: An Silvester 1999 erfährt der Standort »zwischen den Jahren« eine weitere Zuspitzung - als Ort zwischen den Jahrtausenden. Das Gefühl, den Milleniumswechsel zu erleben, wird zwar das konkrete Fragen nach Schutz und Wegbegleitung im vergehenden und kommenden Jahr nicht verdrängen, es aber mit einer besonderen Dringlichkeit versehen. Dietrich Bonhoeffers Lied »Von guten Mächten« spricht die beiden Seiten - die Sehnsucht nach Schutz und das Motiv des Weges - an und bindet sie im Gebet an die Präsenz des Unsichtbaren: »Von guten Mächten treu und still umgeben, behütet und getröstet wunderbar, so will ich diese Tage mit euch leben und mit euch gehen in ein neues Jahr.« Die Sehnsucht der Gottesdienstbesucher realistisch aufzunehmen, wird die grundlegende Aufgabe der Predigt sein.

Vorschläge zur Liturgie

Lieder
Von guten Mächten treu und still umgeben, EG 65
Ich möcht', daß einer mit mir geht, EG 209
Hilf, Herr Jesu, laß gelingen, EG 61
Der du die Zeit in Händen hast, EG 64

Eingangsgebet (das Motiv »Licht auf dem Wege« aufnehmend)
Du machst mich frei von meiner drückenden Last,
du machst mich los von meinen unseligen Bindungen,
du löst mich aus meinen Traurigkeiten,
du entfesselst mich zu einem neuen Leben vor dem Tod:
denn du wohnst mitten unter uns.

Darum lobe ich meinen Gott,
der aus der Knechtschaft mich erlöst,
damit ich frei bin.

Dein Wort in mir ein kleines Licht,
aber meines Fußes Leuchte,
und ein Licht auf meinen nicht ganz einfachen Wegen:
aber ein Licht,
damit mein Fuß sich nicht wund tritt an den Steinen,
die mir in den Weg gelegt werden.

Darum lobe ich meinen Gott,
der auf den Wegen mich begleitet,
damit ich gehe und nicht falle.

(Text: Uwe Seidel, aus: Hanns Dieter Hüsch/Uwe Seidel, Ich stehe unter Gottes Schutz, 1999/4, Seite 23 © tvd-Verlag Düsseldorf, 1996)

Fürbitten

Gott, in allen Zeiten bist du da.
Deine Liebe bleibt bestehen, was immer auch kommen mag.
Darum breiten wir vor dir aus, was uns bewegt.

Menschen, die uns vertraut waren und die wir lieb hatten,
sind nicht mehr bei uns.
In diesem Jahr mußten viele von uns Abschied nehmen.
Wir bitten dich:
Laß die, die das Sterben kennenlernten an der Trauer nicht zerbrechen,
und laß niemand im Tod allein.
Laß du uns finden, was trösten kann und Wunden heilt.
Wir rufen gemeinsam zu dir: Gott sei du uns nahe.

Gott, Kinder sind zur Welt gekommen.
Wir danken dir für alle Kinder dieser Erde.
Sie alle sind uns anvertraut als dein Geschenk.
Gib uns gute Gedanken und Kräfte, um für sie zu sorgen.
Laß sie wachsen in der Gewißheit, daß Gott sie liebt, jedes einzelne,
damit sie freie und aufrechte Menschen sein können.
Wir rufen gemeinsam zu dir: Gott sei du uns nahe.

Gott der Liebe, auch dieses Jahr wurden Jungen und Mädchen getauft und konfirmiert.
Gib, daß sie herausfinden, daß du die Mitte ihres Lebens bist,
dem Leben Sinn und Ziel gibst;
vergib uns, was wir an ihnen falsch gemacht haben
oder ihnen schuldig geblieben sind.
Wir rufen gemeinsam zu dir: Gott, sei du uns nahe.

Gott der Liebe, wir bitten um deinen Segen für jedes Haus,
für jede Liebe zwischen Menschen,

daß die Liebe das letzte Wort behält und uns in unseren Plänen und Hoffnungen verbindet.
Wir rufen gemeinsam zu dir: Gott, sei du uns nahe.

Gott, wir bitten für alle Kranken,
für alle Verletzten der Kriege und Aufstände des vergehenden Jahres.
Gib, daß sie nicht an den Schmerzen zerbrechen.
Gib, daß wir Trost schenken, der wirklich tröstet,
Hilfe geben, die wirklich hilft.
Laß uns den Funken Hoffnung anblasen, wo immer wir ihn finden.
Wir rufen gemeinsam zu dir: Gott, sei du uns nahe.

Gott, wir bitten dich um Frieden für diese Welt,
um Frieden in unseren Lebenszusammenhängen,
um Frieden in unserer Gemeinde und
Frieden für jede und jeden einzelnen von uns mit sich selbst.
Erweise uns deine Gnade, daß unsere Herzen fest werden in dir.

(Claudia Wüstenhagen, in: Feministische Predigtreihe, hrsg. von Sabine Bauerle und Elisabeth Müller, Frankfurt/Berlin 1996–1997, Seite 58 f.)

Vorspruch zum Segen

Keinen Tag soll es geben,
da du sagen mußt:
Niemand ist da, der mir hilft in meiner Not.

Keinen Tag soll es geben,
da du sagen mußt:
Niemand ist da,
der mich erfüllt mit seinem Trost.

Keinen Tag soll es geben,
da du sagen mußt:
Niemand ist da,
der mich hält in seiner Hand.

Keinen Tag soll es geben,
da du sagen mußt:
Niemand ist da,
der mich leitet und begleitet
auf allen meinen Wegen
Tag und Nacht.

Sei gut behütet und beschützt.

(Text: Uwe Seidel, aus: Hanns Dieter Hüsch/Uwe Seidel, Ich stehe unter Gottes Schutz, 1999/4, Seite 155 © tvd-Verlag Düsseldorf, 1996)

Vorschläge zur Predigt

Möglicher Anfang

»Zwischen den Jahren« nennen wir die Zeit zwischen Weihnachten und Neujahr. Sie ist eine »Zwischenzeit«, für viele von uns auch Urlaubszeit, Ruhepause. In zugespitzter Weise ist der heutige Abend eine »Zeit zwischen den Zeiten«: nicht nur zwischen gestern und morgen, nicht nur zwischen dem vergehenden und dem kommenden Jahr, sondern darüber hinaus auch zwischen den Jahrtausenden. Manche unter uns werden heute abend hierher gekommen sein mit dem Wunsch, sich Zeit zu nehmen zum Rückblick und zur Vorausschau; Zeit für sich selbst, die Frage wagend: Wo stehe ich »zwischen den Zeiten«? Was ist mir wichtig? Wo ist mein Standort, was ist mein Standpunkt?

Dann mögen unsere Gedanken erinnernd durch das nun zu Ende gehende Jahr streifen. Menschen werden uns einfallen, die uns wichtig waren; Menschen, die uns angerührt haben – in Liebe, in Angst, in Abscheu. Begebenheiten gehen uns durch den Kopf und durch das Herz: Gelungenes und weniger Gelungenes, die Früchte dieses Jahres, wohlschmeckende und bittere: die Konfirmation eines Patenkindes; die Heirat eines Freundes; der Tode eines geliebten Menschen. Ein Jahr, das zu Ende geht. Ob wir in allem den Willen Gottes gespürt haben? Oder ob es uns manchmal nicht auch schwer gefallen ist, das Erlebte aus Gottes Hand zu nehmen?

Wir erinnern. Der Blick geht zurück. Das ist das eine. Das andere ist, den Blick nach vorne zu richten. Dann erheben sich andere Fragen, etwa: Was wird das neue Jahr bringen? Was wird uns beschäftigen? Was uns Freude bereiten, was Sorgen? Wir stellen diese Fragen und spüren ihre Zuspitzung, weil wir nicht nur zwischen den Jahren, sondern zwischen den Jahrtausenden stehen.

Zum weiteren Verlauf

Im Blick zurück, im Blick nach vorne: Wir wünschen uns dabei, von Gott begleitet zu werden. Bei ihm suchen wir Vertrauen, Geborgenheit und Schutz. Mit den Bildern aus unserem Predigttext nähern wir uns unserem Gott.

Gott: Er geht den Weg mit uns – unterwegs macht er sich bekannt. Hier ist daran zu erinnen, daß die tiefsten Gotteserfahrungen Erfahrungen »auf dem Wege« sind: für Israel im Exodus, für die Jünger Jesu auf dem Wege nach Emmaus usw. Wären die Israeliten an den Fleischtöpfen Ägyptens sitzengeblieben, sie wären geistlich verhungert. Erst als sie sich auf den Weg mit Gott wagen, liegt das gelobte Land vor ihnen.

Gott: Er geht den Weg mit uns – auch manchen Umweg. Hier ist daran zu erinnern, daß Israel nicht den erstbesten Weg aus der Sklaverei gegangen ist, sondern den Weg durch den Sinai: Der kürzeste Weg war nicht der beste, sondern besonders gefährlich, bedroht durch feindliches Militär.

Der Umweg war immer noch ein Weg durch die Wüste, aber es war der Weg des Lebens.
Gott: Er schützt und behütet uns, auch wenn wir manchmal meinen, ihn nicht zu spüren. Die Wolken- und die Feuersäule sind Bilder seiner Gegenwart. In ihnen ist er präsent und doch nicht faßbar. Sein guter Wille mit uns geht immer über unser Verstehen hinaus. Dann geht es uns wie jenem Manne, der träumte, mit Gott am Meer entlang zu wandern. Über sich am Himmel sah er sein Leben wie in einem Film vorüberziehen. Da sah er auch Fußspuren von zwei Wanderern; die eine so schien ihm, war die Gottes, die andere war seine eigene. Als der letzte Abschnitt seines Lebens aufleuchtete, blickte er noch einmal zurück auf die Spuren im Sand. Oft war nur die Spur eines einzelnen Wanderers zu sehen, und zwar immer in den Zeiten seines Lebens, die ihm als besonders düster und trostlos in Erinnerung waren. Darüber geriet er ins Grübeln, und schließlich sagte er zu Gott: »Als ich mich seinerzeit entschied, mich mit dir auf den Weg zu machen, hast du mir versichert, mir jederzeit beizustehen. In den dunklen Zeiten meines Lebens findet sich nur ein Fußabdruck; ich muß also annehmen, daß du mich immer dann im Stich gelassen hast, wenn ich dich am notwendigsten brauchte.« Gott antwortete: »Mein Freund, ich liebe dich. Ich würde dich nie alleinlassen. Durch die Zeiten, in denen du dich allein gelassen fühltest, in denen du nur eine Spur siehst, habe ich dich hindurchgetragen.«

Möglicher Schluß
Gott. Er geht den Weg mit uns - unterwegs macht er sich bekannt. Gott: Er geht den Weg mit uns - auch manchen Umweg. Gott: Er schützt und behütet uns, auch wenn wir manchmal meinen, ihn nicht zu spüren: Gott - über allem steht seine Zuwendung. Wie er damals seinem Volk das Licht vorantrug, so will er auch unseren Weg, unseren Lebensweg erhellen. In diesem Vertrauen gehen wir ins neue Jahr und Jahrtausend.

Neujahr

Annäherungen an den Predigttext Josua 1,1-9

Hannes-Dietrich Kastner

Ein Gespräch mit einem Gemeindeglied, Frau W., Jahrgang 1918, geführt zu Beginn des Jahres 1998.

Frage: Stellen Sie sich vor, Sie oder Menschen, mit denen Sie sich verbunden wissen, hörten den Anfang des Josua-Buches am Neujahrsmorgen des Jahres 2000 als Predigttext: Fänden Sie die Wahl dieses Textes glücklich?

Frau W.: Niemand weiß, was auf der Jahreswende zum Jahr 2000 sein wird. Die Schwelle ins nächste Jahrtausend wird m. E. maßlos überschätzt und aufgeladen. Josua 1,1-9 klingt viel zu hoffnungsvoll für unsere verrückte Welt.

Wir dürfen uns nicht vorgaukeln, daß alles glatt gehen wird, wenn wir nur ein wenig auf Gott vertrauen. Ich muß zugeben, daß ich in jungen Jahren vertrauensvoller in die Zukunft blicken konnte. Meine Hoffnung ist im Laufe der Jahre geschrumpft. Ob Josua 1 eine glückliche Wahl ist? Ich weiß es nicht.

Frage: Mit welchen Personen mögen Sie sich identifizieren - mit Mose - oder eher mit Josua - oder mehr mit dem Gottesvolk?

Frau W.: Am liebsten mit dem Gottesvolk. Ich möchte nicht Mose oder Josua sein. Das wäre mir zu schwer. Einem solchen Amt fühlte ich mich nicht gewachsen. Auch hätte ich Angst vor der Einsamkeit, in die man gerät, wenn Gott einen einzelnen Menschen in dieser Weise beansprucht. Damit will ich weder Mose noch Josua abtun. Ganz und gar nicht! Ich habe Mitgefühl für beide und Hochachtung, weil ich weiß, wie schwer sie an ihren Aufträgen getragen haben.

Frage: Gab es in Ihrem Leben auch einmal so etwas wie den Jordan in diesem Abschnitt, einen Fluß, einen Graben, eine Furt, die Sie nur mit Bangen durchschritten haben?

Frau W.: Und ob es das gab! Einmal, im wörtlichen Sinne, waren es die Oder und die Elbe, die ich gegen Ende des Zweiten Weltkrieges überquerte. Die Elbe überschritt ich leichtsinnigerweise noch ein zweites Mal, nur um noch etwas Habe zu retten, ziemlich unwichtige Dinge, wie mir später aufging. - Aber auch im übertragenen Sinn habe ich mehrfach Gräben durchschritten, etwa als mir 1938, ich war damals gerade 20 geworden, der Durchblick kam, wohin das nationalsozialistische System uns führen würde. Mit einer solchen Klarsicht weiterzuleben, das geht nur mit Bangigkeit. - Dann wurde ich später, während der Kriegszeit, strafversetzt. Das war ein garstiger Graben. - Gegen Ende des Krieges habe ich dann zweimal Fluchtpläne entwickelt und bin dabei große Wagnisse eingegangen. - Entscheidungen versuchte ich betend zu bedenken, bekam aber keine konkreten Antworten. In der Rückschau allerdings muß ich dankbar von göttlicher Führung und Bewahrung sprechen. Unvergeßlich übrigens: die tiefe menschliche Verbundenheit damals mit anderen Menschen, mit Flüchtlingen, denen es ebenso erging wir mir.

Frage: Was hat Ihnen damals Mut gemacht, Schritte hinüber ans andere Ufer zu wagen, allen Bedenken zum Trotz?

Frau W.: Eine Mischung aus großem Lebenswillen und Angst! Die Kraft war einfach da. Aber es gab wohl noch andere Triebfedern, z. B. auch Vorbilder. Ich denke zurück an meinen Vater, an Menschen aus dem Bruderrat in Berlin, an Bonhoeffer. Ich war ja vielen Menschen aus der Bekennenden Kirche begegnet. Und obwohl ich noch sehr jung war und nicht alles durchschaute, kam mir die Überlegung: Es muß doch etwas dran sein am Evangelium.

Eine andere Frage ist, ob ich heute noch diesen Mut und diesen Lebenswillen habe. Mein Kräftehaushalt hat sich verändert, nicht nur, weil ich alt bin, sondern wohl auch, weil die Menschheit kaum etwas hinzulernt. Daher fühle ich oft so etwas wie Niedergeschlagenheit.

Frage: Josua ermutigt sich nicht selbst, sondern er wird ermutigt. Er hört Gott reden. Dies ist eine religiöse Erfahrung. Sind Sie neidisch auf Josua, weil er einen solchen Zuspruch so direkt vernimmt, gleichsam gott-unmittelbar - oder haben Sie, vermittelt durch Menschen, ähnlich starken Zuspruch vernommen - gleichsam Gottes Zuspruch in Gestalt eines menschlichen Wortes?

Frau W.: Neidisch auf Josua bin ich nicht. Doch kenne ich das Gefühl, daß mir die Stimme Gottes fehlt. Ich würde sie gerne hören, einen Wink von ihm erhalten. Aber es ist komplizierter: Ich weiß in der Regel nicht genau, ob das, was ich in meinem Inneren höre, meine oder Gottes Stimme ist. Schön, wenn jemand da zu einer größeren Gewißheit findet.

Mein Beten hat sich übrigens gegenüber früher deutlich gewandelt. Ich bete kaum noch im Stil traditioneller Gebete, sondern spreche einfach mit Gott, rechne mit ihm, führe einen »monologischen Dialog«.

Frage: Israel bekommt ein Land zugesprochen, etwas sehr Konkretes. Haben Sie Mühe bei dieser Vorstellung, daß Gott uns Menschen etwas so Greifbares verheißt - etwa, wenn Sie daran denken, daß jetzt neben Israel auch die Palästinenser Ansprüche auf diese Region erheben und sich ebenso im Recht wissen?

Frau W.: Ja, ich habe Mühe damit. Warum eine Land-Verheißung nur an ein Volk, wo doch die Welt uns allen gegeben ist?

Gebete und Verheißungen dürfen sich durchaus auf Konkretes beziehen, aber vielleicht doch nicht auf Dingliches, sondern eher auf Beziehungen, Freundschaften, auf die Klarheit des Geistes. So will ich auch nicht vordergründig um Gesundheit bitten (Hauptsache: gesund!), sondern eher um Wachheit, Klarheit.

Frage: »Es soll dir niemand widerstehen dein Leben lang!« V. 5. Mit welchem Empfindungen hören Sie diesen Satz?

Frau W.: Beängstigend, wenn mir kein Widerstand geboten würde! Wir wachsen doch gerade an Widerständen. Manchmal brauchen wir auch aus sachlichen Gründen den Widerstand. Fatal, wenn Nationen sich einreden, sie hätten ein weltweites Mandat, dem kein Land widersprechen dürfe!

Frage: Daß Josua getrost und unverzagt sein kann, wird daran gebunden, daß er sich an die Thora hält. Leuchtet Ihnen das so ein oder empfinden Sie das eher als ein Gekauft-Werden?

Frau W.: Nein, hier wird niemand gekauft. Die Zusammengehörigkeit von Thora (Weisung) und Verheißung leuchtet mir ein. Aber es ist schwer, das zu leben. Oft gelingt es nicht, mit dem Wort Gottes einig zu werden. Einmal ist die Verheißung zu groß, als daß ich ihr trauen könnte; dann wieder ist das Geländer der Thora lästig.

Frage: Die Thora, das Gesetz, das Evangelium Tag und Nacht betrachten ... V. 8. Fällt Ihnen dazu etwas aus Ihrer Lebenserfahrung ein?

Frau W.: Leere Litaneien sind mir widerlich. Dagegen setze ich das »verantwortliche Leben«, das tägliche, ganz natürliche Sprechen mit Gott. Wenn ich z. B. nachts aufwache, lese ich gerne in den Herrnhuter Losungen. Warum? Es ist hilfreich, nicht nur auf die eigenen Gedanken und Einfälle angewiesen zu sein. Ich brauche das Wort von außen, von innen; dazu auch die Zeichen.

Frage: Das Versprechen Gottes, uns nahe zu sein – im V. 9 – ist Ihnen das in der Formulierung des Josuabuches in früheren Jahren schon einmal wichtig geworden?

Frau W.: Der Satz ist in meiner Bibel seit Jahren angestrichen. In der Rückschau habe ich die Wahrheit dieses Wortes begriffen. Und so war es mir dann auch möglich, dieses Wort im Blick auf die Zukunft zu meditieren.

Frage: Der Neujahrsmorgen des Jahres 2000 ... Welche Wünsche haben Sie da im Sinn – für sich selbst – für die Gemeinde – für Ihre Kinder und Enkel und Urenkel – für die Schöpfung Gottes?

Frau W.: Ich würde der Menschheit zum Neujahr 2000 nichts anderes wünschen als was ich ihr auch heute wünsche. Die Jahreszahl ist doch ohne Bedeutung, zumal andere Religionen die Zeit anders zählen, z. B. die Juden.

Gewiß darf es auch spielerische Freude geben, die eine solche Jahreswende gestaltet. Aber bitte keine unmäßige Aufladung – und vor allem keine Ängste! Jahreswenden gehören zur Normalität der Zeit.

Zum Gottesdienst

Rolf Heinrich

Exegetisch-homiletische Skizze

Die Situation: Auf der Flucht
Ich schreibe diesen Text im Oktober 1998 in einer Situation, in der 22 kurdische Flüchtlinge, Frauen, Männer und 15 Kinder und Jugendliche in unserer Gemeinde Zuflucht im Wanderasyl gefunden haben. Sie gehören zu einer Gruppe von 236 kurdischen Flüchtlingen, die aus dem Land Abrahams zwischen Euphrat und Tigris geflohen sind und Zuflucht in 40 katholischen und evangelischen Kirchengemeinden Nordrhein-Westfalens gefunden haben. Seit 10 Monaten ziehen sie quer durch das Land, bleiben 4–5 Wochen in einer Gemeinde und ziehen dann weiter. Sie suchen in den Gemeinden Schutz, weil sie bei einer Abschiebung in die Türkei mit politischer Verfolgung, Folter und Mißhandlung zu rechnen haben. Die meisten von ihnen leben seit etlichen Jahren mit ihren Familien in Deutschland, viele Kinder sind hier geboren und aufgewachsen. Obwohl sie in der Türkei verfolgt wurden, im Gefängnis waren oder sogar gefoltert wurden, wurde ihre Asylverfahren rechtskräftig abgelehnt. Sie würden gerne in ihre Heimat zurückkehren, aber der Krieg gegen sie zwingt sie ins Asyl. Sie ziehen ein Leben in der Illegalität in Deutschland der Abschiebung in die Türkei vor, weil sie Angst haben. Illegal leben bedeutet rechtlos leben und ohne finanzielles Auskommen. Für sie ist überall die Grenze, weil sie ständig fürchten müssen, nach einem Ausweis gefragt zu werden. Sie sind wehrlos rassistischen Straftaten, Anfeindungen und Drohungen ausgesetzt. Die Kinder können keine Kindergärten und Schulen besuchen. Sie leben ohne medizinische Versorgung und werden, wenn sie Arbeit finden, als billigste Arbeitskräfte durch deutsche Unternehmen ausgebeutet. In den Gemeinden können sie für kurze Zeit Hilfe und Beistand finden, medizinische Versorgung, Verpflegung, und ihre Kinder können Kindergärten und Schulen besuchen. 1998 verstecken sich in Deutschland 500 000 in die Illegalität getriebene ausreisepflichtige Flüchtlinge. Wir leben im Jahrhundert der Flüchtlinge. 625 Millionen Menschen sind weltweit auf der Flucht, nur 6 % von ihnen erreichen Europa. Diese Zahlen werden sich in den nächsten zehn Jahren verdoppeln. Zahlen gewinnen aber erst dann Leben, wenn ich diesen Menschen begegne, in ihre Augen sehe und von ihrem Schicksal erfahre. Das kommende Jahrtausend wird zum Jahrtausend der Flüchtlinge werden. »Unvergeßlich übrigens die tiefe menschliche Verbundenheit damals mit anderen Menschen, mit Flüchtlingen, denen es ebenso erging wie mir«, sagt Frau W. in den Annäherungen an den Bibeltext. Die Bibel ist ein Flüchtlingsbuch. Wie ein roter Faden ziehen sich Geschichten von fliehenden Menschen durch die Bibel, von Abraham, Moses und David bis hin zu Jesus und Paulus.

Noch in einem anderen Sinn als wir es gewohnt sind, leben wir im *Jahrtausend der Flüchtlinge.* Sind nicht viele Menschen auch und gerade zum Jahreswechsel auf der Flucht vor sich selbst. Auf der Flucht vor Problemen und Ängsten in kurzzeitigen Rausch und Konsum und in flüchtiges Vergnügen? Wer kennt es nicht, dieses Gefühl und diese Lebenshaltung: »Nur rasch fort« - in ein anderes Gefühl, eine neue Beziehung, ein neues Land, in den Urlaub, in eine neue Ehe? Menschen fliehen vor Problemen und Ängsten in Neurosen, Depressionen und Krankheiten. Wissenschaften erforschen Fluchtorte und entwickeln kosmologische Perspektiven nach dieser Erde. Der Mensch ist unbehaust, er hat ein nomadisierendes Schicksal und bis heute ist es ihm nicht gelungen, es gegen Seßhaftigkeit einzutauschen. Die Flucht der Flüchtlinge kann Leben retten, die Flucht vor mir selbst zerstört Leben.

Die Erinnerung: Seßhaftwerden und Landnahme

Nach der Flucht aus Ägypten siedelten Stämme Israels im siedlungsarmen Land Kanaan und kamen in Berührung mit der kanaanäischen Stadtbevölkerung. Einem großen Teil der Israeliten blieb das Leben und Wesen der Kanaanäer fremd. Fremd blieb den an einfaches Leben gewöhnten Israeliten die verschwenderische Stadtkultur. »Sie erschien ihnen als sittlich minderwertig und verkommen, als lüstern und haltlos« (M. Noth, Geschichte Israels, Göttingen 1963, Seite 133). Die Israeliten übten Ackerbau und Viehzucht. Fremd blieb ihnen das Gewerbe, der Handel und das Gewinndenken der Kanaanäer. Noch in späterer Zeit wurde der Kaufmann und Händler einfach als Kanaanäer bezeichnet (Jes 23,8; Sach 14,21). In Kanaan herrschte die besitzende Aristokratie, die Masse des Volkes waren Untertanen. Das war den Israeliten fremd, für die alle Stammesgenossen gleichberechtigt waren. Zugleich mußten die Israeliten sich als Fronarbeiter verdingen (Gen 49,14 f.). Sie bekamen vom Reichtum der kanaanäichen Städte etwas ab - um den Preis der Frondienste als Handlanger und Hafenarbeiter (Gen 40,13). Die Berührungen mit Kanaanäern führten zu Vermischungen: Israeliten heirateten Kanaanäerinnen und sie lernten viel von der kanaanäischen Bevölkerung, unter anderem die moderne Kriegführung mit Streitkampfwagen. Die Sprachen vermischten sich und das alttestamentliche Hebräisch zeigt Spuren kanaanäischen Dialektes. Die Israeliten übernahmen Kulte und Feste der Kanaanäer und übten ihren eigenen Kult auf uralten Heiligtümern des Landes aus. Die Einwanderung der Stämme Israels in Kanaan erfolgte in Einzelunternehmungen der Stämme und in Wirklichkeit weithin unkriegerisch, nämlich auf dem Weg des Weidewechsels. Es war nicht die Absicht aller einwandernden Stämme, alle Kanaanäer aus ihren Städten zu vertreiben, im Gegenteil: »Und die Kanaanäer blieben wohnen im Land« (Ri 1,27 f.). Erst als Israel stark und mächtig genug geworden war, kam es zu kriegerischen Auseinandersetzungen und Vertreibungen. In Josua 1,1-9 sind die Erinnerungen an den Gott der Flüchtlinge und

an die friedliche Einwanderung verdrängt und vergessen. In einer Gottesrede (V. 1) wird die Treue Gottes zu seinem Volk (V. 5) genutzt, ja mißbraucht, als Legitimation einer kriegerisch dargestellten Landnahme des ganzen Volkes (V. 2). Gott wird zu einem Gott des gerechten Krieges: Die kanaanäische Bevölkerung wird aufgezählt, die Israel bei der Landnahme vorfand und die sie nach dem Willen Gottes auszurotten hätte (Jos 3,10; 9,1; 11,3; 12,8; 24,11). Die Lust zur kriegerischen Auseinandersetzung und zum Durchhalten wird angeheizt durch Parolen wie »einer von euch jagte Tausend« (Jos 23,10). Gott wird als der dargestellt, der eine kriegerische und gewaltsame Landnahme und die Vernichtung der Feinde »verheißt« und legitimiert: »Es soll dir niemand widerstehen dein Leben lang«, (V. 5) »und vor ihnen hielt keiner ihrer Feinde stand, alle ihre Feinde gab Jahwe in ihre Hand.« (Jos 21,43–45). Beängstigend. Frau W. hat in den Annäherungen die lebensbedrohliche Tendenz dieses Textes gefühlt und erkannt: »Beängstigend, wenn mir kein Widerstand geboten würde. Wir wachsen doch gerade an Widerständen.« »Fatal, wenn Nationen sich einreden, sie hätten ein weltweites Mandat, dem kein Land widersprechen dürfte.«
Und nicht nur das, die faktischen Grenzen des »verheißenen« Landes werden ins Wunderbare gesteigert. Der Umfang wird über das wirklich besetzte Land hinaus gesteigert vom Steppengürtel im Süden und Osten bis zum Libanon und Euphrat und bis »an das große Meer gegen Abend sollen eure Grenzen sein« (V. 4). Israel soll dieses Land »mit einem Mal« in Besitz genommen haben (10,42) und die Einwanderung soll als Besitznahme des ganzen Volkes dargestellt werden (V. 2).
In älteren Traditionen des Volkes Israel wird das Land als Eigentum Jahwes bezeichnet. Nicht den Menschen, auch nicht dem Volk Israel gehört das Land. Kein Land gehört den Menschen als Eigentum, sondern Jahwe gehört das Land, es ist Lehen Gottes. »Mein ist das Land, ihr seid Gäste bei mir und Beisassen« (Lev 25,23). Wenn das Land nicht mir gehört, dann kann, dann muß ich es mit anderen teilen. Als Lehen Gottes ist das Land nicht nur einem Volk, sondern allen zugedacht. »Mein ist das Land« als Fundament israelitischen Bodenrechtes führte konkret zu gemeinschaftlichen Besitzordnungen für das Land auf Zeit, nämlich zu gemeindlichem Ackerbesitz, der verlost wurde (Micha 2,5). Im Buch Josua wird nicht ein einziges Mal das Land als Jahwes Eigentum bezeichnet, sondern als Eigentum des Volkes Israel (V. 2). Gott hatte das Land, das ehemals anderen Völkern gehörte, Israel zum Besitz gegeben.
Den treffendsten, kritischen Kommentar zu diesen unterschiedlichen theologischen Traditionen zum Land als Land Jahwes oder Besitz des Volkes Israel hat Frau W. in den »Annäherungen« gegeben: »Warum eine Land-Verheißung nur an ein Volk, wo doch die Welt allen gegeben ist? Gebete und Verheißungen dürfen sich durchaus auf Konkretes beziehen, aber vielleicht doch nicht auf Dingliches, sondern eher auf Beziehungen, Freundschaften, auf die Klarheit des Geistes.«

Der Zuspruch der Treue Gottes galt in Josua 1 konkret und politisch der kriegerischen Landnahme und dem Volk Israel als Besitzer des Landes. Die Verse 7–9 sind in diesem situativen und konkreten Kontext zu lesen und zu verstehen: »Sei nur getrost und sehr freudig«, »Laß dir nicht grauen und entsetzte dich nicht« ist im Hinblick auf die Situation der kriegerisch dargestellten Landnahme als Durchhalteparole zu verstehen. Aber auch, wenn diese Verse verallgemeinernd interpretiert werden, bedürfen sie der Korrektur: Ich wünsche mir zu der eigenen Verzagtheit zu stehen und ausdrücken zu dürfen, daß ich ungetröstet bin, wenn ich mich so fühle. Wie Frau W. es ausdrückt: Ihr hat Mut gemacht: »Eine Mischung aus großem Lebenswillen und Angst! ... Daher fühle ich oft so etwas wie Niedergeschlagenheit.«

An dem kriegerischen Kontext und dem Verständnis des Landes als Besitz Israels und eben nicht als Besitz Jahwes, ändert sich auch dann nichts, wenn V. 7 als theologische Verpflichtung gelesen wird, wie man sich im Krieg, wie man sich feindlichen Städten und den Schwachen gegenüber im Sinne der zehn Gebote zu verhalten habe. Allerdings machen die V. 7/8 deutlich, daß Menschen bei jedem Aufbruch (V. 2) und bei jedem Übergang von Gewohntem in Neues »Wegzehrung«, Begleitung und Ermutigung brauchen: In dieser Landnahmesituation den Zuspruch Gottes und das Buch des Gesetzes als Wegzehrung, um die eigene Identität bewahren zu können.

Löst man den Bibeltext aus diesem historischen Kontext, dann kann er verallgemeinernd als Text wider die Angst, als Text wider eine unsichere und bedrohliche Zukunft am Neujahrstag gelesen und gepredigt werden. Dann muß man sich aber fragen, inwieweit Verallgemeinerungen, die den Text aus dem historischen Kontext lösen, möglich sind, ohne den Sinn zu verändern oder gar ins Gegenteil zu verkehren? »Leere Litaneien« nennt sie Frau W. (»Annäherungen«), sie sind ihr »widerlich«. »Dagegen setze ich das verantwortliche Leben.« Diese leere Litaneien werden noch widerlicher, wenn sie in dem konkreten Kontext eines »gerechten Krieges« und einer kriegerischen Landnahme nach dem Motto »Einer von euch jagte Tausende« (Josua 23,10) gelesen werden. Dann werden in Auslegungen zu diesem Bibeltext die Bewohner Kanaans zu »unbekannten Feinden Israels in einem besetzten Land« (P. Löffler, Predigt-Studien, Stuttgart 1975, Seite 78).

Die theologischen Traditionen im Josua-Buch versetzte die Menschen Kanaans in Schrecken und versetzt die Menschen Palästinas in Schrecken! Das Verhältnis Israel - Palästina, das Verhältnis Christen und Flüchtlinge und die christliche Stellung dazu, könnte eine Fallstudie zu der Frage sein: Wie übersetzen wir alttestamentliche Verheißungen in eine konkrete Zukunftsgestaltung für uns heute? Was heißt »Mein ist das Land« und »Die Bibel ist ein Flüchtlingsbuch« für Israel, für Palästina und für die Flüchtlinge dieser Erde?

Die Vergegenwärtigung
Die Predigerin und der Prediger haben sich der Frage zu stellen, welche biblischen und theologischen Traditionen er/sie predigen sollen. Die biblischen Texte sind nicht einheitlich, nicht vorschnell zu verallgemeinern, sie sind konkret, historisch, politisch, vielfältig und widersprüchlich, wie das Leben selbst. Predige ich den Gott der Flüchtlinge und der Vertriebenen, also auch den Gott der Kanaanäer und Palästinenser, den Gott des Volkes Israel und der Kurden und wie die Flüchtlinge dieser Erde heißen mögen? Predige ich den Gott, der sagt »Mein ist das Land, ihr seid Gäste und Beisassen bei mir« (Leviticus 25,23)? Predige ich den Gott, der Zuflucht gewährt dem fremden Flüchtling (Jesaja 16,3 f.)? Predige ich den Gott, der ein Volk legitimiert, gewaltsam Länder zu erobern und der verheißt, daß dem Volk Israel das Land gehört, dem kein Feind widerstehen wird (V. 5)? Predige ich allgemein - erhaben über Zeiten und politische Verhältnisse - den Gott, der Treue verspricht zu allen Situationen und Lebenszeiten, der angesichts einer bedrohten und unsicheren Zukunft auffordert, »sei getrost und unverzagt« (V. 6)? Predige ich gegen Josua und seine kriegerische Landnahmetheologie und gebe ich das Versagen und die Schuld meiner Mütter und Väter im Glauben und meine eigene Schuld zu?

Vorbereitung des Gottesdienstes (alternative Möglichkeiten)

Gottesdienst mit Flüchtlingen und Asylbewerbern
Wenn in der Gemeinde Flüchtlinge und Asylbewerber leben und Kontakte zu ihnen bestehen, kann mit ihnen gemeinsam ein Gottesdienst vorbereitet werden, in dem ihre Ängste, ihre Hoffnungen und Erwartungen für das neue Jahr zur Sprache kommen. Es könnte befreiend wirken, wenn Christen - ausgehend vom Josua-Text - deutlich machen, daß jüdische und christliche Identität immer auch durch die Ausgrenzung und Vertreibung anderer gewonnen wurde. Ähnliche Phänomene könnten auch von den Flüchtlingen beschrieben werden. Verbindend könnte die Frage sein, welche Begegnungen zwischen Einheimischen und Fremden angeregt werden müßten, damit wir entdecken, daß »die Welt uns allen gegeben ist«.

Christlich-muslimischer Gottesdienst
Wenn es in der Gemeinde Begegnungen mit Türken und dem Moschee-Verein gibt, dann könnten im Gottesdienst die Hoffnungen und Befürchtungen für das neue Jahr aus christlicher und muslimischer Sicht zusammengetragen werden. Erfahrungen zur Flucht und zum »Seßhaftwerden« in Deutschland könnten zur Sprache kommen. Dabei könnte deutlich werden, daß die Probleme unserer Zeit (Arbeitslosigkeit, Wohnsituation, Unweltbedrohungen) Christen und Muslime verbinden. Der Josua-Text könnte zum Anlaß genommen werden, gemeinsam zu überlegen, wie Christen und Muslime mit Anders-Denkenden und »Ungläubigen« umgehen

und ob es nicht ein gemeinsam Verbindendes gibt: Das Mensch-Sein und die Leiden der Menschen?

Gottesdienst mit Gemeindegruppen
In Gemeindegruppen werden Erfahrungen und Stimmungen darüber zusammengetragen, wie Menschen sich fühlen, was sie befürchten und erhoffen, wenn sie in ein neues Land, eine fremde Stadt, eine neue Klasse oder eine fremde Gruppe kommen. Welche Wegzehrung nehmen sie mit? Welche Ermutigung, Begleitung und Unterstützung brauchen Menschen, wenn sie heimisch werden wollen? Sind diese Erfahrungen vergleichbar den Übergängen in ein neues Jahr? Liegt das neue Jahr und Jahrtausend vor uns wie ein fremdes Land, in dem wir uns bald einrichten mit unseren alten Gewohnheiten? Welche Erinnerungen an Vergangenes begleiten mich, welche Menschen gehen mit mir? Welche guten Segenswünsche und Segensgesten erhoffe ich. Die eigenen Gefühle und Gedanken werden in Beziehung gesetzt zum Josua-Text und zu der »Wegzehrung« des Volkes Israel: Der Begleitung Gottes »sei getrost und unverzagt« (V. 7) und dem »Buch des Gesetzes« (V. 8).

Vorschläge zur Liturgie

Eingangswort
Gott, sei bei uns in diesem Gottesdienst
als Vertrauen, das uns stärkt,
damit wir den Bedrohungen des Lebens ins Augen sehen können.
Gott sei bei uns in diesem Gottesdienst
als die Liebe, die uns stärkt,
damit wir die Todesmächte beim Namen nennen können.
Gott sei bei uns in diesem Gottesdienst
als der Mut, der uns beflügelt,
damit wir den Mächten des Todes widerstehen
und Raum für Leben schaffen

Lesung
Lukas 4,14–21

Gebet
Wenn ihr Deutschen und alle Menschen fühlen könntet wie wir!
Wenn ihr versuchen könntet, zu fühlen wie ein Mensch,
der weit weg ist von seinem Heimatland!
Entwurzelt sind wir. Heimatlos.
Wenn ihr nur Kamerad sein könntet für einen Flüchtling!
Wir flüchten vor den Trennungen.

Wenn ihr wüßtet, wer all diese Trennungen verursacht hat.
Ich spreche zu euch, Felsen, grüne Wiese und freie Vögel.
Wie viele Frauen und Männer verließen uns und starben dort – unbeachtet.
Ich wünsche, ich wär geblieben und gestorben wie sie.
O Mutter! Wo sind diese Frauen und Männer hingegangen?
Ich wünschte, sie wären am Leben.
Ich wünschte, ich wäre kein Flüchtling.
Ich wünschte, ich wäre nicht am Leben.
(Gebet eines Asylsuchenden)

Gebet
Die Erde gehört uns allen
So wie der Sand den man am Grabe
freundlich uns nachwirft
Allen gehört
Aber im Leben gehören
Die Armen den Reichen
Die Dummen den Klugen
Die Geschlagenen den Verschlagenen
Die Gläubigen der Kirche
Die Schwarzen den Weißen
Die Naiven den Raffinierten
Die Schweigenden den Schwätzern
Die Friedfertigen den Streitsüchtigen.
Die Erde aber könnte uns allen gehören
Wenn dein Haus auch mein Haus
Mein Geld auch dein Geld
Dein Recht auch mein Recht
Mein Los auch dein Los
Dein Kleid auch mein Kleid
Mein Glück auch dein Glück
Dein Leid auch mein Leid
Wäre.
Teile und herrsche nicht!
Aber wer kann das schon?
(Hanns Dieter Hüsch, Textauszug aus: Teile und herrsche nicht, Seite 50. Das Schwere leicht gesagt, 1997/4, Seite 49 f.

Segen
Der unbegreifliche Gott
erfülle dein Leben mit Kraft,
daß du entbehren kannst,
ohne hart zu werden,

daß du leiden kannst,
ohne zu zerbrechen,
daß du Niederlagen hinnehmen kannst,
ohne dich aufzugeben,
daß du schuldig werden kannst,
ohne dich zu verachten,
daß du mit Unbeantwortbarem leben kannst,
ohne die Hoffnung preiszugeben.
(Sabine Naegeli, © Verlag Herder, Freiburg)

Lieder
EG 58, Nun läßt uns gehn und treten ...
EG 674, Damit aus Fremden Freunde werden
EG 648, Wir haben Gottes Spuren festgestellt
EG 65, Von guten Mächten ...

Vorschlag zur Predigt

Möglicher Anfang
Christen gehen in ein neues Jahrtausend, in das Jahr 2000 nach der Geburt Christi, Juden gehen in das Jahr 5761 nach der Erschaffung der Welt, Muslime gehen in das Jahr 1421 nach der Flucht Mohammeds nach Medina, Buddhisten gehen in das Jahr 2660 nach dem Tod Buddhas. Christen, Juden und Muslime trennt nicht nur die Zeitrechnung. Es trennt sie viel mehr: Ihre Lebensgewohnheiten, was und wie sie esssen, welche Feste sie feiern, wie sie sich kleiden, welche Musik sie lieben, welche Landschaft sie geprägt hat, was sie glauben und hoffen. Auch uns, die wir hier und heute am 1. Tag des neuen Jahres zum Gottesdienst zusammengekommen sind, trennt viel: Unsere Lebensgeschichte, unser Aussehen und unser Ansehen, unser Einkommen, unser Alter und Geschlecht, unser Einfluß und unsere Macht oder Ohnmacht und unsere Gefühle. Wäre es nicht befreiend zu erleben, daß Menschen im Gottesdienst und in den Gruppen der Gemeinde sich für die Lebenssituationen des Anderen interessieren, sie wahrnehmen oder gar Anteil nehmen an dem, was ihnen selbst fremd ist? Und wenn das nicht möglich ist, daß wir dem Anderen zumindest mit Respekt begegnen?
Gibt es etwas, was uns alle, was die Menschen miteinander verbindet – bei allen Unterschieden und Trennendem?
Niemand von uns wurde bei seiner Geburt gefragt, ob er, ob sie zur Welt kommen wollte. Jede und jeder von uns wurde hineingeworfen in das Leben, in ein Land, in eine Stadt, in ein Haus und in eine Familie, ob wir wollten oder nicht. Niemand von uns hat sich sein Geschlecht ausgesucht, niemand seine Hautfarbe und sein Aussehen. Wenige haben sich ihre Religion ausgesucht. Ich hätte in Indien oder Brasilien zur Welt kommen können, als Mädchen und als Kind katholischer, muslimischer oder bud-

dhistischer Eltern. Seitdem ich mir das bewußt gemacht habe, kann ich versuchen, respektvoller und barmherziger anderen Kulturen, Rassen, Nationen, Völkern und Geschlechtern gegenüber zu sein. Denn ich selbst könnte ein Kurde oder Türke sein, ein Buddhist oder Muslim. Ich könnte eine Frau sein, wenn das Leben und meine Geburt es so bestimmt hätte. Ich hätte zur Zeit Abrahams oder zur Zeit Jesu oder im nächsten Jahrtausend das Licht der Welt erblicken können. Die Lebensumstände bei meiner Geburt hätten ein Fluch oder eine Gnade sein können.
Aber: Jedes Leben ist Leben, das leben will, leben - und nicht nur einfach dahinvegetieren. Jeder Mensch möchte menschenwürdig leben. Frei, mit einem Dach über dem Kopf, in einer Wohnung und Umgebung, in der er sich wohlfühlt. Jeder Mensch möchte gesund und in Frieden leben, eine Arbeit und Beschäftigung haben, die ihn ernährt und sinnvoll ist. Jeder Mensch möchte frei seine Meinung äußern können und seine Religion frei ausüben und leben können. Jeder Mensch möchte in einer gesunden und sauberen Mitwelt leben. Jeder Mensch möchte erfahren, daß andere Menschen Anteil nehmen an dem, was ihn betroffen hat. Jeder Mensch möchte anerkannt, geachtet, wertgeschätzt und geliebt werden und selbst jemand sein, der lieben kann. All das gilt für jeden Menschen, gleich ob schwarz oder weiß, Jude, Muslim oder Christ, gleich ob Mann, Frau oder Kind, gleich ob Türke, Deutscher oder Pole. Diese Lebenswünsche sind Lebensrechte und gelten für jeden Menschen, weil er ein Mensch ist. Sie gelten mit Augenblick der Geburt eines Menschen. Sie sind unantastbar und unveräußerlich. So erzählt die Schöpfungsgeschichte mit Bedacht, daß Gott eben nicht den ersten Israeliten, sondern den ersten Menschen schuf! So sagt Gott »Mein ist das Land, ihr seid Gäste bei mir und Beisassen« und er sagt nicht: Das ist das Land des Volkes Israels, er sagt nicht: Das ist das Land der Palästinenser oder Kanaanäer. Aber es gibt auch ganz andere Traditionen in unserem Glauben, so wie die Rechte der Menschen eben nicht unantastbar sind, sondern tagtäglich mit Füßen getreten werden. In unserem Glauben gibt es schmerzliche Traditionen, die Menschen ausgrenzen und ausschließen, ja sie vertreiben und vernichten wollen. Der Bibeltext für den heutigen Sonntag spiegelt diese dunkle Seite unseres Glaubens wider.

Zum weiteren Verlauf
Erzählen aus der Vorbereitung des Gottesdienstes. Berichte von Flüchtlingen oder Muslimen oder aus den Gemeindegruppen.
Erinnerung an den Josua-Text (vgl. Exegetisch-homiletische Skizze: Erinnerung)

Möglicher Schluß
Ein Neuanfang wagen, anderen Menschen respektvoll begegnen, kann ich nur, wenn ich meine eigene Schuld und das Versagen des eigenen Glau-

bens nicht verschweige. Wenn ich die dunklen Seiten des Glauben und der Geschichte der Christen, ja sogar die dunklen Seiten Gottes nicht verdränge, sondern sie offen ausspreche und zugebe, erst dann entdecke ich, daß jedes Leben Leben ist, das leben will. Daher gehört zu jedem Gottesdienst das Bekenntnis der eigenen Schuld und der Sünden. Es gibt zu Beginn dieses Jahrtausends in unserer Welt unsagbares Leid, Hunger, Armut, Zerstörung der Lebensgrundlagen, Krieg und Flucht. Sind es nicht diese Jahrtausendaufgaben, ist es nicht das Leiden, das uns Menschen, so unterschiedlich wir auch sind, miteinander und untereinander verbindet? So wie Jesus es in der Synagoge gepredigt hat und wie wir es in der Lesung gehört haben: »Der Geist des Herrn ist auf mir, weil er mich gesalbt hat, zu verkündigen das Evangelium den Armen; er hat mich gesandt zu predigen den Gefangenen, daß sie frei sein sollen, und den Blinden, daß sie sehen sollen, und den Zerschlagenen, daß sie frei und ledig sein sollen, zu verkündigen das Gnadenjahr des Herrn.« Dieses Gnadenjahr des Herrn ist unabhängig von einer Jahreszahl, sei es nun das Jahr 2000, 5761 oder 1421. Ich weiß, das ist ein Traum, die Hoffnung auf ein Wunder. Aber: »Wer nicht an Wunder glaubt, ist kein Realist.« Und »wenn einer nur alleine träumt, dann bleibt es ein Traum, wenn viele gemeinsam träumen, dann wird das der Anfang einer neuen Wirklichkeit.«

Ich träume: Nach dieser Erde stehen alle Menschen vor dem Tor zum Reich Gottes. Sie entdecken, daß es nicht ein Tor ist, sondern viele kleine Türen und Tore sind. Vor diesen Türen und Toren stehen die Menschen in unendlich langen Schlangen. Über dem einen Tor steht Mohammed, über dem anderen Jesus, über einem Buddha, über einem anderen Moses, über einem steht Karl Marx, über einem anderen Ungläubige ... Die Menschen warten und warten vor ihrem Tor, daß endlich eines aufgeht und sie sind gespannt, welches Tor wohl der richtige Einlaß zum Reich Gottes sein wird. Sie sind in ihren Menschenschlangen davon überzeugt, daß ihr Tor das wahre Tor zum Paradies ist. Und weil es so lange dauert, kommen die Menschen aus den verschiedenen Warteschlangen miteinander ins Gespräch, sie begegnen sich und tauschen Erinnerungen und Erfahrungen aus. Da schlägt jemand etwas vor und dieser Vorschlag verbreitet sich wie ein Lauffeuer. Gleichgültig welches Tor aufgehen wird, wir werden gemeinsam Arm in Arm durch dieses Tor gehen.

Wollen wir damit wirklich warten bis zum Tag des Herrn?

2. Sonntag nach Weihnachten

Annäherungen an den Predigttext Jesaja 61,1-3 (4.9) 10-11

Birgit Brügge-Lauterjung

Vorbemerkung

Der Predigttext wurde von mehreren interessierten jüngeren Gemeindegliedern (20-35) bearbeitet; sie haben dazu ihre Fragen, Eindrücke, Gedanken und ihren Widerspruch formuliert. Außerdem war der Text Grundlage eines Bibelgesprächs in der Frauenhilfe, die vornehmlich von alten Menschen besucht wird.

Einig sind sich alle darüber, daß es ein schöner Text ist:
»Das ist zu schön, um wahr zu sein!«
»Schön ist das Gefühl, daß dieser Verheißung entspringt: Fröhlichkeit, Freude, Gerechtigkeit, Heil, Lob, Einigkeit im Herrn.«

Zugleich wird eine große Distanz empfunden zu den »Menschen damals«:
»Früher haben die Menschen viel mehr an Gott geglaubt. Ich denke zwar in vielen Situationen an Gott, glaube aber nicht, daß ich ihm so nah bin wie die Menschen früher.«
»Ich denke viel negativer. Ich hoffe und glaube zu wenig.«
»Viele Verheißungen von Gottes neuer Welt, die zwar aus dem Kontext des Schreibers durchaus nachvollziehbar sind, erfahren in meiner Lebenswirklichkeit nicht viel Spiegelung.«
»Wo komme ich in dem Text vor? Ich (Jesaja), sie (Volk Gottes) - und wir? Gehören wir zum Heidenvolk? Schließlich war Jesus ja noch nicht geboren und hat mit seinem Tod und seinem Leben den auserwählten Kreis erweitert ...«

Skeptisch sind die meisten im Blick auf den tatsächlichen Realitätsgehalt:
»Das ist doch eine Utopie! Schön, wenn es wirklich nochmal geschehen würde.«
»Wie soll das in der heutigen Zeit, unter heutigen Umständen geschehen?«
»Warum gibt es soviel Ungerechtigkeit weltweit? Wann wird es sich ändern?«

Auch wenn in verschiedener Hinsicht Distanz verspürt wird, fasziniert der Text:
»Ich kann und will dem Text nicht widersprechen. Ich glaube daran, daß die ›Welt‹ irgendwann wirklich so ist.«

»Diese Worte sagen mir persönlich, daß es gut ist, in schlechten Zeiten darauf zu vertrauen, daß Hilfe kommt und es wieder besser wird.«
»Ich glaube, daß die Verse ganz unterschiedlich wirken können. Jemand, dem es schlecht geht, kann dadurch entweder neuen Mut bekommen - oder aber er denkt sich: Das spricht gar nicht zu mir.«
»Der Text enthält viele abstrakte Begriffe, die aber Gottes Welt für mich konkreter machen als das Bild von »alten Trümmern«. Vielleicht sollte man die neue Welt Gottes einfach versuchen zu fühlen, nicht zu verstehen.«

Informationen werden vor allem gewünscht zur Entstehungssituation des Textes und zu den damaligen Adressatinnen und Adressaten.
Außerdem sollte die Beziehung zwischen dem Propheten und Gott erläutert werden: »Der Geist Gottes ist auf mir, weil der Herr mich gesalbt hat...« - wann, wie, wo, warum? Ein Widerspruch wird empfunden zwischen dem »gnädigen Jahr des Herrn« und dem »Tag der Vergeltung unseres Gottes«.

Die Bilder in den Versen 10 und 11 werden bei näherem Hinsehen immer unklarer: Was sind »Kleider des Heils« oder der »Mantel der Gerechtigkeit«?

Mich lassen die »alten Trümmer« in Vers 4 an zwei Dinge denken:
1. an die Trümmerfrauen in den Großstädten nach dem 2. Weltkrieg, die Steine geklopft haben und Schutt beseitigt, damit Neues entstehen konnte;
2. an die Nationalhymne der DDR: »Auferstanden aus Ruinen und der Zukunft zugewandt ...«

Schlußbemerkung
Um den Text auch für uns »Spätgeborene« zu erschließen, scheint mir ein Hinweis auf Lukas 4,16-21 wichtig zu sein.
Egal, ob alt oder jung: Der Text spricht eine tiefe menschliche Sehnsucht nach Heil und Geborgenheit an. Die Worte vermitteln gefühlsmäßig etwas von dem, was sie sagen. Die »gute Botschaft« wird unmittelbar erfahren. Indem die »gute Botschaft« ihre inhaltliche Füllung durch die Zuwendung zu einzelnen erhält, ist sie auch auf heutige menschliche »Trümmer«-Situationen übertragbar.

Zum Gottesdienst

Dorothee Münkner

Exegetisch-homiletische Skizze

Der Predigttext stammt aus dem dritten Teil des Jesajabuches (Tritojesaja); das Buch wird zwischen 538 und 519 vor Christus datiert. Es ist die Zeit nach dem Exil. Menschen, denen der Neuanfang in der alten Heimat nicht so

gelingt, wie sie sich ihn erhofft haben, erhalten eine Trostbotschaft. Der Wiederaufbau aus Trümmern und Ruinen erfordert Kraft. Gebrochene Herzen und Trauer sind Anzeichen für die verlorene Energie. Die Erfahrung einer großen Lähmung und das Gefühl der Befreiung stehen für viele Menschen unverbunden nebeneinander. Woher kommt Hoffnung auf die Zukunft?
Der Prophet spricht vom kommenden Heil mit einer Botschaft der Freude, die bis heute ihre Faszination erhalten hat. Seine Botschaft ist doppelt legitimiert. Der Prophet wird durch Gottes Geist bevollmächtigt, der auf ihm ruht und er wird gesalbt, so wie im alten Israel Könige gesalbt wurden (1. Samuel 16,13), um ihre Aufgaben wahrzunehmen. Ein Mensch erhält die Begabung, Nachrichten von Gott für andere Menschen verständlich mitzuteilen. Er selbst bleibt anonym. Seine Berufungsgeschichte wird nicht erzählt. Die Botschaft ist sehr allgemein gehalten und verschiebt sich ins Unbestimmte. Dadurch gewinnt sie eine zeitlose Gültigkeit, ausgezeichnet durch eine poetische Stärke, die bis in die Gegenwart reicht.

Vers 1–3 beschreibt den Auftrag der Trostbotschaft.

Vers 4 richtet den Blick auf den Aufbau aus Trümmern.

Vers 11 vergleicht das Wirken des Segens mit dem Wachsen in der Natur.

Vers 10 ist der Psalm eines Einzelnen, die Antwort auf eine Botschaft, die das Herz froh macht. Das Lied könnte ein Vorsänger anstimmen; vergleichbar ist es einem Hochzeitslied, das beschreibt, wie schön Braut und Bräutigam sich in ihrem Schmuck gegenüberstehen: Gewänder der Freiheit, Mantel der Gerechtigkeit – hier findet sich eine literarisch reflektierte Redeweise, in der ein Bild mit einem Begriff kombiniert wird, um sowohl die Gedanken als auch die Phantasie anzuregen.

Die Begriffe und Bilder des Textes gewinnen so ihren hohen poetischen Wert und gleichsam etwas Schwebendes. Die Bedeutungen und Anspielungen und die Lautmalerei sind im Deutschen nur unvollkommen wiederzugeben. Das zeigen die verschiedenen Übersetzungen: Schmuck statt Schmutz (M. Buber), Zierde statt Erde (C. Westermann), Kopfschmuck statt Asche (Übersetzung der Züricher Bibel), Lobpreis statt verglimmendem Geist (M. Buber), Lobgesang statt Verzagtheit (C. Westermann), Lobgesang statt verzagendem Geist (Übersetzung der Züricher Bibel). Typisch ist das Sprechen in Kontrastbegriffen. Dies kann eine Anregung für die Predigt sein, wenn sie diese Redeform aufnimmt.
Symbol für die Kraft Israels ist die Terebinthe (Übersetzung der Züricher Bibel), die »Gotteseiche der Wahrheit« (M. Buber), die »Bäume der Gerechtigkeit« (Übersetzung der Lutherbibel). Das Gnadenjahr (Erlaßjahr,

3. Mose 25) bringt Freiheit und Schuldenerlaß. Verantwortung und Abrechnung, allgemeiner gesprochen: Wo warst du in jenen Jahren und was hast du getan? sind Teil des Gottesrechtes, beinhalten Gnade und Vergeltung. Wenn ein Richter seine Robe anzieht und in den Gerichtssaal kommt, ist klar: Hier wird Recht gesprochen. So ist auch der »Mantel der Gerechtigkeit« zu verstehen. Im Buch des Propheten Jesaja finden sich viele ähnliche Bilder: Gerechtigkeit als Gürtel (11,5), als rechte Hand Gottes (41,10), als Wort (45,23), als Panzer (59,17 und Epheser 6,14), als Baum (61,3) und als Kleid (61,10). Die Bilder deuten auf die Funktion hin und machen sie anschaulich.

Die Wirkungsgeschichte des Textes ist weitreichend. Im Neuen Testament ist die Botschaft Jesaja 61,1 ff. Ausweis für die Legitimation Jesu, seine Antwort auf die Frage Johannes des Täufers: Bist du, der kommen soll oder sollen wir noch auf einen anderen warten? (Matthäus 11,5), sowie die Beschreibung des Gottesdienstes in Nazareth, in dem Jesus diesen Text liest mit dem Kommentar: Heute ist diese Schrift erfüllt von euren Ohren (Lukas 4,18–22). Der Name Jesus Christus und die Botschaft der Evangelien werden in der Wirkungsgeschichte des Textes zur Antwort auf die Frage: Wann wird diese Botschaft Wirklichkeit? Wie wird sie erfahrbar? Wo begegnet sie? Wann erscheint endlich der Trost für die ganze Welt?

Insofern ist die Zeit zwischen Weihnachten und Epiphanias für die christliche Gemeinde der Ort, um die Botschaft in die Gegenwart zu übersetzen. Die Gemeinde läßt sich von dem alttestamentlichen Text inspirieren. An diesem Sonntag spiegelt sich die Begegnung wieder, die Menschen mit Jesus haben und in ihm die Herrlichkeit Gottes sehen (Johannes 1,14 b). Gleichzeitig wird das Unverständnis der Familie Jesu sichtbar, die dem Zwölfjährigen Vorwürfe macht, daß er einfach verschwunden ist (Lukas 2,41–52). Faszination und Distanz entsprechen der Begegnung mit dem Predigttext. In dieser Begegnung ist alles klar und alles unverständlich. Marias Weg besteht darin, was sie wahrnimmt, »im Herzen zu bewahren«. Sie nimmt das Unverständliche in sich auf und vergißt es nicht. So kann in der Stille wirken, was ihr fremd ist, bis der Tag kommt, an dem sich die Wirkung Klarheit verschafft. Der Widerspruch bleibt bestehen. Aber es bleibt die Faszination, die stille Sehnsucht, ein Abglanz der Herrlichkeit möchte auch mich erleuchten. »Wenn ich dich anrufe, so erhörst du mich und gibst meiner Seele große Kraft« (Psalm 138).

Der zweite Sonntag nach dem Christfest reflektiert den Abglanz des Weihnachtsfestes. Er ist noch ganz erfüllt von dem Wunder der Nähe Gottes im Bewußtsein, daß sich die Nähe nicht festhalten läßt. Die Gemeinde hört den Predigttext, indem sie Abschied von dem Fest nimmt und ein neues Jahr beginnt. Das neue Jahr ist mit vielen Fragen, Ängsten und Nöten national und international versehen. Viele Menschen werden sich fragen, ob es ein Jahr der Gnade oder der erbarmungslosen Inventur und Armut wird. Um den Inhalt der Botschaft weiterzugeben, lohnt es sich, bei der

Predigtvorbereitung zu fragen, welche »Trümmersituationen« in der Gemeinde präsent sind. Wo sind die Elenden? Wer leidet an gebrochenem Herzen und warum ist das so?
In der Kapelle einer Justizvollzugsanstalt sagt der Gefängnisseelsorger zu der Besucherin: »In diesem Raum hat jedes Wort, das gesagt wird, eine andere Dimension« ... Das ist wahr! In einem Gefängnis spricht es sich von Gefangenschaft anders als in der Freiheit. Für die Predigtvorbereitung ist es eine lohnende Anregung, sich in Gedanken eine Gefängniskapelle vorzustellen, in der die Kerzen am Weihnachtsbaum brennen und sich zu fragen: Sind wir nicht alle Gefangene? Ist uns nicht mit dieser Botschaft Befreiung angesagt? Die Vorstellung einer solchen Predigtsituation ist auch ein Schutz für die Predigerin und den Prediger. Denn ein Text wie Jesaja 61,1 ff. verleitet zu einer stimmungsvollen Predigt, die dem Leben der Menschen nicht gerecht wird.

Vorschläge zur Liturgie

»Allmächtiger, ewiger Gott,
du erleuchtest alle, die an dich glauben.
Offenbare dich den Völkern der Erde,
damit alle Menschen
das Licht deiner Herrlichkeit schauen.
Darum bitten wir durch Jesus Christus.«

(Tagesgebet aus Meßbuch, Seite 50. Die ständige Kommision für die Herausgabe der gemeinsamen liturgischen Bücher im deutschen Sprachgebiet erteilte für die aus diesen Büchern entnommenen Texte die Abdruckerlaubnis.)

»Kommt herbei in Frieden,
ihr Propheten des Heiligen Geistes,
die ihr von unserem Erlöser geweissagt habt!
Kommt herbei in Frieden,
ihr erwählten Apostel,
die ihr die frohe Botschaft des eingeborenen Sohnes
verkündigt habt!
Kommt herbei in Frieden,
ihr Märtyrer, Freunde des göttlichen Bräutigams!
Kommt herbei in Frieden,
all ihr Heiligen, Freunde des Gottessohnes!
Bringt ihm eure Gebete für uns dar,
auf daß er, für den ihr gezeugt und gelitten habt,
eure Fürbitte für uns in Gnade erhöre.«

Maronitische Liturgie

(Mit Gottes Volk auf Erden. Ökumenischer Fürbittenkalender. Lembeck/Knecht Verlag, Seite 23/24)

»O Herr,
gewähre mir,
der ich nur schwarze, kalte Holzkohle bin,
daß ich angefacht werde
durch das Feuer von Pfingsten«
(Johannes von Damaskus. Ökumenischer Fürbittenkalender, Seite 24)

»Vater im Himmel, wir bitten an diesem Morgen für alle Menschen: Laß sie den Segen deines Friedens erfahren. Laß sie Ruhe finden von ihrer Arbeit und stärke Leben und Gesundheit in allen Völkern. Bewahre die Menschheit vor neu entflammenden Kriegen. Wir bitten für diese Stadt und für unser Land: Gib Frieden und Eintracht mit den Nachbarvölkern. Gib deinen Segen zu unserer Mühe und Arbeit. Laß Frucht bringen die Arbeit in den Schulen und in den Krankenhäusern. Gib auch Freude und Geduld dazu. Wir bitten um das tägliche Brot und Luft und Wasser zum Leben. Wir bitten um deinen Beistand für die Sterbenden, für die Kranken, für die Verzagten. Wir bitten für alle, die entzweit sind, in Familien, Kirchen und Völkern ... Das Band der Einheit ist schneller zerrissen als von neuem geknüpft. Laß alle Christen sich vor Augen halten, wem sie dienen und wem sie folgen: keiner Lehre und keiner Idee, keiner Institution und keiner Kirche, sondern einzig und allein Jesus Christus, der uns alle als Brüder und Schwestern gerufen hat.
(aus: Motivmessen, Verlag Hans Driewer, Titel ist bereits vergriffen)

Lieder
EG 349 Ich freue mich in dem Herzen. Dieses Lied ist dem Predigttext nachgedichtet.
EG 7 O Heiland, reiß die Himmel auf ...
EG 47 Freu dich, Erd und Sternenzelt ...
EG 72 O Jesu Christe, wahres Licht, erleuchte, die dich kennen nicht. Dieses Lied ist dem Predigttext nachgedichtet.
Eine Umdichtung des Predigttextes findet sich in EKG 275,1 Betgemeinde, heilge dich mit dem heilgen Öle! Jesu Geist ergieße sich dir in Herz und Seele ...
Aus den Liedern für Frauenliturgien »Wenn Himmel und Erde sich berühren«, hrsg. von B. Enzner-Probst und anderen, Gütersloher Verlagshaus 1993
Lied 26 Wir haben Gottes Spuren festgestellt
Lied 52 Atme in uns, Heilger Geist ...

Vorschlag zur Predigt

Predigtanfang
Wenn ein Stück schwarze, kalte Holzkohle anfängt zu glühen, Feuer zu fangen und zu wärmen – so müßte es sein, wenn dieser uralte Predigttext

anfängt, wie ein Weihnachtsbaum zu leuchten und uns mit seinen Strahlen das neue Jahr eröffnet. Das ist ein besonderes Jahr, in dem viele Menschen sich fragen, ob es ein Jahr der Gnade oder ein Jahr der erbarmungslosen Inventur werden wird.
Doch wie die Holzkohle die Fähigkeit hat, sich zu entzünden, so haben auch wir die Fähigkeit, fasziniert oder distanziert von dem Propheten und seiner Botschaft ergriffen zu werden.

Gedankenskizze zum weiteren Verlauf der Predigt
Der Auftrag des Propheten besteht im Reden. Er soll verkünden, ausrufen, integrieren und trösten.
Die Wirkungsgeschichte des Textes zeigt, daß er die Kraft hat, Jahrtausende zu überdauern. Das macht ihn zeitlos, aber auch lebensnahe.

- Der Streit in der Familie Jesu entspricht dem Empfinden von Distanz und Nähe beim Hören und Verstehen der Botschaft.
- Die Anfrage und die Beglaubigung durch Johannes den Täufer kommentieren die Aufnahmen der Botschaft in den Evangelien.
- Trümmersituationen zeigen eine Brücke zur Lebenswirklichkeit heute (Beispiel: eine Stadt wird zertrümmert; ein Leben wird zertrümmert; im Gefängnis wird Gottesdienst gefeiert).

Das Leben bekommt eine andere Dimension. Der Name für den Begabten in den Evangelien und zu Weihnachten ist Jesus. Die innere Befreiung beginnt durch seinen Trost.

Predigtschluß
Die Gemeinde antwortet mit einem Lied (Vers 10) auf die Botschaft des Propheten. Zuerst singt nur eine Stimme; die einen hüllen sich in Schweigen, die anderen ziehen sich einen Chormantel an - wie den Mantel der Gerechtigkeit. Viele werden im Lauf der Zeit bereit, mitzusingen. Einige stimmen eine altertümliche Melodie an: »Betgemeinde, heilge dich mit dem heilgen Öle! Jesu Geist ergieße sich dir in Herz und Seele. Laß den Mund alle Stund von Gebet und Flehen heilig übergehen.« (EKG 275,1). Mit ihrem Lied verwandeln sie die Botschaft des Propheten in den Auftrag der Gemeinde. Andere singen ein modernes Lied: »Wir haben Gottes Spuren festgestellt auf unseren Menschenstraßen ...«
(Wenn Himmel und Erde sich berühren, a. a. O., Lied 26).

Kontexte

Trümmersituationen gibt es in den täglichen Nachrichten aus allen Teilen der Welt. Die sollen hier nicht aufgezählt werden. Ich will auf einen Foto-Text-Band von Hans Erich Nossack und Erich Andres »Der Untergang« hinweisen (Kabel/Hamburger Abendblatt, Hamburg 1993). In Bild und Text wird dokumentiert, wie Hamburg 1943 zur Trümmerstadt wurde. Der Verschonte macht zufällig Ferien am Stadtrand

und wird Augenzeuge des Untergangs seiner bisherigen Welt. Im November 1943 schreibt Hans Erich Nossack auf, was er erlebte. Dem Buch ist als Motto vorangestellt:
»Im allgemeinen sprachen sie wenig über ihre Vergangenheit, sie erzählten nicht gern und bemühten sich, wie es schien, nicht an das Frühere zu denken« (Dostojewski, Aus einem Totenhaus, a. a. O., Seite 5)

»Den Gefangenen Befreiung« nennt Karl Barth eine Sammlung von Predigten aus den Jahren 1954–1959, die er in der Basler Strafanstalt gehalten hat. In der Vorbemerkung bezieht er sich auf Lukas 4,18 und nicht auf Jesaja 61,1 ff. Aber für die Predigtvorbereitung ist an der Sammlung am interessantesten, daß beide Texte als Predigttext gar nicht vorkommen: Sie bilden die Überschrift für alle Predigten und Gebete. Die Gebete sind später mit anderen zusammen in der Reihe der Kaiser Traktate (Nr. 14) veröffentlicht worden. Die Einheit von Predigt, Gebet und Gottesdienst der versammelten Gemeinde werden dem Prediger und der Predigerin – die Karl Barth sicher nicht im Blick hatte – besonders nahegelegt. Sie sollen in ihrer Ganzheit Gegenstand sorgfältiger Aufmerksamkeit sein. In der heute teilweise altertümlich anmutenden Sprache lassen sich zwei Aspekte für die Predigtvorbereitung besonders gut lernen: die Einheit des Gottesdienstes in den verschiedenen Ausdrucksformen und die Themenauswahl bei den Gebeten, in denen der Einzelne Mensch ebenso vorkommt wie die ganze Welt und aktuelle Anliegen.

Karl Barth: Den Gefangenen Befreiung. Predigten
Evangelischer Verlag AG Zollikon 1959

Karl Barth: Gebete. Kaiser Traktate 14, München 1963

Epiphanias

Annäherungen an den Predigttext
Brief an die Gemeinde in Kolossae 1,24–27

Peter Godzik

Aus einem Gesprächskreis für die ältere Generation in der Domgemeinde Schleswig.

Zwei Sätze des Apostels Paulus, die es in sich haben: Ein kurzer Satz mit einer provozierenden Aussage (»ich freue mich in den Leiden, die ich für euch leide«) und ein sehr langer Satz mit lauter fremdklingenden Worten (Diener, Amt, Gleichnis, Geschlechter, Heilige, Heiden, Herrlichkeit). Ich wüßte gern, worunter genau der Apostel Paulus gelitten hat: unter Krankheit, Verfolgung und Gefängnis, die er am eigenen Leib gespürt hat; oder unter Bedrückung, Verfolgung und Irreführung der Gemeinde, die ihm so sehr am Herzen lag, daß ihr Leiden ihm an die Nieren ging? Ich dachte immer, daß den Leiden Christi nichts hinzugefügt werden müsse, denn er sagt ja selbst, daß er mit seinem Leiden und Sterben alles für unsere Erlösung getan hat. Aber Paulus meint wohl, daß da, wo Christen leiden und verfolgt werden, auch das Haupt, Christus, selbst mitleidet. So steht es jedenfalls in Römer 8,17: »Wir sind Miterben Christi, wenn wir denn mit ihm leiden, damit wir auch mit zur Herrlichkeit erhoben werden.«
Der Text ist so schwer, weil Sprache und Bilder nicht mehr in die heutige Zeit passen. Wir freuen uns höchstens über eine Erstattung von Steuern, aber daß ich selbst etwas erstatten könnte, noch dazu am eigenen Leib oder Leben, das ist uns doch sehr fremd.
Bei »meinem Fleisch« denken wir eher an das, was wir beim Schlachter gekauft haben. Diese Rede vom »Fleisch« ist nur noch in altertümlichen Resten bei uns gebräuchlich: »mein eigen Fleisch und Blut«, »da zeigt aber jemand viel Fleisch« und »Fleischeslust«.
Was heißt das eigentlich, wenn die Gemeinde den Leib Christi in der Welt darstellt? Wir kennen soziologische und gruppendynamische Kategorien für die Beschreibung von Gruppen. Was bedeutet da »Leib«? Die enge Verbindung mit dem Haupt? Könnte es sein, daß Paulus so etwas meint: Zu seinem irdischen Leiden am Kreuz kommt nun noch hinzu das Leiden seiner Apostel und Zeugen, das Leiden der Gemeinde?
Ich höre aus diesem Text: Wenn ich Gemeindeglied sein will, dann muß ich bereit sein, zu leiden. Es wird immer gesagt: Die Kirche habe versagt. Aber

die Kirche sind doch wir. Vielleicht waren wir nicht bereit, wirklich zu leiden für das Evangelium.
Woran kann man eigentlich erkennen, daß einer sein Amt von Gott hat? Es behaupten so viele, im Namen Gottes zu sprechen und zu predigen. Gibt es irgendwelche Kriterien, nach denen wir beurteilen können, ob einer sein Amt zu Recht ausübt?
Mich beschäftigt in diesem Satz, was denn »reichlich predigen« heißt. Heißt das, oft und lange predigen? Ich erinnere mich daran, daß ein Predigthörer des Apostels Paulus mal eingeschlafen und vom Fenstersims gefallen ist. So eine Predigt kann ja lebensgefährlich werden!
Dabei dürfen Pastoren doch über alles predigen, bloß nicht über 20 Minuten. Früher gab es dafür Sanduhren auf den Kanzeln.
Was ist mit dem »verborgenen Geheimnis« gemeint? Daß im Alten Testament schon immerfort vom Messias die Rede ist und erst durch das Neue Testament so richtig verständlich wird, wer oder was damit gemeint ist? Bei Jesaja gibt es ja so eine Stelle, wo vom leidenden Gottesknecht die Rede ist, und keiner wußte so genau, wer damit gemeint ist. Erst als Jesus den Menschen begegnete, haben sie viele Stellen aus der Bibel besser verstanden.
Wer sind die Heiligen? Menschen, die viel in der Bibel lesen und die Gebote halten? Oder macht Gott mich heilig, weil er mich kennt und liebt? Denn wenn Gott mit mir redet und ich auch darauf höre, dann komme ich doch in eine enge Beziehung zu ihm, so daß die Nähe zum Heiligen mich heilig macht.
Hier wird ja ein besonderes Glaubensgeheimnis mitgeteilt: »Christus in euch». Ist damit das Abendmahl gemeint, bei dem wir mit dem Brot Christus in uns aufnehmen? Da kommt uns Gott ja ganz nahe. Er ist nicht nur über uns und unter uns, sondern auch in uns. Das ist eigentlich das Besondere am christlichen Glauben.
Aber was ist mit »Herrlichkeit« gemeint? Doch nicht so etwas wie die »herrlichen Zeiten«, die wir schon einmal erlebt haben, nämlich die Demonstration von Macht und Stärke? Als Mose Gott begegnet war auf dem Berg Sinai, da strahlte sein Angesicht. Meint »Herrlichkeit« so etwas wie »Glanz«?
Dann müßten wir nicht, wie Nietzsche meinte, erlöster aussehen als Christen, aber glänzen von innen heraus als Widerschein einer großen Liebe, die wir erfahren haben.
Mir hat dieser Text mein Leben lang zu schaffen gemacht, weil das Leiden mit Freude verbunden wird. Das mag ja masochistisch klingen und enthält doch eine tiefe Wahrheit. Der Missionar Felix Paulsen, der lange in China im Gefängnis gesessen hat, hat einmal gesagt, er habe sich jeden Tag gefreut. Auf die erstaunte Frage, wie das möglich gewesen wäre in seiner Situation, habe er geantwortet: Christus war in mir.
Der Text spricht von der Lebenserfahrung des Paulus, und einige wenige Heilige und Märtyrer haben vielleicht auch solche Erfahrungen gemacht.

Für mich ist wichtig: Gott hält auch für mich ein Amt bereit, ein bescheidenes Nebenamt, wie Albert Schweitzer das genannt hat. Ich kann es im Gebet erfahren, was ich tun soll und wo ich gebraucht werde.
Und ich habe auch in meinem Leben die Erfahrung gemacht, daß Leiden mich gestärkt hat. Ich habe mich danach viel mehr freuen können und erst richtig begriffen, wie wenig selbstverständlich alles ist und daß ich viel Grund habe zur Dankbarkeit.

Zum Gottesdienst

Arno Schmitt

Exegetisch-homiletische Skizze

Rückmeldung
Zugegeben, liebe Domgemeinde in Schleswig, der Kolosserbrief ist gewöhnungsbedürftig! Häufungen von Schlüsselbegriffen, Reihungen von Synonymen, kettenförmige Partizipial- und Relativverbindungen, unvollständige Satzkonstruktionen. Die Folge? Satzungeheuer von unübersichtlicher Länge und schwer zu überschauender Gliederung, nicht nur hier. (Kolosser 1,9–29 zum Beispiel läßt sich als eine einzige Periode fassen – im griechischen Urtext ein Abschnitt von über zwei Seiten.) Von denen, die die literarische Echtheit des Kolosserbriefes bezweifeln und ihn zu den Deuteropaulinen zählen (Ernst Käsemann, Willi Marxen, Günther Bornkamm u. a.) wird gerade auch dies als Beleg genannt. Andere (Ernst Lohmeyer) sehen die sprachlich-stilistischen in der Sache begründet: nirgendwo in seinen Briefen spreche der Apostel intensiver über die Gestalt und das Werk Christi und nirgendwo sei er herausgeforderter, über das »ewige Geheimnis dieser Gottestat« Auskunft zu geben: mit gewöhnlicher Prosa sei da nichts mehr getan. Nun, ich werde mir für den Gottesdienst etwas einfallen lassen müssen ... Aber zugegeben auch das: In kaum einem christlichen Dokument wird der Bogen weiter gespannt! Von der Schöpfung zur Erlösung, von der Kirche zur Welt, vom Gekreuzigten zum »Erstgeborenen, in dem die ganze Fülle wohnt«, reichen die Koordinaten. Und mitten drinnen, unübersehbar, das »Ich« des Apostels und das »Ihr« der Gemeinde. Nichts fehlt. Wie in einem Mosaik kommt alles zusammen. Und ich ahne: Im Geheimnis, von dem der Apostel spricht, geht es um Räume, die sich erschließen wollen. Epiphanias 2000: Vor mir, noch fast ohne Spuren, »ein weites Feld« (Günter Grass). Soll ich, darf ich, kann ich?

Der Resonanzraum

Der Eigenklang der Perikope kommt erst im Zusammenklang des Ganzen zum Tragen. Zwischen dem ersten (1,1–2.5) und zweiten Hauptteil des Briefes (2,6–23) hat Kolosser 1,24–27 (28.29) Scharnierfunktion. Während der erste Teil seine Mitte im Christushymnus (1,12–20) hat, der christlichen Bearbeitung eines vorchristlichen, aus dem Bereich kosmischer Mythologie stammenden Liedes, richtet sich der zweite Teil gegen eine Irrlehre, der es an Faszination nicht zu mangeln scheint. In den Höhen theologischer und »philosophisierender« (2,8) Poesie kann die Wahrheit den Boden verlieren: Gut, Paulus, daß du das merkst und dich von deiner Person (deinem »Fleisch«, wie du das nennst) nicht dispensiert! Und gut auch, Apostel, daß der Blick auch darauf frei wird, schon hier: das »Geheimnis«, wenn es sprechen und Gestalt gewinnen soll, braucht Menschen – es geht nicht ohne!

An wen richtet sich der Brief? Paulus nennt sie »die Heiligen in Kolossä« (1.2). Selbst kennt er die Gemeinde nicht, doch hat er von ihr gehört und »kämpft« (2,1) um sie. Die Bedingungen, unter denen er schreibt, sind schlecht: Der Apostel befindet sich »in Fesseln» (4,3). Kolossa ist ein Städtchen in Lykostal, im Südwesten Kleinasiens, an der Handelsstraße von Ephesus nach Osten, deutlich im Schatten der beiden Schwesterstädte Laodicea und Hierapolis, mit diesen nicht nur durch die gemeinsame Lage im Flußtal, sondern vor allem durch Handel und Gewerbe (Wolle, Purpur, Heilquellen) verbunden. Kolossä wird die phrygischste, Hierapolis die griechischste des Dreigestirns gewesen sein. Darüberhinaus lebten Juden im Tal, nicht wenige. »Sie sind, wie es scheint, dem Einfluß von Stadt und Region verfallen, denn im Talmud heißt es: phrygische Weine und Bäder haben die zehn Stämme Israels gespalten ...« (Ernst Lohmeyer). Das Evangelium gelangte durch Epaphras in die Gegend. Epaphras ist selbst Kolosser, Christ wohl durch Paulus geworden (wie sein kolossischer Mitbürger Philemon). Die Mission hat er in allen drei Städten durchgeführt, am erfolgreichsten in Laodicea und Kolossä, mit geringerem Erfolg in Hierapoli, der Hochburg synkretistischer Religiosität. Die Gemeinden, von denen sich die in Kolossä nahezu rein aus Heiden gebildet hatte (1,21, 2,13), befanden sich bis jetzt in »fruchtbarem Wachstum« (1,6), doch muß es in jüngster Zeit zu heftigen Auseinandersetzungen mit einer propagandistisch tätigen, halb philosophischen, halb religiösen Richtung gekommen sein, was (zumindest in Kolossä) zu erheblichen Verwirrungen geführt hat. Epaphras muß sich damals aus der Gemeinde zurückgezogen haben und befindet sich (in Ephesus?) bei Paulus. Der Apostel setzt sich engagiert für ihn ein. Beides gilt es wiederherzustellen – die Autorität des Evangeliums und die des »Knechtes Christi Jesu« (4,12).

Kernpunkt der kolossischen Häresie ist nach 2,8 und 2,20 die Lehre von den Weltelementen (Stocheia). Paulus nennt sie »Mächte« (Archai) und »Gewalten« (Exousiai) und charakterisiert die Irrlehre zusammenfassend als »Verehrung der Engel« (2,18). Nach Galater 4,2 wird man sich die Weltelemente als personenhafte Mächte vorstellen: »Vormünder«, »Besorger« werden sie dort genannt. Da zu ihrer Verehrung die Beachtung bestimmter Festtage und Zeiten gehört, wird man an die Verehrung von Astralmächten zu denken haben. In diesen, so das »Geheimnis«, wohne die Fülle der Gottheit« (Pleroma). Sei seien Hüter und Autoritäten des Weltgesetzes (Nomos), weswegen sich der Gläubige »in Demut« (2,18) zu prüfen und zu unterwerfen habe. Wer ihren »Satzungen« (2,20) gehorche, die festgesetzten Zeiten einhalte und den asketischen Vorschriften genüge, partizipiere an den in den Elementen sich vermittelnden Gotteskräften. Wer sind die Häretiker? Mit Sicherheit nicht Leute, die konkurrieren wollen und ihre »Philophie« neben oder in bewußtem Gegensatz zur Lehre von Christus und der Taufe (2,12) entwickelt haben. Im Gegenteil: Sie werden die Verehrung der Stocheia für einen integralen Bestandteil des überlieferten Christusglauben gehalten haben (Günter Bornkamm, Ekkehard Stegemann u. a.). Nicht das also wird ihre Botschaft gewesen sein, daß für Christus in der »Fülle der Gottheit« kein Platz sei, sondern verwechselbarer (und gefährlicher): Wie im Körper die einzelnen Glieder zu einem Großen und Ganzen zusammenfinden, so füge sich im Leib des Christus die kosmischen Elemente zum göttlichen Pleroma - und den Weg dorthin zu finden, anzukommen im Leib und Vergöttlichung zu erfahren, ist dann auch für diejenigen möglich, die sich einweihen lassen in das Mysterium (2,18) und sich seinen Weisungen nach Kräften unterziehen. Ein Mysterium der Wiedergeburt also - ähnlich dem im hellenistischen Synkretismus damals weit verbreiteten iranisch-babylonischen Aion-Mysterium (auch wenn es die jüdisch-gnostischen Kolosser nicht »Wiedergeburt«, sondern »Beschneidung« / 2,11 genannt haben). Nein, so die unmißverständliche Widerrede des Apostels:

1. Gott in Christus. In nichts neben und in keinem außer ihm. Weder im Himmel noch auf der Erde. Weder gestern noch morgen. In Christus allein. »In Christus sind die Machtsphären des Lichts und der Finsternis, der sichtbaren und der unsichtbaren Welt, der kosmischen Gewalten und des Kosmokrators ein für alle Mal getrennt« (Ernst Käsemann).

2. Nicht daß es die Mächte nicht mehr gäbe. Sie werden nicht aufhören, ihr Regiment einzufordern und an dieser Welt zu rütteln. An Machtdemonstrationen wird es bis zuletzt nicht fehlen (und immer wieder werden sie ihren Nährboden im Menschen finden). Und doch ist etwas geschehen, was das Frühere irreversibel zum Früheren und das Jetzige irreversibel zum Jetzigen macht (»Nun aber« 1,22.24,26): Christi Kreuz (und Auferstehung). In ihm hat er den Anspruch der Mächte durchkreuzt, sie ihrer Macht entkleidet, sie öffentlich zur Schau gestellt und einen Triumphzug aus ihnen gemacht (2,15). Der Kosmos ist pazifiziert.

3. Die aber, die von diesem »Geheimnis« durch Welten und Ewigkeiten getrennt (»fremd und feindlich« 2,21) waren, wurden in das »Reich seines

lieben Sohnes versetzt« (1,13), in unmittelbare Beziehung zu dem, »in dem die ganze Fülle der Gottheit wohnt leibhaftig« (2,9).
4. Christi Leib? Im eigentlichen Sinne ist der nicht durch die Mächte konstituiert. Die Mächte sind »in ihm« nur insofern, als sie auf diese Weise ihre Geschöpflichkeit und gebändigte Macht erfahren. Im eigentlichen Sinn konstituiert die Gemeinde den Leib Christi: im Ganzen »die Völker« (1,26), en miniatur die »Heiligen in Kolossä«, die es im Augenblick so schwer haben. Ihr Erkennungszeichen? Daß sie vor aller eigenen Versöhnung »versöhnt« (1,22), vor aller eigenen Heiligung »geheiligt«, vor aller eigenen Makellosigkeit »ohne Makel« (1,22), vor aller selbst behaupteten und selber erstrittenen Freiheit »frei und ohne Schuld« (2,14) sind, verbunden in der »Liebe, dem Band der Vollkommenheit« (3,15).

Der Eigenklang
Erkennbar hat die Perikope dort ihren kerygmatischen Schwerpunkt, wo vom langen Weg des »Geheimnisses« quer durch die Räume und Zeiten (1,26) die Rede ist. Gott mochte es nicht länger für sich behalten und gebot seinem »Ebenbild« (1,15), den Himmel mit der Erde zusammenzubringen. Denn die sei krank – leide am Gotteskomplex der Menschen, sich selbst für das Ganze zu halten, die Welt zum Schauplatz ihrer Selbstinszenierungen zu machen und sich zur Erlangung ihres Ziels mit Helfern und Helfershelfern zu umgeben, denen es nicht um das Leiden, sondern darum gehe, mit den Zwängen und Eskapaden ihrer Auftraggeber ihr Spiel zu machen und ihre Geschäfte zu betreiben. Und Christus ging seinen Weg: »Geboren unter den Machthabern der Zeit, erfaßt von den Maßnahmen der Verwaltung, preisgegeben an die Verhältnisse der Welt, ein Mensch unter Menschen, der Mensch unter Menschen, unter den Gottlosen Bewährer Gottes, unter den Friedlosen Hilfer zum Frieden, unter den Heillosen Bringer des Heils« (Wolfgang Dietrich). Sein Gehorsam bis zum Tod ist nicht nur Zeichen, sondern Erstlingsfrucht authentischen, wiederhergestellten Lebens. »Wir haben es mit einem Menschen zu tun, der nicht Sklave einer Macht oder Institution, eines Gesetzes oder Brauches, einer Theorie, Ideologie oder Religion ist. Nicht einmal um sein eigenes Leben zu retten, läßt er sich zum Sklaven dieser Mächte machen. Diese authentische Menschlichkeit schließt das freiwillige Annehmen des Todes aus den Händen der Feinde ein. So bringt gerade sein Tod den Sieg« (John Howord Yoder).
Von dem zu künden, ist Aufgabe des Apostels. Denn erst dort gelange Christi Werk an sein Ziel, wo es vor aller Augen und Ohren, Herz und Verstand erfahrbar wird und aufhört, Geheimwissen zu sein. Wichtige Voraussetzung wohl: im Apostel selbst ist es an sein Ziel gekommen. »Freude« (1,24) ist vom Apostel weiterzusagen, von einem nie für möglich gehaltenen Sieg ist zu singen: Was keiner wagt, das könnt ihr wagen – was keiner sagt, das sagt heraus – was keiner denkt, das wagt zu denken – was keiner anfängt, das führt aus – der Tod ist tot – es lebe das Leben! Doch Freude nicht ohne

deren andere, deren dunkle und himmelschreiende Seite! Nicht ohne die Auskunft darüber, daß es zur »Herrlichkeit« (1,27) als der letzten, vollständigen Verwandlung des Todes noch eine Strecke hin ist - und daß es für den, der den Tod entmachtet hat, nicht ein Boulevard war, sondern der Weg des Kreuzes - und den gilt es, im eigenen Gehen, im eigenen Tragen fortzusetzen und zu vollenden. Und das fordert. Und das kann weh tun. Und ob ich's packe, das weiß ich immer erst dann, wenn ich den Weg gegangen bin. Im Ringen des Apostels ringt Christus selbst um seine Anerkennung. »Herrschaft zu erleiden, ohne selbst herrschen zu wollen, Gewalt zu erdulden, ohne selber gewalttätig zu werden. Für Gottes Herrlichkeit als dem Ende jeder Herrschaft und Gewalt von Menschen über Menschen ist Passion das nachdrücklichste, persönlichste Zeugnis. Erst die Passion gibt der Aktion der Liebe die Glaubwürdigkeit.« (Kurt Marti)
Und doch: Nicht das macht das »Geheimnis«, daß es mich klein macht. Umgekehrt wird Wahrheit daraus: Gott macht Räume frei, daß mir Hören und Sehen entstehen. »Indem sich Gott verbirgt, beginne ich zu sehen. Würde er sich nicht verbergen, gäbe es nichts als ihn. Wer würde es wagen, neben ihm die Ameise zu bemerken oder den grünen Erpel oder den Kiebitz oder Kugelaugen der Libelle? Oder Mutter, die noch vor kurzem am drollig langen Ohr den Henkeltopf hochhob? Oder sich selbst, Leiden und Lust, die Quellen des Lebens?« Die »Heiligen« (1,26), um die es Gott schon immer gegangen ist und denen er »nun« (1,26) im »Reich seines lieben Sohnes« Anteil gegeben und sie mit »Makellosigkeit« geschmückt hat - nein, nicht die Besonderen sind sie, nicht die mit den ultimativen Qualifikationsmerkmalen, und ihr Zuhause haben sie, nun ja, »unter den Völkern« und dort eher drittklassig und in bescheidenen Verhältnissen, in Kolossä eben im Lykostal. Was, wir? Ja, ihr! Nein, ihr könnt es nicht fassen! Und wie ihr und viele andere ihre Mühe damit haben, doch »in Christus« Christi Leib seid, so möchte Christus »in euch« zur »Hoffnung der Herrlichkeit« (1,27) werden. Inkarnation also doppelt: Gott in Christus und Christus in denen, die seine Geschichte öffentlich machen. »Du stellst meine Füße auf weitem Raum ...« (Psalm 31,9). Christus hat keine Hände, nur unsere Hände, um seine Arbeit heute zu tun - Christus hat keine Füße, nur unsere Füße, um seine Wege heute zu gehen ... Hat er? Haben wir?

Die liturgisch-homiletische Situation

In der evangelischen Kirche Epiphanias zu feiern, heißt wohl, sich auf reichlich unklarem Terrain zu bewegen. Von zehn Terminkalendern weisen neun den 6. Januar als »Tag der Heiligen Drei Könige« aus. Darüberhinaus steht der Tag in einer seit Weihnachten nahezu lückenlosen Gottesdienstkette. Es werden also in aller Regel kleine Gottesdienste sein, die gefeiert werden. (Liturgisch kann das überaus reizvoll sein: Warum nicht Gottesdienst in Halbkreis um den Altar, die Krippe, den Weih-

nachtsbaum? Warum nicht mit einem gemeinsamen Frühstück beginnen oder den Gottesdienst insgesamt als Frühstücksgottesdienst feiern? Das Jahr ist noch jung, die Sicht noch reichlich unklar, die Schritte noch kaum gefestigt - gut, nicht ganz alleine zu beginnen. Warum den Tag nicht auch mal ökumenisch feiern?) Bei der Einführung des Festes (im 4. Jahrhundert, im Osten des Imperiums) ist die Absicht der Großkirche zu erkennen, ein Gegengewicht zum tief verwurzelten und im Orient weit verbreiteten Äonenkult zu schaffen, der an eben diesem Tag das Geburtsmysterium des Gottes Aion durch die Jungfraugöttin Kore feierte. Dieser Ursprung erklärt auch die anfängliche Fülle des Festinhalts: Christi Geburt, die Anbetung der Magier, Christi Taufe (verbunden mit der Wasserweihe), das Wunder zu Kana (später noch: die Speisung der 5 000 und die Auferstehung des Lazarus). Mitte des 5. Jahrhunderts hat Rom dem ursprünglichen Festgehalt das Weihnachtsfest entgegengestellt und aus Epiphanien das »Fest der Magier« gemacht.
Im Gottesdienst möchte ich die Verbindung versuchen zwischen denen, die auszogen, um nach den Sternen zu greifen und unter unmöglichen Bedingungen die Entdeckung ihres Lebens machten (Matthäus 2,1-12) und Gottes Weg - mühsam auch sein Weg, bis es endlich so weit war und sein »Geheimnis« bei denen am Ziel, die es am überraschendsten traf (Kolosser 1,24-27). In der Tat, lieber Traugott Giesen, werden die Weihnachtsgottesdienste »alle Kraft auf Jesus Christus konzentriert, doch die Gemeinde ausgeblendet« haben: nicht Kulisse der Heilstat Christi ist sie, sondern deren Erinnerung und Repräsentantin, nicht Konsumentin der »Herrlichkeit«, sondern deren wachsende »Hoffnung«. In einer Passage über vier Sequenzen möchte ich sie dazu einladen.

Vorschläge zur Liturgie

Psalm und Lieder
Psalm 73.23-26.28 (EG 739)
EG 66,1-4 / EG 327,1.2 / EG 70,1.3.5 / EG 165,1.5.6 (alternativ: »Einsam bist du klein ...«) / EG 170

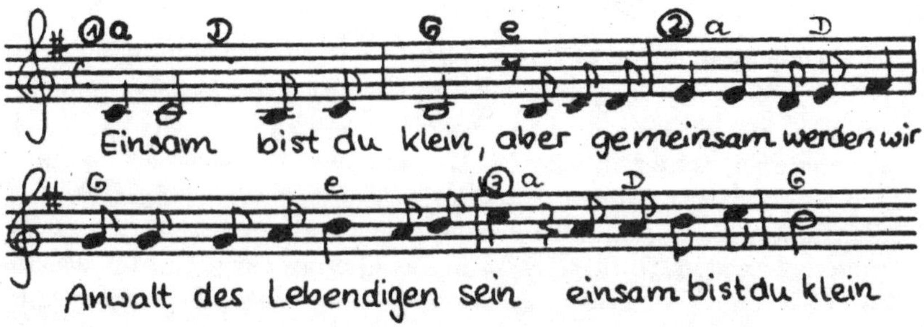

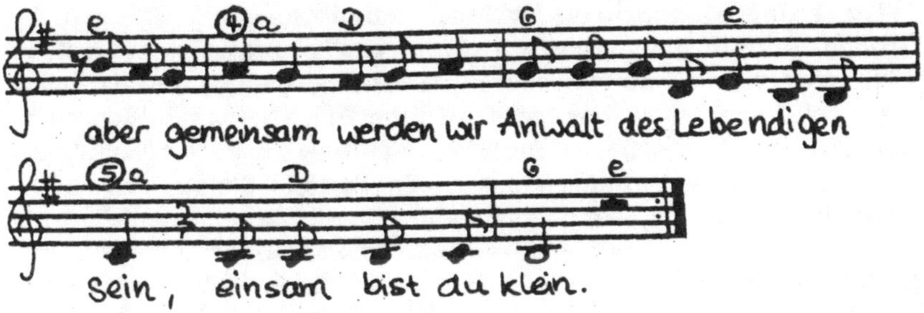

Text: F.K. Barth / P. Horst; Melodie: P. Janssens

Prolog und Votum

Müßt' ich mich Hoffnung begraben auch nur für ein einzigen Teil auf dieser Welt, ein einziges Land, eine einzige Stadt, einen einzigen Menschen, endgültig und für immer ... Christus wäre umsonst geboren, meine Hoffnung nicht, seine Auferstehung eine Mär aus 1001 Nacht ... Nach anderen Engeln mit anderen Botschaften machte ich mich auf.

Wir sind zum Gottesdienst zusammengekommen. Wir feiern ihn – im Namen Gottes, der für die Liebe lange und längste Wege geht – im Namen Jesu Christi, der den Weg zu Ende gegangen ist – und im Namen des heiligen, des heilenden Geistes, der der Liebe Hände und Füße, Herz und Verstand gibt, sie mit Freiheit und Mut schmückt, sie kräftigt und inspiriert und das Leben nicht sich selbst überläßt.

Gebete

(Bußgebet) Gib, Gott, daß wir dies können – deinen Namen aussprechen – ihn hinausrufen in das laute Treiben unserer Zeit. Gib, Gott, daß wir dies können – deinen Namen ausrufen über denen, die es schwer haben – daß wir aufhören, angesichts der Abgründe dieses Lebens, der Torturen dieses Lebens, der Schmerzen dieses Lebens Zuschauer zu sein, und begreifen: Dort sind wir mit dir verbunden, wo Menschen nicht mehr weiter wissen und wir uns nicht verweigern, mutig zu sein für dich – beharrlich zu bleiben für dich – Hoffnung des Lebens zu werden: Gib, Gott, daß wir dies können. Amen.

(Kollektengebet) In mir ist es finster, bei dir, Gott, ist das Licht. In mir ist es einsam, du, Gott, läßt mich nicht. Ich weiß nicht weiter, du, Gott, stellst dich zu mir. Ich bin unruhig, bei dir, Gott, ist der Friede. Amen.
(Nach Dietrich Bonhoeffer)

(Fürbitte) Gott, lernen will ich, deiner Herrlichkeit meine Stimme zu leihen. Meine Kraft und Zeit. Meine Hände und Füße. Mein Haus und mein Vermögen. Meine Gedanken und Träume. Denn, Gott: Deine Herrlichkeit, so sehr sie im Kleinen beginnt und Kraft gewinnt, will hinaus. Auf

die Gassen und Märkte. In die Werkshallen und Redaktionsstuben. In die Gefängnisse und Krankenhäuser. In die Schulen und Universitäten. In die Kernkraftwerke und Genlaboratorien. In die Banken und Konzernetagen. Wo immer es um das Leben geht und Menschen über Menschen, Generationen und die Gestalt dieser Erde entscheiden, soll bekannt werden: »Der Tod ist verschlungen in den Sieg ...!« So laß mich, Gott, deine Herrlichkeit Hoffnung sein - ihr meine Stimme, meine Hände, meine Füße, meine Zeit, meine Gedanken und Träume leihen. Amen.
(Nach Klaus Bannach)

Lesung
Matthäus 2,1-12

Segen
Es beschenke euch Gott / mit der Behutsamkeit seiner Hände / mit dem Lächeln seines Mundes / mit der Wärme seines Herzens / mit der Güte seiner Augen / mit der Lebendigkeit seines Geistes / mit dem Geheimnis seiner Gegenwart / der Vater - der Sohn - der Heilige Geist.

Vorschlag zur Predigt

Der Predigttext ist sperrig und schwer aufzunehmen. Sinnvoll erscheint mir, den Text zu straffen und ihn in die Predigt zu integrieren. (Orientiert an der Einheitsübersetzung und der Lutherbibel habe ich eine eigene Fassung versucht.)

Möglicher Anfang
Ich erinnere mich, liebe Gemeinde: Im Unterricht hatten wir's von Elia gerade, überhaupt von den Propheten, diesen eigenartigen Gestalten mit ihrem eigenartigen Lebensstil, ihrer gefährlich freien Sprache, ihrem gefährlich freien Mut, ihre eigentümlich fernnahen Bildern auch, die sich in ihrem Inneren zu Visionen zusammensetzten. Ob ich denn auch schon mal eine Gottesvision gehabt habe, so die Frage einer meiner Schülerinnen eines Tages. Ich glaube, man sah mir meine Verlegenheit an. Gottesvisionen? Unter der Schwelle meines Bewußtseins wimmelt es von Traumfiguren, doch von Gott oder Jesus, ich gebe es zu, war (bisher noch) keine darunter. Aber, so meine Frage jetzt: Von Gott keine Träume zu haben - geht das nicht von der Annahme aus, daß er tatsächlich so aussieht, wie ihn die kirchliche Kunst und theologische Tradition seit Jahrhunderten dargestellt hat? Möglicherweise hat er uns längst aufgesucht in unseren Träumen (und tut es noch immer), nur - anders und in einer Gestalt, die uns fremd ist. Und unversehens befinde ich mich in der Situation derer wieder, an die der heutige Tag erinnert und die im Evangelium die »Weisen aus dem Morgenland« genannt werden. Leute von Rang und Namen. Doch nichts - nicht

ihre Majestät - nicht die Berühmtheit ihrer Archive und auch die Erprobtheit ihrer wissenschaftlichen Methoden nicht, die sie sich über Generationen erarbeitet hatten: Nichts konnte sie daran hindern, loszugehen, dem Himmel noch einmal entlangzugehen und der Frage, was es denn sei, »was die Welt im Innersten zusammenhält«, noch einmal nachzugehen. Den archimedischen Punkt, in dem die Fäden dieser Welt zusammenlaufen, sie waren sich da ganz sicher - es müße ihn geben. Und also gingen sie los - und scheuten sich auch vor Umwegen und Sackgassen nicht: die gehörten zum Metier - und eines Tages waren sie da. Doch was sie dann erlebten - in ihren kühnsten Träumen hätten sie es nicht für möglich gehalten: Gott im allerletzten Winkel - klein, fast nicht zu erkennen. »Sie schauen noch oben und warten auf den, der da kommt. Doch von oben kommt er nicht. Sie schauen vergebens. Indessen - hinter ihrem Rücken, der da kommen soll, kommt.« (Friedrich Schwanecke)
Einige, so das Evangelium, seien geblieben. Andere, so läßt sich vermuten, werden es für einen Witz gehalten haben und sind weitergezogen. Über das »Geheimnis« wurde viel gesprochen damals. In einem, Jahrzehnte später (aus dem Kind in der Krippe war längst der Mann am Kreuz geworden), hat es seine ganz eigene Sprache gefunden - in Paulus, dem Apostel. Im Brief an die Gemeinde in Kolossä schreibt er:
Ich leide. Aber ich freue mich darüber. Denn ich leide für euch und trage so dazu bei, daß das Maß der Leiden voll wird, das Christus für uns erlitten hat. In den Dienst der Gemeinde hat mich Gott gestellt, seine Botschaft zu euch zu bringen.
Das Geheimnis - seit Urzeiten hat es Gott verborgen - jetzt hat er es seinen Heiligen bekannt gemacht - ich soll es euch enthüllen.
Denn bekannt werden soll, wie groß der Reichtum seines Geheimnisses ist, den er bereitet hat für die Menschen aus allen Völkern. Nämlich: Christus in euch - Hoffnung der Herrlichkeit!

Durchführung in vier Schritten
1. Ob es das gibt, eines Tages, und ob wir's erleben - daß wir Menschen sind und leben unter Menschen und wieder einen Namen haben und endlich ein Gesicht und unsere Türen offen bleiben und keiner, der uns schuldig spricht? Ob es das gibt, eines Tages, und ob wir's erleben - daß wir Menschen sind und leben unter Menschen und haben wieder eine Stimme und unser Herz muß nicht erschrecken, weil einer uns von Nahem sieht? Keine Frage. Für den Apostel war ausgemacht: Wie ein Fest wird es sein, wie ein Traum, wenn erst Friede sein wird - wenn die mächtigen Tore sich auftun und Gott als Befreier kommt! Wie ein Fest wird es sein, wie ein Traum, wenn erst Friede sein wird - wenn die Waffen in Museen verrotten und der Krieg kein Geschäft mehr ist! Wie ein Fest wird es ein, wie ein Traum, wenn erst Friede sein wird - wenn vorbei ist das Klagen und Weinen und sich die Tränen der Traurigen in das Lachen der Getrösteten verwandeln! Wie ein

Fest wird es sein, wie ein Traum, wenn erst Friede sein wird - dann erhebt eure Häupter und jubelt!
Freude also. Ohne Wenn und Aber. Die Entscheidung? Die Sterne haben sie frei geben müssen, ein für alle Mal. Ihr Name? Jesus Christus. Ihr Zeichen? Das Kreuz. »Das Kreuz des Christus durchkreuzt, was ist, und macht alles neu. / Was keiner wagt, das sollt ihr wagen. Was keiner sagt, das sagt heraus. Was keiner denkt, das wagt zu denken. Was keiner anführt, das führt aus. /Wenn keiner ja sagt, sollt ihr's sagen. Wenn keiner nein sagt, sagt doch nein. Wenn alle zweifeln, wagt zu glauben. Wenn alle zweifeln, steht allein. / Wo alle loben, habt Bedenken. Wo alle spotten, spottet nicht. Wo alle gieren, wagt zu schenken. Wo alles dunkel ist, macht Licht. / Das Kreuz des Christus durchkreuzt, was ist, und macht alles neu.« (Lother Zenetti) Im Zeichen des Kreuzes, so die Botschaft der Freiheit, gewinnst du dich selbst wieder zurück. Ja, Kalender, ich weiß: Es ist viel zu tun - aber ich höre auch das andere: komm' - laß dich ein - laß dich nicht einspannen - mach' los dein Boot und fahr' hinüber - dort drüben ist Ausatmen, Stille, Neu-zu-Atem-kommen - Geschenk des Lebens - es wartet auf dich - einzuwurzeln und zu blühen. - Es ist noch viel zu tun: ja, Kalender! Und doch: nichts zu tun, alles geschehen zu lassen, vielleicht käme es jetzt gerade darauf an und wäre mehr. (Kontext 1 und 2)
2. »Wo ich gehe - Du. Wo ich stehe - Du. Immer nur Du - nur immer Du. / Himmel - Du. Erde - Du. Unten - Du. Oben - Du. Wohin ich mich wende, an jedem Ende - Du. Immer nur Du - nur immer Du.« (Martin Buber) Das ist des Apostels Freude, daß er alles von Gott erwarten, alles in ihm geschehen lassen, frei von Berechnungen, Zwängen und Ängsten in Gottes Gegenwart da sein kann - »sunder warumbe« (Meister Eckhardt), ohne Warum. Leben? Für den Apostel heißt das, in einem Boden zu wurzeln, der ihm keine Bedingungen stellt, sondern ihm unendlich gut und Bedingung des Lebens selber ist.
Im Übermaß der Liebe haben dann aber auch die dunklen Seiten der Glückserfahrung ihren Platz: die der Schmerzen und des Leidens. Der Apostel leidet, aber er freut sich der Leiden, die er für die Gemeinde leidet. Nicht masochistische Leidenssucht (Kontext 3) dokumentiert sich hier, sondern die Erfahrung der Seele, Christus in seinem Kampf um das Leben dort am nächsten zu sein, wo ich mich den Kreuzen dieser Welt nicht entziehe, sondern mich durch sie erinnert, gefragt und herausgefordert sehe. »Wer mein Jünger sein will, der muß täglich sein Kreuz auf sich nehmen und mir nachfolgen. Wer zu mir gehören und mit mir gehen will, den Weg des Friedens, der grenzenlosen Liebe, auch zu den Feinden, der muß auf sich nehmen die Konsequenzen, die das fordert, die Konflikt, die das mit sich bringt, zwangsläufig.« (Lother Zenetti) Nach Leszek Kolakowski zeichnet unsere westliche Kultur am Ende des 20. Jahrhunderts das aus: a) die Narkotisierung des eigenen Leidens und, Folge davon, b) die Verdrängung des fremden Leidens. Nachfolge ist anders, gerade nicht Nar-

kose, nicht Apathie. Nachfolge stellt sich ins Leben: Menschen stellen sich zu Gott in seiner Not (Dietrich Bonhoeffer) und machen im Vorletzten so den Weg ins Letzte frei. Wunderliche Entdeckungen dort: »Manchmal denkt man, Gott müßte einem in allen Widerständen des Lebens ein sichtbares Zeichen geben, das einem hilft. Aber dies eben ist ein Zeichen, daß er einen wagen, gehen und durchhalten läßt ...« (Jochen Klepper) Wunderliche Verwandlungen auch: »Wer gelitten hat, wird verstehen können. Wer verwundet war, wird heilen können. Wer getragen wurde, wird tragen können ...« (Martin Gutl) Oder: Zur Weite ist mir die Enge geworden, denn in der äußersten Verlassenheit habe ich erfahren, wie geboren ich bin. Arm mußte ich werden, um zu erkennen, wie reich ich bin in dir. Ich kann loslassen, denn ich weiß, du hältst mich. Zaghaft noch alles, doch ich gehe ... Und alles wird dann zum Zeichen: »Geh' nicht vorbei am Heckenrosenhag - zärtlicher Gruß des Schöpfers für dich, sein Geschöpf, hineingesät in die Tage der Trübsal. Geh' nicht vorbei am Heckenrosenhag, ohne innezuhalten einen Atemzug lang: Gott, ich bin wert!« (Sabine Naegeli)

Eine Geschichte kommt mir in Erinnerung: Für Thomas, seinen dreijährigen Sohn, hatte Bedrich Fritta 1944 ein Kinderbuch gezeichnet. Noch viele sollten es werden, so der Vater, Redakteur beim »Prager Tagblatt« - doch dazu kam es nicht mehr. Kaum hatte der Kleine die bunten Zeichnungen seines Vaters in Händen, wurde er von der SS in das Lager Theresienstadt verschleppt. Aus Thomas wurde der politische Häftling F 172. Sein Vater kam nach Auschwitz, wo er an Blutzersetzung starb. Thomas überlebte. Als einziger der Familie. Zu seinem 18. Geburtstag bekam er das Bilderbuch seines Vaters ein zweites Mal geschenkt: Ein Freund hatte es in der Lagermauer verstecken können, nach Kriegsende fand er es unbeschädigt wieder: »Für Tommy zum dritten Geburtstag!« Kinderträume? Märchenhelden? Blumen? Was malte der Vater? Nichts von alledem: Häftlingstransporte, dreistöckige Lagerbetten, Frauen bei der Zwangsarbeit, Männer in gestreiften Lagerdecken: Warnbilder gegen das Vergessen. Doch im gleichen Buch: Tommy läuft über eine Blumenwiese - Tommy macht eine Reise um die Welt, nach Alaska, Afrika, durchs Morgenland, auf einer Schildkröte, als Flieger in Charles-Lindbergh-Montur - Tommy zwischen Blumen, die Lagermauern überklettern. Und darunter der Satz: »Wahrheit!« Was ist das, frage ich mich: Gaukelei? Traumkulisse? Ja, eine Kulisse, durch die sich das tägliche Grauen drängt - doch eine mit Unterbrechungen - eine mit Fenster in eine Welt ohne Tränen. Bilder, die zum Fliegen einladen. Bilder, die es erlauben, den Tod einen Spaltbreit hinter sich zu lassen. Bilder unzerstörbaren Lebens. »Du kannst nicht tiefer fallen als nur in Gottes Hand ...« (Detlev Block)

3. Wie, Paulus? Wir in Kolossä - wir vom Lykostal, versteckt in den Bergen - wir, von aller Besonderheit, Berühmtheit und Weltläufigkeit so meilenweit entfernt, dazu mit unseren tausend ungelösten Fragen, du weißt.

Gottes »Heilige« - wir? Du mußt dich täuschen - mit Sicherheit gibt's gefälligere, fälligere Adressen?
Das macht die »Heiligen«: daß sie selbst dafür am allerwenigsten können! Verdienen, erkaufen, erschleichen, ertrotzen ist nicht - und eigentlich bleibt nur dies, das Erschrecken und das Staunen (und oft ist es beides, ein ganzes Leben lang). Die Geschichte mit Gott ist voller Beispiele - Abraham, Mose, Ruth, das Volk Israel, David, Jeremia, Jesus, der Zöllner Zachäus, die Frauen am Grab, die Emmauswanderer, Paulus ja selbst. Das macht den »Heiligen«: daß er von Gott »beim Namen gerufen« und zu den Seinen gezählt wird und »es jetzt gleich krachen und blitzen« (EG 296,2) kann, er selbst sich derweil in einem Kraftfeld vorfindet, das ihn vom Leben nicht fort-, sondern ins Leben nur immer weiter hineinzutreiben vermag - das Kraftfeld der Liebe. Das ist die Erfahrung des »Heiligen«: Ich bin wert, auch wenn ich vieles an mir entdecke, das mich ärgert und mich für andere zum Ärgernis macht - ich bin wert, auch wenn ich schuldig geworden bin und es mir schwer fällt, (mir) zu verzeihen - ich bin wert, auch wenn ich mich selbst wieder mit Ansprüchen überhäuft habe und ich nicht weiß, ob ich den Erwartungen gerecht werde - ich bin wert, Gott, weil ich von dir gewollt und bejaht und du mich vor mir selbst und vor anderen in Schutz nimmst... Warum nicht von der Taufe predigen an dieser Stelle!? Das »Geheimnis« ist dort mit Händen zu (be)greifen: Wir haben dich gewollt, Kind - wir haben auf dich gewartet - du bist ins Buch des Lebens eingeschrieben, mit Würde begabt - vor allem Nennen und Genanntwerden, was nicht ausbleiben wird in deinem Leben, hast du einen Namen, deinen Namen - wie eine Krone ist er, keiner kann ihn dir nehmen - du gehörst dem Leben!
4. Die Krone? Schaut - ich bin sie wert - Gott hat sie mir und hat sie dir und hat sie uns allen teuer erworben. Es hat ihn sein Leben gekostet. Der Apostel läßt keinen Zweifel daran: Angesprochen sind nicht einfach alle, angesprochen ist jeder für sich (1,28). Im Glauben an Gottes Werden in dieser Welt ist das wichtig und ein Geheimnis ganz besonderer Art - überhaupt wie im Leben: Nicht die Höchstausdehnung ist sein Markenzeichen, sondern daß es anfängt: »Seht, das Senfkorn ...«. An Metaphern fehlt es nicht. Ich muß an Henri Matisse denken: 1940 - Krieg - deutsche Panzer rollen auf Paris - flüchtende Franzosen, blutüberströmt - das Ende einer Nation. Doch der Maler? Schalen voller Früchte, Sonnenlandschaften, Mittelmeerblau. Oder Paul Klee, im gleichen Jahr: Eigentlich kann er schon gar nicht mehr - die Krankheit hat ihm die Hände zerstört und die Schmerzen sind unerträglich - da bindet er sich den Pinsel an die starre Hand und malt seine Bilder, leuchtstärker als je zuvor. Oder Harald Naegeli, der Sprayer aus Zürich: Parkhäuser, Brückenpfeiler und Betonwände in Neubaugebieten rüsteten Ödnis ab, Anonymität, Gewalt und wurden schwebeleicht unter seinen Strichen aus der Sprühdose ... Oder die junge schwarze Frau aus Südafrika, aktiv in der christlichen Jugendbewegung, mit der Auf-

gabe dort, sich um die Gefangenen in den Gefängnissen und um deren Familien zu kümmern – es ist schon einige Jahre hat: »Vielleicht war sie 20, vielleicht 25. Die Kraft, die von ihr ausging, war unwiderstehlich. Ihre Furchtlosigkeit, die Klarheit ihrer Perspektive, ihre Hoffnung waren über allen Zweifel erhaben. Vielleicht sind wir morgen frei, vielleicht dauert es noch ..., sagte sie. Das geheimnisvoll Unbekannte, das wir alle (oft unbewußt) suchen, war sichtbar in ihr. Ihre Teilhabe am Sinn des Lebens, das von Gott in ihr (wie die Quäker es nennen), strahlte nur so aus ihr heraus. Sie wußte, wofür sie lebte. Als ich daran dachte, was sie bei ihrer Rückkehr nach Südafrika erwartet, hatte ich ein Gefühl, das weit über die Angst um diesen jungen Menschen hinausging. Sie kriegen sie nicht kaputt, dachte ich. Gott ist stark in ihr. Gott ist schön in ihr. Ich bin zum Ebenbild Gottes geschaffen ..., sagte sie ganz cool, meine Menschenwürde hängt nicht von denen ab, die dafür bekannt sind, sie zu verweigern und sie mit Füßen zu treten ... Sie war frei, nicht nach den Gesetzen ihres Landes, aber aufgrund ihrer Verbundenheit mit Gott ...« (Dorothee Sölle)
Der Glaube ist wie der Vogel: Er singt, wenn die Nacht noch dunkel ist. Das macht die »Herrlichkeit«, in der auch der Tod besiegt und Gott »alles in allem« (1. Korinther 15,28) sein wird, endgültig und ohne Rest, daß einer damit angefangen und andere damit angesteckt hat und seither die Hoffnung nicht zu begraben ist, daß Gott es ist, er allein, der das lezte Wort über dieses Leben spricht – und die Frage nach Tod oder Leben in Christus, dem Manifest seiner Liebe, ein für alle Mal beantwortet hat. Wir sind im Festsaal noch nicht angekommen, doch sehen wir schon das Licht und hören die Musik (Ernesto Cardenal) Gottes ganze Liebe, Gottes Ein-und-Alles, Gottes Gott-sein-Ganz: Christus. Gottes ganzer Reichtum, Gottes ganze Vielfalt, Gottes ganze Kreativität: Er. Doch der, die »Grünkraft des Lebens« (Hildegard von Bingen), nicht über den Wolken, sondern »in euch« (1,27). Wie? Und wieder sind sie da, mein Erstaunen und mein Erschrecken: Ich? Ja, so das »Geheimnis«, das der Apostel zu enthüllen hat: In mir – in dir – in uns, die wir's noch immer nicht begriffen haben (und vermutlich nie begreifen werden). Aufnehmen sollen wir unsere Matte, auf der man uns getragen hat, solange wir wie gelähmt waren – aufnehmen sollen wir sie, auf unsere Schulter legen und gehen – uns trauen endlich – endlich zu uns selber finden (von so vielem haben wir uns selbst ausgeschlossen die ganze Zeit) – der Hoffnung endlich Hände und Füße, Herz und Verstand, Gesicht und Gestalt zu geben. Sie will mehr sein als ein Wunderding am Himmel. Sie liebt es konkret: »Schon gibt es keine Mauern mehr. Nicht schwarz, nicht weiß, nicht gelb. Alles eins. Alle in einem. Im einem am Kreuz. Schon gibt's keine Mauern mehr. Erleuchtet ist der große Brunnen. Hörst du den Klang?« (Elsa Wiezell de Espinola). Und sie liebt es so, daß aus einem ersten Anfang ein zweiter und dritter und vierter wird und es erst dann zu Ende ist, wenn keine eine und kein einer und kein eines mehr getrennt ist vom Ganzen und die Liebe das Band der Vollkommenheit.

»Dabeisein, ja, wenn da, wenn dort von untenauf Quellen springen und Leben sich rührt. Dabeisein, ja, wenn die gesellige Gottheit zu raunen, zu reden, zu wirken beginnt. Dabeisein, ja, wenn ihr Geist den Durst nach Gerechtigkeit weckt, Mut macht zum eigenen Handeln und neue Geselligkeit stiftet.« (Kurt Marti)

Möglicher Schluß
Heißt es nicht, liebe Gemeinde, die »Weisen«, als sie das Kind gesehen hatten, seien nicht in ihre Heimat zurück, aus Angst vor Herodes. Wie? Aus Angst vor Herodes? Wußte der nicht längst, daß ein anderer geboren war und von seiner Herrlichkeit, wie er sie favorisierte, nichts übrig bliebe? Mächtige wissen um die Fälligkeit ihrer Voraussetzungen. Manchmal, wenn sie gut sind, sind es Propheten, die sie daran erinnern. In der Regel tun's wohl ihre nächtlichen Angstträume. Nein, es müssen andere Gründe gewesen sein, die die klugen Herren bewogen haben, nicht den Weg über Herodes zu nehmen. Welche? Ich weiß es nicht. Aber vielleicht soll ich es auch gar nicht wissen - sondern selbst mich aufmachen, dahinter zu kommen. Der Stern ist hell, das Feld ist weit und allein auf meiner Reise werde ich nicht sein.

Kontexte

»Schweigen möchte ich und auf dich warten, Herr. / Schweigen möchte ich, damit ich verstehe, was in deiner Welt geschieht. / Schweigen möchte ich und dir und allen deinen Geschöpfen nahe sein. / Schweigen möchte ich, damit ich unter den vielen Stimmen die deine erkenne. / Ich bin nicht wert, Herr, daß du zu mir kommst, aber sprich nur ein Wort, so wird meine Seele gesund.«
(Jörg Zink, »Am Ufer der Stille«, Kreuz Verlag Stuttgart 1988)

»Das dritte Gebot sagt mir: Du sollst dich selbst unterbrechen. Zwischen Arbeiten und Konsumieren soll Stille sein und Freude. Zwischen Aufräumen und Vorbereiten sollst du es in dir selbst singen hören, Gottes altes Lied von den sechs Tagen und dem einen, der anders ist. Zwischen Wegschaffen und Vorplanen sollst du dich erinnern an diesen ersten Morgen, deinen und aller Anfang, als die Sonne aufging ohne Zweck und du nicht berechnet wurdest in der Zeit, die niemandem gehört außer dem Ewigen.«
(Dorothee Sölle, »Den Himmel erden«, Deutscher Taschenbuch Verlag, München 1996)

»An dem mit mystischen Sehnsüchten behangenen Dolorismus ist nichts zu beschönigen. Er trägt die Züge masochistischer Ersatzbefriedigung. Die Scherben, die Machthild von Hackeborn (1242–1299) sich zur Buße ins Bett streute, in denen sie sich wälzte, bis ihr ganzer Leib vor Blut triefte, so daß sie vor Schmerz weder sitzen noch liegen konnte, sind horrende Beispiele von Sucht und Anhängigkeit ...«
(Dorothee Sölle, »Mystik und Widerstand«, © 1997 by Hoffmann und Campe Verlag, Hamburg)

1. Sonntag nach Epiphanias

Annäherungen an den Predigttext 1. Brief an die Gemeinde in Korinth 1,26–31

Claus Marcus

Ich stelle diesen Predigttext 1. Korinther 1,26,31 in einem Kreis von Menschen vor, die sich von Zeit zu Zeit mit der Vorbereitung von ökumenischen Bibelwochen befassen. Nach dem ersten Vorlesen des Textes durch einen Teilnehmer dieser Gruppe herrschen Unverständnis und Ratlosigkeit. Wie kann man einen solchen Text in unserer Zeit heute zum Gegenstand einer Predigt wählen!

Alle Gesprächsteilnehmer machen den Vorschlag, den Kontext ab Vers 18 zu lesen, schon wegen der Überschrift in der Lutherbibel »Die Weisheit der Welt ist Torheit vor Gott«. Erste Assoziationen bestimmen das Gespräch: »Torheit der Predigt« also »Torheit der Verkündigung«, sagt jemand. »Torheit und töricht wird als Gegensatz zu Weisheit gesetzt«. Aber was meint hier »töricht sein«? Ist es der alte Antagonismus zwischen Torheit und Weisheit?« Da weist jemand auf Vers 22 hin und sagt: »Weisheit scheint all das zu sein, was intelligibel ist. Fordern die Juden Zeichen, dann suchen sie keine platonische Ideenlehre. Außerdem ist das Erste Testament voll von Zeichen der Mächte ›exousiai‹.«

Ein längerer Gesprächsgang wendet sich vorerst dem Vers 18 zu, um von daher vielleicht Aufhellung des Problemfeldes zu bekommen. »Torheit/töricht meinen nicht dumm. Sie beschreiben vielmehr Bereiche, die sich für uns rational – durch die Ratio, den Nous – nicht erschließen lassen, sondern allein aus der Lebensgeschichte heraus verstanden werden können.« Da ergänzt jemand: »Irgendwie muß es in der Gemeinde in Korinth massiv gekrieselt haben. Da war wirklich Streit. Ihre Einheit stand auf dem Spiel.« Endlich können wir uns nach diesen vielen Vorerwägungen dem Text in der uns vorgegebenen Abgrenzung zuwenden. »Auf eure Berufung«, das ist wichtig für das weitere Verständnis, unterstreicht eine Teilnehmerin. Vers 26 wirkt wie eine Charakterisierung der korinthischen Gemeinde, in der vielleicht einige sehr »abgehoben« lebten. Sollte sich hier vielleicht eine Polemik gegen die aufkommende Gnosis ankündigen? Unter Hinweis auf Vers 30 wird nachdrücklich aufmerksam gemacht auf die Orientierung des gesamten Lebens an Jesus Christus. Für einige wirkt Vers 31 wie eine krönende Zusammenfassung des ganzen Abschnittes.

»Ich will noch einmal auf Vers 26 zurückkommen, besonders auf die Auseinandersetzungen in Korinth: ›nicht viele‹. Kommt es auf die numerische Qualität an? Drei Gruppen werden hier näher genannt: Weise, Mächtige, Angesehene. Sind die Angesehenen vielleicht solche Menschen, die wie Idole verehrt werden? Sind die Reichen damals die Mächtigen, die eben das Sagen in der Gesellschaft haben? Dahinter scheint sich ein wichtiger Hinweis auf die soziale Struktur der Korinthischen Gemeinde zu verbergen.«
Dabei stellt sich für einige sofort die Frage nach dem Gegenwartsbezug dieses Textes: »Wir können hier für unser Gemeindeleben lernen! Jene haben sich nicht nur um die Armen gekümmert, um die Menschen auf der Schattenseite des Lebens. In dieser Gemeinde sind schon damals Arme und Reiche, Mächtige und Schwache, Einflußreiche und Durchschnittsmenschen.« Noch einmal wird auf Vers 30 hingewiesen: Die völlige Orientierung der Berufung an Jesus Christus: »Hier geht es eben nicht um Ausschließlichkeit wie in der Bildrede von dem Reichen und dem Kamel, das durch ein Nadelöhr gehen kann.«

Ein erneuter Einstieg wird bei Vers 27 versucht. Noch einmal geht es um den weiten Themenkreis von ›töricht‹ und ›schwach‹. Ein Gesprächsteilnehmer wirft die Frage nach der Theodize auf. »Sollte sich hier eine Erklärung anbieten für die vielen Lebenssituationen, die nicht im Rampenlicht des Erfolgs, des Wohlstands gelebt werden?« Das Erdbeben von Lissabon im 18. Jahrhundert und der Philosoph Leibniz werden ins Gespräch gebracht. »Keiner kann sich seiner selbst rühmen«, wirft jemand ein und verweist auf die Beispielsgeschichte von »Pharisäer und Zöllner«.

Heftig kritisiert wird Vers 28. »Das ist zu hart, zu vernichtend das, was ist!« »Ist Weisheit jetzt vielleicht als die Macht zu verstehen, die mich von Gott abwenden will?« »Würde ich mich allein auf meine Weisheit verlassen wollen, dann lebte ich Gott-verloren!« Aber kann Gott mit dem Adjektiv ›töricht‹ identifiziert werden? »Ich finde, daß das Törichte aus Vers 25 in Vers 30 als Weisheit Gottes verstanden zu werden scheint. Bei Gott erscheint das, was uns wohl immer unverstanden bleiben wird, als seine große Weisheit.«

»Mit dem Vers 30 habe ich meine Schwierigkeiten«, gibt jetzt eine Frau zu bedenken. »Christus ist uns gesetzt von Gott, das wirkt auf mich wie ein Glaubensaxiom, wie ein Credo. Kann man darüber diskutieren, oder wollen diese Aussagen nicht gelebt werden: Weisheit, Gerechtigkeit, Heiligung, Erlösung? Mir scheint, daß Vers 26a mit den Versen 30/31 wie eine Klammer verkoppelt ist.«

Nach diesem nicht einfachen Weg können wir uns in der Gruppe der Frage zuwenden, was wir mit diesem Text in einer Gemeinde besonders in einem Gottesdienst anfangen können. Haben wir die Freiheit, wie dieser Text heute so über Gott nachzudenken? Finden wir uns mit unseren Gedanken der Ratio hier wieder? Erlebe ich mich befreit oder unterdrückt durch diesen Text, wagt eine Frau zu fragen. Dabei wird auf Galater 5,1 hingewiesen mit der gleichzeitigen Feststellung der vielen Probleme und Zweifel in unserer Welt. »Ich kann es nicht lösen!« Hier bricht wieder die Frage nach der Gerechtigkeit Gottes auf. »Wie kann Gott all das Schreckliche zulassen? Warum trifft gerade mich dieses Unglück? Bin ich von meinem Schutzengel verlassen?« »Insofern traktiert dieser Text doch die Frage nach der Gerechtigkeit Gottes.« Ein Teilnehmer wirft die Frage nach dem Zusammenhang mit dem höllischen Inferno von Auschwitz auf.

Jetzt wendet sich das Gespräch den Aussagen der heutigen Wissenschaftstheorie zu. »Gewisse Dinge können wir nicht erkennen! Die Wissenschaftstheorie ist nicht mehr davon überzeugt, heute die Weltformel zu finden. Heute geht es darum, Dinge zu finden, die nicht möglich sind. Die letzte Erkenntnis wird uns niemals zuteil werden!«

»Sollte vielleicht die moderne Physik unsere Weisheit sein?« In diesem schwierigen Gesprächsgang erzählt ein Teilnehmer folgenden Aphorismus: »Ein Mensch reitet auf einem Esel. An einem Stock hat er eine Mohrrübe gebunden, die er dem Esel vor sein Maul baumelnd hält. So läuft der Esel mit letzter Kraft seiner Mohrrübe nach, die er aber nie bekommen wird.«

»Wann kommt die Erlösung«, fragt eine Teilnehmerin. »Erst am Ende der Welt? Aber Vers 30 beschreibt vielleicht unseren Zustand, einen Weg, auf dem wir uns längst befinden.« »Ist dieser Text ein Korrekturangebot für unseren Lebensstil heute? Weil wir eben niemals alle Fragen beantworten können, müssen wir nicht meinen, alle Probleme lösen zu müssen. ›Sich nicht zu rühmen‹ läßt uns eine neue Bescheidenheit einüben.«

Schließlich weist ein Teilnehmer auf das Jugenddrama von Hugo von Hoffmannsthal hin, »Der Tor und der Tod«. Claudio erlebt sich erst in seiner Todesstunde als der ungezügelte Genießer, der sein Leben vertan hat. »Da du nun Leben warst mein Tod, so sei nun Tod mein Leben.«

Ausdrücklich betont die Gruppe, daß nach ihrem Verständnis Gott und Torheit nicht identifiziert werden sollten. Der Text meint nicht, daß der Mensch sich bemühen müßte, möglichst dumm oder schwach zu sein.« Ein Hinweis auf die Seligpreisung Matthäus 5,3 unterstreicht das noch einmal.

Vielleicht läßt sich als ein möglicher *Predigtgedanke* formulieren:

»Gottes Weisheit erlebe ich als Torheit, weil ich als Mensch sie niemals ganz begreifen kann. Und für mich ist es befreiend, daß ich die Unbeantwortbarkeit mancher Fragen einfach so stehen lassen kann.« Von der neuen Freiheit menschlicher Existenz vor Gott: Gott beantwortet nicht alle meine Fragen, aber er steht zu all seinen Verheißungen (nach Dietrich Bonhoeffer).

Zum Gottesdienst

Martin Ost

Exegetisch-homiletische Skizze

Die »Annäherungen« zeigen, warum man den Text nicht erweitern sollte: Schon die Verlesung des langen Abschnittes grenzt für die meisten Gemeinden an Unbarmherzigkeit. Vor allem aber verschiebt sich die Blickrichtung: Vom Geheimnis der Gemeinde auf die Geheimnisse Gottes. Natürlich hängt beides zusammen - beides zugleich aber kann die Predigt nicht behandeln.

»Geheimnis«: eine (auch selbst-)kritische Frage: Ist es nicht (post)modern, nicht mehr auf alle Fragen eine Antwort haben zu wollen, und ist es nicht (zu) verführerisch, wenn wir dem nachgeben, ohne uns die Frage zu stellen, ob es wirklich um göttliche Geheimnisse oder vielleicht doch nur um unsere Bequemlichkeit geht? Den Verzicht auf Antwort als Zeichen der Demut zu nehmen, die Gott den Ruhm beläßt, könnte zu billig sein: Man macht sich unweise, weil man so scheinbar zur Gemeinde Gottes gehört, handelt so aber ebenso unredlich wie jemand, der nur jeden Sonntag die Rede des Zöllners (Lukas 18,13) wiederholt.

Paulus gibt nicht eine Norm für »Gemeinde«, er sieht die Gemeinde in Korinth. Da sind Menschen, die sich umwert, gering vorkommen. Dieser Gemeinde gibt er Gewicht, ihr spricht er Leben und Wert zu: Rechtfertigung!

Ein Blick auf unsere Gemeinden ergibt ein differenzierteres Bild:

- »Gemeinde« ist nicht nur die Gottesdienstgemeinde. Für die Gesamtgemeinde dürfte der Befund des Paulus kaum gelten. Die Rolle des Christentums, der Kirche(n) in unserer Gesellschaft ist anders als von Paulus beschrieben. Warum »Gottesdienst« nur eine, meist sehr bestimmte Auswahl dieser Menschen anspricht, wäre eine interessante Frage. Wenn es eine Frage der eigenen Gemeinde ist, kann man über »Die Kirche und die Intellektuellen« oder »Die Kirche und die Reichen« nachdenken.
- Aber auch hier ist das Thema verschoben: Paulus fragt nach dem *Evangelium* und den Menschen. Die Unterscheidung zwischen »Kirche« und »Botschaft« konnte Paulus vielleicht noch fremd sein - wir können ihn kaum übergehen.

Der Text ist ein Loblied: Paulus singt denen, die »da« sind, nicht ein Klagelied über jene, die nicht da sind! Überhaupt scheint alles mehr ein Problem der Gemeinde als ihres Apostels zu sein: Die Gemeinde ist sich nicht gut genug!

Könnte es nicht, mindestens teilweise, heute ebenso sein: daß wir uns selbst nicht genug sind und deswegen reformieren wir Strukturen und ver-

suchen es mit Programmen von Personalführung und Beratung aus der Wirtschaft? Wie weit geht es dabei wirklich um die Ehre Gottes? Wo beginnen unsere Allmachtsphantasien und das Bedürfnis, etwas vorzuweisen: Lebendige Gemeinden, steigende Zahlen ...?
Dankbarkeit ist der Unterton des Textes: ein »Gott sei Dank«, das auch den Ruhm Gott beläßt: daß es diese Gemeinde gibt! Haben wir das unserer Gemeinde jemals gesagt, in einem Gottesdienst, am Sonntag? Es geht hier nicht um Anstand oder die demonstrative Dankbarkeit des Showmasters darüber, nicht vom Publikum im Stich gelassen worden zu sein. Ein Dank an Gott für und vor dieser Gemeinde läßt Rechtfertigung wirklich werden: Menschen wird Wert zugesprochen.
Wer sitzt denn in »meinem« Gottesdienst?
Menschen mit Wunden, die ihnen geschlagen wurden, mit unbeantworteten Fragen nach dem Sinn dieses und jenes Ereignisses. Frauen, deren Möglichkeiten der Entfaltung sehr begrenzt waren: durch Rollenbilder ebenso wie Finanzen, Zeitumstände, Kinder. Da sind aber auch jene Frauen, die sich durchboxen, alles auf die Reihe bringen und manchmal nicht wissen, ob der Preis nicht zu hoch ist. »Wer bin ich denn?« Die meisten denken nicht groß über die Möglichkeiten, etwas zu ändern, Einfluß zu nehmen.
Da sitzen Männer, die von Glauben nur in höchster Not reden, Ordnungen haben und einhalten möchten und ich weiß noch immer nicht, wie weit ich sie erreiche mit meiner Predigt.
»Fromme« sind da, CVJM und Landeskirchliche Gemeinschaft, denen ich zu »weltlich« predige. Für sie ist die kleine Gemeinde ein Ausweis ihrer Gläubigkeit: Daß sich am Evangelium die Geister scheiden, nehmen sie als natürlich hin.
Hinter Kleinsein-Wollen wie Mutlosigkeit können sich Elitedenken und Hochmut verbergen. Aber auch die Trägheit könnte sich so ein frommes Mäntelchen umhängen (was die »Frommen« mancher Gemeinde vorwerfen): Wir lassen alles, wie es ist, sind uns selbst genug und fühlen uns wohl.
Gemeinsam ist meinen Zuhörer/innen, daß die öffentliche Wirkung von Gemeinde weniger wichtig scheint. Zur Ehe soll der Pfarrer etwas sagen, vielleicht auch zum Streit zwischen Nachbarn soll die Pfarrerin ein Wort riskieren, aber die weite Welt: Wer sind wir, daß wir hier eine Meinung hätten? Nicht, daß das Elend die Menschen kalt ließe – Gespräche wie Spenden sprechen eine andere Sprache. Aber »was können wir schon tun? Wer hört denn auf uns?« In einer demokratischen Gesellschaft, in einer Gegend mit fast 100% Kirchenmitgliedern gibt es Mächtige und Mächte, gegen die wir uns hilflos fühlen.
Was für eine Botschaft: Mich, dich, uns hat Gott erwählt. Mitsamt unseren Wunden und Fehlern! »Ihr seid jemand« – »Ihr werdet gerechtfertigt«: Die Botschaft des Paulus hat ihren Sinn auch in dieser Gemeinde. Laßt Euch nicht beirren, nicht klein machen, marginalisieren – auch und vor

allem nicht von eurem eigenen »Realismus«! Auch nicht im Namen der »Bescheidenheit«!
Die Begriffe in V. 30: Man kann sie als Parolen der Parteien in Korinth verstehen. Selbst, wenn dem nicht so wäre: In jedem Fall bezeichnen sie die Sehnsüchte dieser Gemeinde: Weisheit - Gerechtigkeit - Heiligung - Erlösung. Einer Gemeinde, die daran leidet und zu zerbrechen droht, daß sie nicht ist, was und wie sie gerne sein möchte, wird Rechtfertigung zugesprochen: Was ihr sein wollt und an euch vermißt, dazu hat Gott euch Jesus schon gemacht.
Nur sehen Gerechtigkeit, Heiligung usw. anders aus, als die Menschen es sich vorstellen: Hier ist ein kirchenkritisches Element enthalten, das man diesem Text nicht nehmen darf. So wird Menschen Raum gegeben: Christsein kann anders aussehen, als wir es uns vorstellen, »Kirche« kann anders sein, als wir es wünschen, planen, hoffen. Die Enttäuschung, daß alles anders ist, wird zu einer Ent-Täuschung: Nehmt Gottes Wege wahr, nehmt sein Handeln war, statt nur auf euer Scheitern zu sehen! (siehe Kontexte!) So wird Gott sichtbar, den wir Macher leicht verdecken.
Wer sich das zusprechen läßt, ist bewahrt vor dem Rühmen, das Gott verdrängt nach dem Motto: Ich habe, bin, kann alles - muß aber auch alles leisten!
Das Thema also: Eine Gemeinde zwischen (eigenem) Ideal und beobachteter Wirklichkeit. Ihr wird gesagt: Gott hat Euch zu dem gemacht, was Ihr sein sollt. Das heißt auch: Unsere Blickrichtung, unsere Werte werden zurechtgewiesen. Was »christlich« ist, bestimmen nicht unsere Träume, die Gottes Wirken geradezu verdecken können.

Vorschläge zur Liturgie

Lieder
Wer nur den lieben Gott. (EG 369, bes. 5–8), Jesus ist kommen ... (EG 66, bes. V. 7), Ich bin getauft auf deinen Namen (EG 200), Lob Gott getrost mit Singen (EG 243, bes. V. 2–3), Nun singe Lob, Du Christenheit (EG 265), Der Herr segne Dich und behüte Dich (bayerischer Anhang EG 570)

Eingangsvotum
Manchmal kommen wir uns klein und unbedeutend vor. Der Wochenspruch erinnert uns daran, wer wir sind. Nicht, damit wir überheblich werden, sondern, damit wir aufatmen, den Kopf heben und leben, wie Kinder leben dürfen: Römer 8,14.

Confiteor
Weil wir groß sein wollen, machen wir Gott klein und finden ihn dann nicht mehr, wenn es uns schlecht geht. Weil wir glänzen wollen, verdunkeln wir

Gott und sehen ihn nicht mehr, wenn wir ihn suchen. Weil wir besser sein wollen, werden die anderen uns zu Konkurrenten und die Gemeinschaft zerbricht. Das aber ist wirklich Sünde: Gott übersehen. Gott, sei Du uns Sündern gnädig!

Gnadenzuspruch
Wie Eltern sich ihrer Kinder annehmen, so nimmt sich Gott all der Menschen an, die ihn machen lassen. Wer auf diese Liebe vertraut, wird Leben haben.

Lesungen
Evangelium: Taufe Jesu nach Matthäus 3. Ein einleitendes Votum erinnert evtl. daran, daß dies auch allen Getauften gesagt wurde: daß wir Söhne und Töchter Gottes sind und leben dürfen, wie Kinder leben: voll Vertrauen. Als zweite Lesung eignet sich die alttestamentliche Lesung, Jesaja 42,1–4: »Gott sucht sich nicht nur die Erfolgreichen und Glücklichen aus. Er schenkt den Mutlosen und Gebrochenen seine Zuwendung.«

Im Mittelpunkt der *Fürbitten* sollten die stehen, die in ihrer Gemeinde klein sind oder sich klein vorkommen. Die vom Leben gebeutelt und gebeugt sind, sich selbst nicht recht mögen und sich nichts zutrauen.

Zur Predigt

»Gott sei Dank, daß Sie da sind und wir miteinander Gottesdienst feiern können! Nicht, weil ich diese Predigt umsonst vorbereitet hätte. Auch nicht, weil ich meinen Beruf an den Nagel hängen müßte, wenn es anders wäre. Nein, auch das will ich nicht tun, was so beliebt ist: denen, die in die Kirche gehen, vorjammern, wieviele wieder nicht gekommen sind. Paulus singt kein Klagelied, nach dem Motto: Es ist ja schön, daß Ihr da seid, aber da wären doch noch ganz andere Leute in Korinth!
Paulus ist dankbar für die, die da sind. Es scheint eher, als ob die Gemeinde unzufrieden ist: Wer sind wir denn? Gut, da sind ein paar Menschen – aber die Maßgeblichen, die Berühmten – die sehen wir hier nicht! Nach uns fragt doch niemand, kein Hahn kräht nach uns! Das hat etwas für sich: Eine Gemeinde, die so fragt, will etwas bewirken, will Einfluß nehmen auf Menschen und Lauf der Welt. Zugleich aber macht sie sich selbst mutlos. Wer sind wir denn, daß wir etwas ausrichten könnten gegen die Moden und Menschen!
›Gott hat Euch berufen!‹, sagt Paulus.
Das klingt ganz anders: Mich, dich hat Gott berufen! Menschen, die sich nicht so wichtig nehmen, die meinen, andere wären wichtiger und bedeutender – um solche Menschen kümmert sich Gott! Wenn ihr zur Gemeinde

gehört, dann ist das nicht Zufall und es ist nicht Paulus und seine Gemeindearbeit – Gott ist es zu danken. Das ist der Grund für das ›Gott sei Dank‹. Es ist keine gedankenlose Redensart: es liegt nicht an uns, an mir und dir – es ist Gottes Tat.

›Theorie!‹, mag man denken. Oder auch: In der Kirche gehört sich das eben, für alles Gott zu danken. Mancher aber, manche unter uns kann es aus dem eigenen Leben so bestätigen: Gott ist es zu danken, daß wir da sind.

Da sind Menschen, die hätten allen Grund gehabt, sich abzuwenden. Nicht nur, weil sie von einem Pfarrer, einer Pfarrerin enttäuscht worden sind – nein, weil es da Zeiten in ihrem Leben gegeben hat, in denen sie von Gott selbst enttäuscht wurden. Wenn da jemand gefragt hätte: Warum gehst du eigentlich noch in die Kirche?, hätten sie keine rechte Antwort gewußt, weil sie es manchmal selber nicht mehr verstanden: Gott weit weg und all das Elend und trotzdem immer noch in die Kirche gehen, beten, loben, singen?« –

Hier wäre Platz für evtl. aktuelle Erfahrungen von Menschen in ihrer Gemeinde. Am besten sind Ereignisse, die einzelne betreffen, aber eine ganze Gemeinschaft mit in ihren Bann ziehen, wie ich es in ländlichen Gemeinden immer wieder erlebt habe, wo ein ganzes Dorf im Bann eines Unglückes stand. –

»›Ich danke Gott‹: Wie Paulus weiß ich auch keinen anderen Grund, warum Menschen hier sind. Nein, wegen der Pfarrer bestimmt auch nicht: Ich weiß, wie hilflos auch ich manchmal bin: am Bett eines Menschen, der von Schmerzen geschüttelt wird. Oder bei dem Sterbenden, den Worte scheinbar nicht mehr erreichen und all die Angehörigen stehen ums Bett herum, und der Pfarrer soll es jetzt lösen und ist doch auch nur ein Mensch und kann keine Wunder tun, daß er wieder aufsteht. Oder am Tisch mit der Frau, die ihren Mann bei einem Unfall verloren hat und ich komme zu ihr mit der Polizei wie ein Todesengel. Und sie fragt, warum und wozu, und ich weiß es doch auch nicht! Und all unsere schönen Einrichtungen und Ratgeber können die Frage nicht beantworten. Und sie kommt immer noch in die Kirche und hat sich aufgerappelt, und manchmal noch tun die Wunden weh und trotzdem ist sie da: Gott sei Dank! Wenn er nicht eingreifen würde, ich wüßte nicht, wer es sonst tun sollte! Aber er greift ein! Vielleicht sieht man es bei den Schwachen deutlicher als bei Menschen, denen es gut geht: einfach, weil es fast nicht anders erklärbar ist, warum sie noch da sind. Gott hat euch berufen – Gott ist am Werk, bei euch, bei uns!« –

Manche Gemeinden muß man an dieser Stelle gegenüber frommen Elitegemeinden in Schutz nehmen (die Kritik in Korinth kam ja wohl teilweise auch von den Frommen!): Euch hat Gott berufen, auch euch! Es ist nicht nur »Tradition«!

»Ich kann die Gemeinde in Korinth verstehen, wenn sie daran leidet: ausgelacht zu werden von denen, die etwas vorzuweisen haben. Bei denen es

prächtiger zugeht im Gottesdienst. Die etwas zu bieten haben. Da sind die klugen Menschen, denen andere zuhören. Da sind maßgebliche Leute, auf deren Urteil man etwas gibt. Da gibt es Heilige, Menschen, die man mit Ehrfurcht betrachtet, weil an ihnen etwas geradezu Göttliches ist. Die frei sind von allem Irdischen, denen nichts mehr etwas anhaben kann, die gelassen und ruhig und weise alles hinnehmen.
Doch, da gab es auch Christen, in Korinth wie auch bei uns heute, die können etwas vorweisen: Heilung von Krankheit. Gottesdienste, bei denen kein Platz leer bleibt, bei denen jung und alt begeistert sind. Oder eine Gemeinschaft, wo einer dem anderen aushilft. Damals wie heute - es gibt sie, diese Christen, und ich komme mir manchmal vor gegen sie wie der Vertreter eines Kramladens gegen eine erfolgreiche Supermarktkette. Na ja, sagen sie mitleidig, das ist ja alles gut gemeint und schön altmodisch - aber heute, da wollen die Leute anderes und das hast du nicht zu bieten!
Ich kann sie verstehen, die Korinther und ich denke: Paulus hat sie schon auch verstanden. Er hätte es ja auch leichter gehabt mit seinen Kritikern, wenn er funktionierende, wachsende Gemeinden hätte vorweisen können und nicht Ansammlungen von Menschen, die immer wieder uneinig waren, bei denen es Probleme mit der Lebensführung gab und Differenzen über den richtigen Gottesdienst und was wir alles aus seinen Briefen herauslesen können.
Dennoch dankt er Gott für diese Gemeinden. Mehr noch: Gerade in ihnen findet er, was christliche Gemeinde ausmacht: Nämlich das Wirken Gottes. Ich fürchte, wir vergessen es leicht, weil wir alles machen wollen: Daß wir da eben wenig machen können. Natürlich nicht faul sein und alle Fünfe gerade sein lassen. Natürlich Neues ausprobieren - aber am Ende kann nur Gott selbst Menschen überzeugen, muß er sie selbst anreden, wenn sich etwas bewegen soll.
Genau das führt Menschen zusammen, die Erfolge nur trennen würden. Da kann sich nämlich niemand rühmen, da kann niemand angeben. Das prägt eine Gemeinde. Ich habe nichts gegen die Versuche, Kirche anziehend darzustellen, ein bißchen professioneller zu werben, sich gewissermaßen auf den Markt zu begeben und darzustellen. Aber die Grenze muß es geben: daß wir uns nicht selbst rühmen, sondern Gott.
So kann man keinen Wahlkampf gewinnen: Wenn man sagt: Das war gar nicht ich, der die großartigen Einfälle hatte, das ist mir alles geschenkt worden von Gott oder was weiß ich wem! So kann man keine Kundschaft gewinnen. Und die christliche Gemeinde wird mitleidig belächelt: Wer seid ihr schon!
Man kommt sich klein vor, gering, wünscht sich mehr Einfluß - was könnte man dann nicht alles aus der Gemeinde machen! Und andere würden auch glauben und alles wäre so, wie man sich eine gute Gemeinde vorstellt: lebendig und immer neue Erfolge und schöne Gottesdienste.

Und alles zur Ehre Gottes – geht es wirklich darum? Oder ist das nicht nur unsere Eitelkeit oder auch unsere Sehnsucht nach Macht und Größe? Das ist doch auch wahr: Die mit den großen Sprüchen, was sie alles getan haben und noch tun werden, die können keinen Fehler zugeben und keinen Rat annehmen, wenn sie nicht ganz am Ende sind. Mit denen kann man sich nicht an einen Tisch setzen, da ist immer Konkurrenz und keine wirkliche Gemeinschaft. Wenn wir das sagen können »Gott sei Dank« – dann hat wirklich jeder Mensch seinen Platz, egal, ob klein oder groß, behindert oder nicht. Der muß nicht beweisen, wie glaubensstark er ist oder wie erfolgreich oder wie gut er beten kann.
Wir, ausgerechnet wir, sind ein Bild für das, was Gott tut: Wem kannst du schon kommen mit einem Gekreuzigten, einem Hingerichteten? Wen soll das beeindrucken? Bestimmt nicht die Klugen und Starken und Mächtigen. Aber hier ist ein Ort für alle, die am Ende sind. Für die, die wissen, daß sie nicht alles können, auch, wenn sie es noch nicht erfahren haben.
Euch hat Gott berufen und ausgesucht! Er hat mit euch etwas vor: wo ihr am Ende seid, geht es für Gott weiter. Wo Ihr euch klein vorkommt, da kann er etwas machen. Jesus war nicht am Ende, als alles zu Ende war! Und mich und dich kann er brauchen, mit unseren Macken und Verwundungen, unserem manchmal kleinen Glauben und unserer Kleinlichkeit. Mitsamt unseren Erfolgen machen wir noch alles kaputt – wir dürfen leben, so, wie wir sind. Mit Gottes Hilfe werden wir mehr zustande bringen, als wir manchmal meinen.
Was mir der Glaube bringt? Die Gewißheit, daß ich es nicht allein schaffen muß. Das Vertrauen, daß auch Fehler nicht das Ende sind. Einen Halt zum Leben – Gott sei Dank!«

Kontexte

»Es werden Leute kommen, die sich ganz anders benehmen, als man sich bisher ›Christen‹ vorgestellt hat. Es werden Erfahrungen gemacht werden, die es bisher nicht gab. Und die, die bisher das Bild der Gemeinde prägten, werden nicht daneben stehen und scheel sehen. Sie werden vielmehr frei sein, daß alles als neuen Reichtum zu begrüßen und sich dessen zu freuen.« »Wird die Gemeinde so durch die Kritik des Kreuzes geprägt, dann kann sie einfach durch ihr Dasein für andere einladend sein. Sie ist dann ein Ort, an dem jeder selbst entdecken darf, was Gott und andere Menschen für ihn bedeuten.«
(W. Krötke in GPM 42/1, Seite 103)

Wer sich an einer Firma beteiligt, hat etwas davon: Geld, vielleicht ein wenig Glanz vom Firmennamen. Was aber hat eine christliche Gemeinde vorzuweisen? Die dazugehören, sind nicht nur erfolgreiche, gesunde, kraftstrotzende Menschen. Gewinnt man Beziehungen, die einen Vorteil bringen im Leben? Lohnt sich denn Glauben?
(M. O.)

2. Sonntag nach Epiphanias

Annäherungen an den Predigttext
1. Brief an die Gemeinde in Korinth 2,1-10

Gisela Fähndrich

Dienstbesprechung in der Kirchengemeinde. Wöchentlich einmal sind alle bezahlten und einige ehrenamtlichen Mitarbeiterinnen und Mitarbeiter versammelt. Die Sitzung mit einer Bibelarbeit zu beginnen, war erstmalig, wurde aber mit großer Zustimmung angenommen. Der Text wurde in fünf verschiedenen Übersetzungen bzw. Übertragungen vorgelegt und in der revidierten Luther-Fassung vorgelesen. Im Verlauf des Gesprächs gewann die Übersetzung aus »Die Gute Nachricht. Die Bibel in heutigem Deutsch« die größte Sympathie.

Die erste Reaktion: »Das ist aber ein schwieriger Text. Was will Paulus damit wohl sagen?« Danach eine längere Pause mit Zustimmung zum ersten Votum.

Erste Beobachtung: Paulus tritt bescheiden auf. Als Person möchte er in den Hintergrund treten. Es geht ihm um den Inhalt.

Gegenrede: Die verbale Bescheidenheit des Paulus macht auch aggressiv. Er verschleiert die Macht, die er hat, die in der Verkündigung und seinem Wissen steckt. An anderen Stellen tritt er sehr machtvoll auf mit dem Anspruch, auf dem Weg der Wahrheit zu sein.

Einwurf: Aber immer geht es ihm um den Inhalt, nicht um persönliche Macht.

Zweiter Gesprächsgang: Es ist eine mutige Botschaft, weil Paulus die Mächtigen anklagt. Sie haben nichts begriffen. Konnten sie es begreifen? Sind sie für ihr Nichtwissen verantwortlich oder ist Gott dafür verantwortlich? Sie hätten die Sprache Gottes im Leben Jesu erkennen können. Aber das ging ihnen gegen den Strich, deshalb haben sie ihn gekreuzigt. Wer läßt sich schon gerne seine Welt auf den Kopf stellen! Die Botschaft von Gottes Kraft paßt nicht zu den Mächtigen. Sie leben so, als hätten sie ihre Kraft aus sich. Das führt zu Machtmißbrauch und Ungerechtigkeit. Das kritisiert Paulus.

Dritter Gesprächsgang: Was ist denn nun die verborgene Weisheit Gottes, was ist das Geheimnis Gottes? Wir können Gott nie ganz verstehen, weil er im Kreuz verborgen zu uns spricht. Also, wir stellen uns Gott oft so vor, daß er mit sichtbaren Machtbeweisen eingreifen müßte. Für uns Christen aber ist es ganz anders. Gott wird für uns erkennbar im Widerspruch des Kreuzes, also in der Ohnmacht. Liebe hat es immer auch mit Ohnmacht zu tun. Sie ist angreifbar, verletzbar, zerstörbar. Sie ist bestenfalls ein Korrektiv für die Macht, aber dann stellt sie Macht auch ganz grundsätzlich infrage. Ganz werden wir Menschen das nie verstehen, daß sich Gott so erniedrigt und in den Tod geht. Und die Herrscher werden das sowieso nie verstehen.

Vierter Gesprächsgang: Ist das alles für uns nur ein erlerntes Wissen oder hat es etwas mit unserem Leben zu tun? Eigentlich finde ich diesen Gedanken von Gottes Ohnmacht zu groß für mich. Wo kann ich ihm für mich spürbar und erkennbar begegnen? Der Blickwinkel verändert sich, wenn ich meinen Glauben von Gottes Erniedrigung her verstehe. Wenn andere sagen: mit dem will ich nichts zu tun haben, dann versuche ich genau hinzusehen. Es geht doch um einen Menschen, für den Gott auch am Kreuz gelitten hat, um seine Liebe nicht an die Mächtigen zu verraten. Dann wird mir klar, daß es niemanden gibt, den ich aufgeben kann, weil Gott niemanden aufgibt. Manchmal fällt mir das so schwer, daß ich es nicht durchhalten kann. Aber ich selbst lebe ja auch von der Liebe Gottes, die durchhält. Ich habe zwar kein schweres Verbrechen begangen, aber andere verletzt habe ich auch. Vielleicht ist das dann wirklich nur ein quantitativer, kein qualitativer Unterschied.

Fünfter Gesprächsgang: Eigentlich ist das doch ein erstaunlicher Glaube, der sagt: Gott ist in die Welt gekommen, um sie mit Liebe zu erobern. Auf den ersten Blick erscheint das lächerlich. Und doch auch faszinierend: die Welt wird auf den Kopf gestellt. Alles, was nicht mit Liebe zu tun hat, wird unbedeutend. Alles, was die Liebe wachsen läßt, wird bedeutend. Ein Traum, das durchhalten zu können. Es ist ermutigend, immer wieder neu anfangen zu dürfen, an dem Traum zu bleiben.

Sechster Gesprächsgang: Sollten wir zu den »Vollkommenen« gehören? Das klingt anmaßend. Vollkommen, das ist eine Bezeichnung für Gott, aber doch nicht für uns Menschen. Paulus nennt Christen an anderer Stelle »Heilige«. Ich würde mich so auch nicht nennen. Paulus begründet es von der Taufe her. Gott gibt seine Heiligkeit in der Taufe weiter, also auch seine Vollkommenheit. Da wir aber in der Welt das alles nur gebrochen haben, also unter dem Kreuz, in der Hoffnung auf das ganze Leben, sind wir Heilige und sind's auch wieder nicht, sind wir vollkommen und sind's auch wieder nicht. Wenn ich mutlos bin, dann ist es gut zu wissen, daß ich vollkommen bin durch Gottes Erklärung. Wenn ich hochmütig bin, dann ist es gut zu wissen, daß ich unter dem Kreuz stehe, und Jesus auch für mich die Liebe am Kreuz durchgehalten und bewahrt hat.

Letzter Gesprächsgang: Die Weisheit Gottes, das ist Christus am Kreuz. Das Aussehen Gottes ist die Niedrigkeit. Das soll verstehen, wer kann. Dazu fällt mir die Legende von jener Frau ein, bei der Gott sich ansagt: »Ich werde dich besuchen.« Sie beginnt zu putzen, zu richten. Alles soll perfekt sein, wenn Gott kommt. Da klopft es an der Tür. Ein Bettler steht davor:

»Gib mir ein Stück Brot. Ich bin hungrig.« »Ich habe keine Zeit. Ich erwarte Besuch.« Sie schlägt die Tür zu. Noch zwei weitere Male kommt jemand, sie um etwas zu bitten. Sie ist zu beschäftigt, lehnt ab. Vom Putzen und warten müde, schläft sie ein. Im Traum spricht Gott zu ihr: »Dreimal war ich heute bei dir, und du hattest keine Zeit.« Das kann uns passieren, weil es so schwer ist, Gott in der Niedrigkeit, ganz unscheinbar zu erwarten und sich vorzustellen.

Zum Gottesdienst

Vera-Sabine Winkler

Exegetisch-homiletische Skizze

Auch am viel zitierten Anfang des 3. Jahrtausends sind Theologie und Glaube ein mühsames Geschäft: Ein Paulus, der sich trotz aller Autorität in koketter Attitüde schwach gibt! Eine christliche Weisheit, die mit weltlichen Maßstäben nicht zu begreifen ist! Ein Gott, der Mensch wird und gerade deshalb den Machtgelüsten der Macher unverfügbar bleibt! Kein Topos des schwierigen Korinthertextes bleibt von der Diskussionsrunde in den »Annäherungen zum Predigttext« unberührt. Ja fast scheint es, als würde diese Paulusrede permanent reproduzieren, was sie selbst stilistisch wie inhaltlich in sich trägt - das Ringen um die *richtige* und *unmißverständlich christliche* Rede von Gott.
Dieses Ringen einem Gottesdienstpublikum schmackhaft zu machen, das sich gerade von den gewiß bis Ende Januar anhaltenden, lokalen wie globalen Jahrtausendprognosen erholt, dürfte nicht einfach sein. Und doch scheint mir dieser Text ungewöhnlich gut in eine solche Zeit der rück- und vorwärtsgewandten Analysen zu passen. Denn auch der paulinische Rückblick auf das Wirken Jesu hat die Zukunft im Blick! Modern gesprochen geht es dabei um die »Glokalisierung«[1] des Christentums, also um die lokale und dadurch erst globale Zukunftsfähigkeit einer Religion, die sich im lokalen wie globalen Kontext neben vielen anderen Deutungsmustern von Leben behaupten und identifizieren muß. Diese Binnen- und Außenperspektive werden im 1. Korintherbrief als Thema eines jungen, sich mühsam etablierenden Christentums mehrfach thematisiert. Dabei läßt sich - trotz aller exegetischen Dispute über die Ursprünge und detaillierten Prägungen des korinthischen Christentums - festhalten, daß Paulus dort als Garant eines ursprungstreuen Christentums auftritt und sein Gegen-

1. Vgl.: Politik der Globalisierung, hrsg. von Ulrich Beck, Ffm 1998, Seite 60 ff.

über in diversen, multikulturell und multireligiös geprägten, christlichen Gemeindegruppen findet. Ziel der brieflichen Ausführungen ist es, salopp gesagt, all diese Gruppen nach diversen Abweichungen in Lebensstil (Ethik) und Lebensinterpretation (Spiritualität) wieder auf ›Linientreue‹ zu trimmen - damals allerdings noch nicht um der Institution Kirche willen, sondern um Gottes willen - wie ihn Paulus interpretiert.
Der Kapiteleinteilung der Lutherübersetzung folgend speist sich der Perikopentext aus zwei unterschiedlichen Textabschnitten, die nur in Zusammenhang mit den vorausgehenden und nachfolgenden Textteilen zu verstehen sind.[2] Die genauere Betrachtung von 1. Kor 2,1 ff. und Kontext kann zeigen, wie bei einer ähnlich gelagerten globalen Situation (Christentum als eine Religion unter vielen) heute lokal überzeugend und deshalb global bedeutsam vom Christentum zu reden ist: *mit* Paulus (I.) *gegen* Paulus (II.) und *über* Paulus *hinaus* (III.)!

I. Beobachtungen zu einer Textinterpretation *mit* Paulus:
1. Kor 2,1–5 gehört inhaltlich noch zu Kapitel 1,26 ff.! Denn hier überträgt Paulus auf sein eigenes Wirken, was er vorher prinzipiell ausgesagt hat über »Christus Jesus, der uns von Gott gemacht ist zur Weisheit« (1. Kor 1,30). Diese Weisheit Gottes drückt sich in der persönlichen Einstellung des Paulus auf zweierlei Ebenen aus. Zum einen orientiert er sich innerlich an dem Gott, der ihm visionär im gekreuzigten Jesus begegnet ist (1. Kor 2,3). Zum anderen möchte Paulus nach außen hin »in Schwachheit und in Furcht« (1. Kor 2,3) auftreten und so der Kraft Gottes Raum geben, die menschliche Wortgefechte und Überzeugungskünste nicht nötig hat. Der Rückblick auf das Leben und Sterben Jesu eröffnet ihm sozusagen einen inneren wie äußeren Freiraum, der Distanz zu hitzigen philosophischen Debatten und rhetorischem Narzismus ermöglicht.
Gleichzeitig aber benutzt Paulus seinen eigenen, religiösen Diskurs in rhetorisch scharfsinnigster Weise. Denn wenn er davon redet, »in Schwachheit und in Furcht« bei den Korinthern gewesen zu sein, so nutzt er eine für Nicht-Juden kaum erkennbare prophetische Theophanieformel, die ihn auf äußerste autorisiert. Diese Theophanieformel bezeichnet primär das Verhältnis zu Gott, nicht das Verhältnis des Paulus zu seinen Mitmenschen. Paulus erkennt sozusagen mit Jesaja, Jeremia und anderen, daß Gott durch ihn spricht - daß er trotz Zittern und Zagen immer wieder zum Mund Gottes wird. Nur deshalb kann er so fordernd gegenüber den korinthischen Abweichlern auftreten, die in seinen Augen ihren Glauben »auf Menschenweisheit« (1. Kor 2,5) aufbauen. Daß damit nicht nur die Männer (gegen patriarchale Lesart von 1. Kor 2,1) kritisiert werden, wird spätestens an der ›berühmten‹ Stelle in 1. Kor 14,34 deutlich, die gegen die Frauen-

2. Vgl. für alle folgenden Beobachtungen zur Textstruktur: Joachim Theis, Paulus als Weisheitslehrer, Regensburg 1991, Seite 199 ff.

predigt in den korinthischen Gemeinden polemisiert. Paulus versteht sich in der Auseinandersetzung mit diesen Brüdern (und Schwestern) als jemand, der reden bzw. schreiben *muß,* nicht will! Es ist seine spirituelle, und lebensgeschichtliche wohl bitter errungene Hinwendung zu der Geschichte Jesu, die ihn zu Visionen und visionärem Reden treibt! Seine Glaubenserfahrungen lassen ihm keine andere Wahl!
So gesehen aber erscheint dieser Textabschnitt, der gerne als kreuzestheologische Selbstbetrachtung und Selbsterniedrigung des Paulus interpretiert wird, als existenziell verhafteter, ehrlicher und rhetorisch gelungen formulierter Aufschrei. Dieser Aufschrei führt das Nachdenken über die Möglichkeiten christlicher Rede am Anfang des dritten Jahrtausends in die ganz persönliche, lokal wie global bestimmte Lebensrealität zurück. Denn Paulus macht spürbar: Es geht nicht um das Predigen um des Predigens willen, es geht nicht um das Diskutieren um des Diskutierens willen. So talken wir uns auch heute im bewußtlosen Gerangel um Einschaltquoten zu Tode! *Sondern nur wer erfährt und erspürt, was Gott zutiefst in uns anrührt, kann reden, ja muß reden. Und nur wer wie Paulus weiß, wovon er/sie redet, bewahrt Identität und gewinnt Überzeugungskraft in vielfältig geprägten Medien- und Gesellschaftsdiskurs.* In dieser Hinsicht ist also auch Anfang des 3. Jahrtausends *mit* Paulus gut zu argumentieren.

II. Beobachtungen zu einer Textinterpretation *gegen* Paulus:
Im zweiten Teil des Perikopentextes beginnt ein Argumentationsgang, in dem Paulus (bis 1. Kor 2,16) deutlich machen will, was er – in Abgrenzung zu korinthischen Gepflogenheiten – unter Weisheit versteht. Dabei ist stilistisch auffällig, daß er versucht, das »Was kein Auge gesehen hat und kein Ohr gehört hat« (1. Kor 2,9), in zwei schlüssige Argumentationsgänge zu pressen: Dabei fungiert 1. Kor 2,9 als Schriftbeweis für 1. Kor 2,6–8. Und mit 1. Kor 2,10 beginnt ein einhaltlich verwandter Gedanke, der in Vers 16 abermals mit einem Schriftbeweis endet.
Beiden Abschnitten ist gemeinsam, daß sie zwischen christlicher Weisheit und sogenannter ›weltlicher Weisheit‹ unterscheiden. Dabei insistiert der in der Perikope enthaltene Textteil vor allem darauf, daß die Weisheit Gottes den »Herrschern dieser Welt« (1. Kor 2,8) vorenthalten bleibt. Gleichzeitig werden alle, die glauben und denen durch den Geist Gottes eine andere Weisheit offenbart ist (1. Kor 2,10) provokant als »Vollkommene« bezeichnet. Auf diese Wiese spielt Paulus immer neu mit dem ihm vorgegebenen Begriffen, wertet sie um und insistiert unausgesprochen auf einem *christlichen Deutungsprimat:* Was Weisheit ist oder nicht ist, entscheidet sich im Verhältnis zu Gott und dem gekreuzigten Jesus Christus! Was Geist ist, was Vollkommenheit ebenso!
Dadurch entsteht aus heutiger Sicht einerseits – eine sicherlich unbeabsichtige – Patriarchatskritik, die bestehende Normierungen auf den Kopf zu

stellen sucht. Gerde die durch die feministische Exegese herausgearbeiteten Dimensionen der Weisheit (ruach/sophia als alle Geschöpfe verbindender Lebensatem) können hier mit Paulus einem rein kognitiven Weisheitsverständnis gegenübergestellt werden.
Andererseits wird aber spürbar, daß Paulus anderen das nicht zugesteht, was er für sich selbst in Anspruch nimmt: Sprach- und Liturgieformen, die von lebensgeschichtlich existentiellen Erfahrungen und Einsichten geprägt sind. Denn hätte Paulus diese Erkenntnisebene auch bei den diversen, korinthischen Gruppierungen anerkennen können, so hätte er nicht autoritär, sondern neugierig werden müssen! Dann hätte er fragen müssen, ob sich nicht hinter ekstatischen oder pneumatischen oder philosophisch-abstrakten Mitteilungsformen eben dieser Geist Gottes verbergen kann, dessen Unbegreiflichkeit er ja selbst konstatiert hat. Stattdessen ist seine rhetorische Aufnahme bekannter Begriffe wie ›sopia‹ oder ›pneuma‹ immer von Abgrenzung und Abwertung geprägt.
So verliert Paulus im zweiten Teil der Perikope die visionäre Weite und Weisheit, die er noch kurz vorher als Kraft Gottes inmitten aller Bedrängnis preist. Trotz kreuzestheologischer Basisorientierung läßt er sich zum intellektuellen Machtgeplänkel verführen und hat nicht die Größe, durch andere spirituelle Ausdrucksformen hindurch den suchenden Mitmenschen zu begegnen.
Aus lokalen Zwängen heraus wird so der global bedeutsame Diskurs über Formen öffentlich und gemeinsam gelebter Religiosität schon im Ansatz verengt. Ein Mechanismus, der allenthalben zu beobachten ist, wenn konfessionelle Vereinbarungen dazu führen, daß global notwendige Diskurse - schon innerhalb einer einzigen Religionsgemeinschaft! - nicht geführt werden können. Das Priesterinnenamt ist leider immer noch ein Paradebeispiel für solche langfristig selbstmörderischen Stolpersteine im christlich-ökumenischen wie interreligiösen Dialog. So gesehen führt der zweite Teil des Perikopentextes zu einer Rede *mit* Paulus *gegen* Paulus.

III. Beobachtungen zu einer Textinterpretation *über* Paulus *hinaus:*
›Postum‹ gelesen birgt die Perikope aber noch einem weiteren, spannenden Beitrag zum Profil zukünftiger christlicher Rede. Dieser schöpft aus der - schon erwähnten - Beobachtung, daß Paulus weiß, daß er eigentlich nichts weiß. Ja mehr noch: daß er redet, obwohl er eigentlich gar nicht reden kann, sondern darauf angewiesen bleibt, daß Gott durch ihn redet.
Dieses Bewußtsein, nichts sagen zu können und doch alles sagen zu müssen, hat die mystischen Glaubenserfahrungen aller Religionen immer wieder geprägt. Obwohl ich nicht meine, daß Paulus selbst sich als ein Mystiker verstanden haben könnte[3], finde ich die durch J. Zink angeregte

3. Jörg Zink, Dornen können Rosen tragen, Stuttgart 1998, Seite 117ff.

mystische Lesart seiner Texte weiterführend. Sie bewahrt davor, ständig mit Paulus gegen Paulus argumentieren zu *müssen* und macht andere, der bisherigen Exegese unzugängliche Ebenen seiner Texte stark.
So kann durch die vorliegende Perikope auch spürbar werden, daß Paulus den vom ihm kritisierten Glaubensgruppen vielleicht näher war als er wußte! Denn der Versuch, zu argumentieren, wo es nichts zu argumentieren gibt, ist als »via negationis« und »paradox« zum Grundmuster mystischer[4] Rede geworden. Beide Stilmittel wollen *zwischen den Worten* der unverfügbaren Weisheit Gottes einen Raum öffnen. Aus dem Dilemma nichts in herkömmlicher ›weltlicher‹ Weise sagen zu können, erwachsen in der Mystik neue Sprachschöpfungen. Diese Sprachschöpfungen werden bezeugt als geistgewirkte Formen der Gottesoffenbarung (vgl. 1. Kor 2,10).
Auch im dritten Jahrtausend könnte also durch einen kreativen und tiefsinnigen Umgang mit den Worten unter dem Dach einer globalen Hoffnung viel Platz für lokal geprägte Vorstellungswelten entstehen. Eine aus solcher Gottesweisheit schöpfende christliche Rede kann beginnen wieder das zu werden, was sie im Anfang war: poetische, prosaische und gerade deshalb widerständige Rede - also phantasievolle, bildhafte und herausfordernde Annäherung an das Geheimnis des Lebens. Ein integrativer Dialog der Religionen, eine globale Vermittlung lokal begründeter Wertvorstellungen sind die politischen Topoi eines solchen Sprachexperiments - denn Gott kommt eben nicht nur in Armut zu Besuch, sondern auch in Natur, Gemeinschaft, Leiden, Erotik und vielen anderen Grenzerfahrungen.[5] Dies tun heißt, am Anfang des 3. Jahrtausends weit *über* Paulus *hinaus zu reden!*

Ein Gottesdienst zu 1. Kor 2,1-10 steht - unabhängig von Topos und Schwerpunktsetzung - immer vor der Schwierigkeit, den abstrakten und hochkomplexen Paulustext anschaulich zu machen.
Da ich meine, daß dieser Text aus allen drei angesprochenen Perspektiven heraus den Traum von einer global überzeugenden und lokal stimmigen, christlichen Rede von Gott anzusprechen vermag, arbeitet der vorliegende Entwurf mit Traumbildern: mit, gegen und über Paulus hinaus werden diese Traumbilder in der Predigt entfaltet. *Die einzelnen Traumbilder können auch pantomimisch dargestellt werden!* Da der Text in der Epiphaniaszeit gepredigt werden soll, sind Licht und Dunkel als Grundsymbole in den erzählten Traumbildern verarbeitet worden.

4. Dorothee Sölle, Mystik und Widerstand, Hamburg 1997, Seite 93 ff.
5. ebenda, Seite 131 - gegen das vorgeschlagene - auf Erzählebene frauenfeindliche - Resümee in den ›Annäherungen‹

Vorschläge zur Liturgie

Votum
Gott, wir feiern Dich -
Deine Wahrheit füllt unsere Worte
Jesus, wir loben Dich -
Deine Liebe trägt unsere Taten
Geist, wir preisen Dich -
Deine Weisheit stärkt unsere Sinne

Eingangspsalm
vgl. Varianten zu Psalm 12
in: Der Gottesdienst, Gütersloh 1998

Kyrie
unsere Worte
sind zur Ware verkommen
preisen
Wahrheit
im Ausverkauf

unsere Taten
sind zur Ausflucht verkommen
testen
Gerechtigkeit
als Sonderangebot

unsere Gebete
sind zur Floskel verkommen
wispern
Hoffnung
zum Nachttarif

Gloria
Wo das Schweigen spricht
redet Gottes Wahrheit
Wo der Mangel erfüllt
wohnt Gottes Reichtum
Wo das Dunkel leuchtet
scheint Gottes Verheißung

Kollektengebet
Gott,
Deine Weisheit braucht
Worte, die überzeugen

Taten, die weiterhelfen
Gebete, die starkmachen

Darum bitten wir Dich
durch Jesus von Nazareth,
den Freund aller Menschen.
Amen.

Fürbitte
Gott,
für Dich möchten wir
schweigen und reden
durch Dich möchten wir
handeln und träumen
in Dich möchten wir
hineinhören und fühlen

Deshalb bitten wir
um poetische Worte und Gesten
die deiner Wahrheit
neuen Raum schaffen

Deshalb bitten wir
um tragfähige Konzepte und Ideen
die deiner Gerechtigkeit
neue Wege bahnen

Deshalb bitten wir
um sensible Sinne und Berührungen
die deiner Liebe
neuen Atem geben

bis wir alle
zu Töchtern und Söhnen
deiner Weisheit geworden sind.

Vorschlag zur Predigt

Möglicher Anfang
»Ein Mann stolpert aus dem Dunkel ins Licht. Etwas linkisch läuft er im grellen Schein eines Bühnenspots hin und her. Seine Hände gestikulieren wild. Stumm scheint er sich gegen etwas zu wehren, was er nicht will. Doch plötzlich wird er ruhiger, sein Rücken strafft sich, bis er ganz still und aufrecht da steht. Dann wendet er sein Gesicht dem Scheinwerfer zu und schaut nach oben. Jetzt erst ist zu sehen, daß der Mann ein großes Pflaster über dem Mund hat. Aber er bewegt seinen Mund trotzdem! Immer heftiger pulsieren die Lippen unter dem Klebestreifen. Und auf einmal gibt es

kein Halten mehr. Kinn und Backenknochen bewegen sich kraftvoll, immer weiter reißt der Mann seinen Mund auseinander. Das Pflaster verrutscht und als es nur noch an einem Mundwinkel hängt, ruft er: »In Furcht und Zittern bin ich bei Euch! Meine Predigt geschieht nicht mit überredenden Worten menschlicher Weisheit!« (1. Kor 2,3 b. 4 a)
Dieser Ausruf verrät Ihnen, liebe Gemeinde, wen ich mit diesem dramatischen Bühnenbild zu beschreiben suche: Es ist Paulus bei seiner Rede in Korinth. Und weil diese Rede auf den ersten Blick so abstrakt und abgehoben klingt, brauchen wir viel Phantasie und Vorstellungskraft, um ihre Tiefen und Abgründe zu erahnen. Und so lade ich Sie heute morgen ein, mit mir gemeinsam drei verschiedenen Traumbildern nachzugehen, die der alte Korinthertext in mir freigesetzt hat. Sie haben alle gemeinsam, daß sie uns fragen und fragen lassen, wie wir im beginnenden Jahrtausend überzeugend vom christlichen Glauben reden können - wie wir für uns und andere spürbar werden lassen können, was christliche Weisheit ist!
Das erste Traumbild, das der Korinthertext in mir und vielleicht auch in Ihnen entstehen läßt, gleicht anfangs einem Alptraum:
Paulus betont mehrfach, daß er in Schwachheit redet, daß er nicht reden kann und trotzdem reden muß, daß seine Maßstäbe nicht die seines Publikums sind! Deshalb scheint er nur sehr unwillig aus dem Dunkel ins Licht zu kommen. Deshalb stolpert er ziemlich ungeschickt auf die Weltbühne, auf der sich das damals noch blutjunge Christentum zu behaupten suchte. Deshalb reißt er sich nicht selbst das Pflaster vom Mund, sondern seine immer heftiger und ungestümer hervorquellenden Worte lassen das Pflaster abfallen.
Aber woher kommt dieser unaufhaltsame Redeschwall? Was bringt Paulus zum Reden, obwohl er gar nicht reden will?

- Unter dem Stichwort »Allen, denen das Herz voll ist, läuft der Mund über« können zunächst eigene Erfahrungen des »Redenmüssens« angesprochen werden: Verliebtsein, großes Leid, hohes Verantwortungsbewußtsein drängen ans Licht ...
- Doch bevor wir in »Furcht und Zittern« den Mund auftun können, müssen wir uns mit uns selbst und unserem Hoffnungshorizont auseinandergesetzt haben. Nur wer ahnt, daß es andere Bewertungsmaßstäbe als die der Funktionalität und Herrschaft gibt, wird wagen, hinter dem Pflaster der Angst und Scham persönliche Worte zu formen ...
- Persönliche Rede wird zur prophetischen Rede, wenn wir spüren und spürbar machen können, daß existentielle Lebenserfahrungen mehr sind als persönliche Grenzerfahrungen. Dann werden unsere Worte so überzeugend, daß uns das Pflaster ganz von selbst vom Mund fällt ...

Möglicher Mittelteil
»Ohne Pflaster vorm Mund ist der Mann auf der Bühne kaum mehr zu bremsen. Immer lauter und scheller redet er. Jetzt fängt er an, beim Reden

in eiligen Schritten hin und her zu gehen. Arme und Hände hat er auf dem Rücken verschränkt, der Oberkörper ist leicht vorgebeugt. Der Lichtkegel verfolgt seinen Weg. Mit jedem neuen Redeschwall scheint sich eine neue Lichtbahn durch das Dunkel zu ziehen. Fast in jeden Winkel der Bühne wagt er sich vor. Doch dann bleibt er unvermittelt stehen und schaut sich erschrocken um. Die Bühne wird durch seine Worte und eiligen Schritte einfach nicht heller! Nachdenklich legt er einen Finger auf seinen Mund. Aber es dauert nicht lange, bis ihm die alles entscheidende Idee kommt. Behende holt er aus einer Klappe im Fußboden viele weiße Schachteln hervor. Auf jeder Schachtel ist eine Adresse zu sehen: an die Philosophinnen, an die Pneumatiker, an die Ekstatikerinnen ... Der Mann öffnet eine Schachtel nach der anderen, hält sie kurz unter den Lichtspot, schließt dann schnell den Deckel und stellt sie in den dunklen Teil der Bühne. Als der ganze Bühnenboden mit den lichtgefüllten, weißen Schachteln übersäht ist, nickt er zufrieden und holt einen schwarzen Stift aus der Tasche. Selbstgefällig schreibt er auf jede Schachtel und neben jede Adresse: »Uns aber hat es Gott geoffenbart durch seinen Geist.« (1. Kor 2,10 a)
Sie merken, liebe Gemeinde, Paulus ist noch immer auf meiner Traumbühne. Allerdings ist aus dem um Mut und Worte ringenden Propheten Gottes inzwischen ein emsiger Lehrer und Missionar geworden. Bis an die Ränder der antiken Welt will er seine Botschaft von der »Weisheit Gottes« bringen. Die Korinther sind nur eine Adresse unter vielen. Aber Paulus hat es mit seiner Überzeugungsarbeit in Sachen »Weisheit Gottes« schwer – das Licht wandert zwar mit ihm, aber es bleibt nicht da, wo er schon einmal war. Deshalb tut Paulus etwas, was uns mit Blick auf unser multikulturell geprägtes Land und im Blick auf die globale Situation des Christentums fragwürdig erscheinen muß:

- Mit abstrakten Formeln und atemlosen Redeschwall will er die Glaubenswahrheit ein für allemal einfangen. Wer so viel redet, kann nicht zuhören und ist hauptsächlich mit sich beschäftigt ...
- Der Versuch, die »Herren der Welt« doch noch für die Weisheit Gottes zu gewinnen, verführt Paulus trotz seiner herrschaftskritischen Haltung zu einer Rede- und Argumentationsweise mit der er Herrschaft ausübt ...
- Durch seinen exklusiven Wahrheitsanspruch verweigert Paulus den Menschen anderer Kulturen und Religionen das, was er vorher für sich beansprucht hat: eine existentiell geprägte Rede von Gott ...

Möglicher Schluß

»Der Mann hat die Bühne verlassen. Nur die weißen Schachteln leuchten noch aus dem Dunkel. Eine ganze Weile lang liegen sie still und unbeachtet da. Dann aber betreten mehrere Frauen und Männer gleichzeitig die Bühne. Neugierig öffnen sie eine Schachtel nach der anderen, luken vorsichtig hinein, stellen sie auf den Kopf, schütteln ... doch nichts fällt heraus. Kein Streifen aus Licht, kein einziges Wort. Um Platz zu bekommen, werfen die Frauen und Männer alle Schachteln von der Bühne, dann setzen sie sich schweigend in einen Kreis auf den schwarzen Bühnenboden. Licht und Dunkel umfluten sie abwechselnd. In ihrer Mitte schreiben sie einen Satz, der auch dem Mann mit den Schachteln bei seiner Rede von Gott einmal wichtig war: »Was kein Auge gesehen hat und kein Ohr gehört hat und in keines Menschen Herz gekommen ist, hat Gott denen bereitet, die Gott lieben.« (1. Kor 2,9 nach Jes 64,3)

Jetzt hat Paulus meine Traumbühne verlassen. Dafür sind andere gekommen, die entdeckt haben, wieviel Wichtiges und langfristig Überlebensnotwendiges darin liegt, aus christlicher Perspektive von der Weisheit Gottes zu reden. Aber weil sie sehr ernst nehmen, daß sie letztendlich nichts wissen, wollen sie niemanden autoritär belehren oder beschimpfen. Die christliche Tradition und auch andere Religionen nennen diese Menschen MystikerInnen. Für eine überzeugende, christliche »Rede« von Gott ergibt sich:

- Bei sich selbst anfangen, bei sich selbst bleiben. In diesem Sinne sind wir alle MystikerInnen. Das Staunen über die (Grenz)erfahrungen im eigenen Leben öffnet den Weg zu Gottes Weisheit ...
- Abstand gewinnen, die eigenen Vorstellungen und Bedürfnisse hinterfragen. Im Loslassen jeder Form von Sicherheit steckt die Chance zu religiös getragener Selbstvergewisserung ...
- Sich einmischen in den lokalen und globalen Diskurs um die Wahrheit. Trotz aller Unaussprechlichkeit ist die Weisheit Gottes auf Sprache angewiesen. Allerdings auf eine poetische, phantasievolle, erfahrungsbezogene und in diesem Sinne widerständige Sprache, die darauf verzichtet, sich hinter Allgemeinplätzen oder Dogmen zu verstecken ...
- Im Horizont unterschiedlicher Prägungen kann und muß so immer wieder neu ausgelotet werden, was Gottes Weisheit für das gesellschaftliche und spirituelle Mit- und Nebeneinander verschiedener Menschen(gruppen) bedeutet ...

Zum Schluß noch ein letzter, kurzer Blick auf meine Traumbühne:

Dort ist es jetzt leer und deshalb auch voll. Ahnen Sie diese Leere, die ausfüllt?

Dort ist es jetzt dunkel und deshalb auch hell. Kennen Sie dieses Dunkel, das leuchtet?

Dort ist es jetzt leise und deshalb auch laut. Suchen Sie dieses Schweigen, das redet?

Einfacher und eindeutiger ist Gottes Weisheit nicht zu haben.

Aber sie ist überall zu finden: auf dem Weg innen und auf dem Weg nach außen.

Beides ist Gottes Auftrag und Verheißung zugleich.

Amen.

Kontexte

1. Zur Macht und Ohnmacht der Worte:

Fügungen

Es heißt
ein Dichter
ist einer
der Worte
zusammenfügt

Das stimmt nicht

Ein Dichter
ist einer
den Worte
noch halbwegs
zusammenfügen

wenn er Glück hat

Wenn er Unglück hat
reißen die Worte
ihn auseinander

(Erich Fried, Lebensschatten, Berlin 1981, 1996 - Verlag Klaus Wagenbach, Seite 83)

2. Zum Kern des christlichen Weisheitsverständnis

Im Wandel

Was du noch nicht warst
wirst du einmal sein
nichts bleibt dir erspart
im unendlichen Wandel

Sei
was du jetzt bist
ein Mensch

(Rose Ausländer, aus: dies., Wieder ein Tag aus Glut und Wind. Gedichte 1980–1982. © S. Fischer Verlag GmbH, Frankfurt a. Main, 1986)

3. Als moderne Liedeinspielungen eignen sich:
Konstantin Wecker: Ich singe, weil ich ein Lied hab, nicht weil es Euch gefällt
City: Einmal wissen, dieses bleibt für immer
womyn with wings: our magic ist our give away

3. Sonntag nach Epiphanias

Annäherungen an den Predigttext 2. Könige 5, (1–8) 9–15 (16–18) 19 a

Anne Schumann

Die Gesprächsrunde besteht aus einem Hauskreis, zu dem Frauen und Männer zwischen 27 und 48 Jahren gehören, und dem Gemeindepfarrer als Gast. Nach einer stillen Beschäftigung mit dem Text konzentriert sich das Gespräch auf verschiedene Aspekte der Geschichte.

»Keine Chefarztbehandlung«

Wolfgang D.: Das ist doch alles wie bei uns: Es gibt eine innere Not und dabei äußere Machtverhältnisse, Reichtum und Armut. Naaman wirft alles in die Waagschale, was er hat, und verliert die Spur durch sein Anspruchsdenken.

Martin D.: Das ist ihm zu billig, baden gehen, statt sein Vermögen einzusetzen.

Burkhard E.: Er hat eben sehr klare Vorstellungen, wie das abzulaufen hat. Einerseits hat er ein heftiges Problem, aber andererseits total festgelegte Erwartungen zur Lösung. Im Neuen Testament ist der Hauptmann von Kapernaum das genaue Gegenteil: »Sprich nur ein Wort, dann wird mein Knecht gesund.«

Martin D.: Keine Chefarztbehandlung.

Heinz S.: Der Prophet ist so distanziert. Ich finde es nicht so abwegig, was Naaman äußert. Muß man sich nicht gewisse Vorstellungen vom Handeln Gottes machen? Der Wunsch ist doch berechtigt, daß die Diener Gottes den Menschen nahe sind.

Dorothea E.: Elisa hat das alles doch interessiert. Er hat sich doch darum gekümmert, daß Naaman zu ihm kam.

Heinz S.: Er handelt aber wie ein vornehmer Herr durch seinen Diener. Wenn Gott schon ferne ist, wünsche ich mir trotzdem, daß der Prophet näher dran ist.

Wolfgang D.: Die Erzählung lebt doch vom Dialog, vom offenen Umgang miteinander. Die Knechte beschwatzen Naaman, obwohl er sowieso schon sauer ist. Manch einer wäre gut dran, als Vorgesetzter oder woanders, erst mal zu hören, was dran ist. Naaman nimmt alles auf, was sich ihm bietet, da gehört Demut dazu.

Dirk B.: Der Syrer mußte ganz schön tief herabsteigen und das, was er sich über den Gott Israels vorgestellt hatte, ablegen.

Anne S.: Aber er konnte sich nicht vorstellen, daß Gott durch so etwas Alltägliches wie Baden wirkt. Magie, das konnte er sich vorstellen, aber Baden!

Dirk B.: Er konnte sich nicht vorstellen, daß er umkehren mußte, und daß er zuhören mußte.

Burkhard E.: Spät und widerwillig umkehren ist besser als gar nicht umkehren. Naaman wird auch auf die Probe gestellt mit dem Auftrag. Einmal untertauchen, das kann man ja probieren, aber siebenmal, das ist echt peinlich, wenn's dann nicht klappt.

Dirk B.: So Peter-Maffay-mäßig. Über sieben Brücken mußt du gehn. *(Gelächter)*

Nadja D.: Bei Naaman ist ein Wandel in der Haltung drin. Wenn der Prophet die Hand über den kranken Stellen bewegt, da ist Naaman immer noch der große Herr, der sich großartig bedankt. Dann wäscht er sich siebenmal und nennt sich selber »dein Knecht«. Er tritt von seinen Vorstellungen ganz zurück.

Wolfgang D.: Er war ja in einer Streßsituation, und unter Streß kommt immer das raus, was drin ist, wie bei einer Zitrone, die man ausdrückt. Ich sehe vier Stufen seiner Streßbewältigung: 1. Fassade, 2. Wut, 3. Abkehr und 4. Stehenbleiben, Zuhören und die Kurve kriegen. Die einzige Erklärung dafür ist, daß er diese Fähigkeit schon zuhause eingeübt hat, Aufmerksamkeit zum Hören antrainiert hat.

Stefan C.: Oder das krasse Gegenteil: Alles schon durchprobiert, und das ist jetzt der letzte Faden als Rettungsanker.

»Randfiguren«

Anne S.: Ich finde die Randfiguren interessant – das sind lauter Diener.

Dorothea E.: Mir gefällt der Anfang mit der Dienerin, die ist richtig nett und macht sich Gedanken, obwohl sie das nicht müßte.

Heinz S.: Ihr Glaube ist auch in der Ferne da, sie ist nicht völlig entwurzelt.

Martin D.: Wenn die Magd 'was sagt, wird's sofort geglaubt, wenn der Prophet 'was sagt, nicht. Wie wägen wir ab, was von wem kommt?

Burkhard D.: Naaman hält aber auch erst Rücksprache mit seinem König, er hört nicht einfach auf die Dienerin.

Wolfgang D.: Und dann noch ein Empfehlungsschreiben – das ist ja so köstlich!

Martin D.: Die Kleider vom Leib reißen, das kommt doch nur noch bei der Kreuzigung vor.

Anne S.: Nein, der König hat nur das oberste Stück eingerissen, das ist eine Geste des Entsetzens, das kommt im Alten Testament öfter vor.

Burkhard E.: Die entscheidenden Rollen spielen die Diener. Stell dir mal vor, das hätte nicht funktioniert, das hätten die mindestens ein paar Wochen zu hören gekriegt. Im Grunde waren das tolle Freunde.

Dorothea E.: Naaman war eigentlich ein total beziehungsorientierter Mensch. Er sucht Beziehungen, zu Gott, zum Propheten, zu anderen. Wahrscheinlich haben die Diener das gewußt.

»Großzügigkeit Gottes«

Stefan C.: Naaman hat gar keine Glaubensbeziehung, der Glaube war national bezogen. Im Neuen Testament taucht er nochmal in der Predigt Jesu in Nazareth auf, eben als Ausländer. Es ist auch eine Geschichte zu der Frage: Wie weit reicht die Einflußsphäre Gottes?

Heinz S.: Die Heilung ist ein Zeichen der Großzügigkeit Gottes. Es ist ja noch nicht mal Glaube da, nur Ärger und Widerwille.

Stefan C.: Und dabei wird Naaman in Dienst genommen als Multiplikator: »... damit er innewerde, daß ein Prophet in Israel ist.«

Dorothea E.: Wieso Prophet? Wieso nicht Gott? Was ist schon ein Prophet?

Stefan C.: Der steht für die Anwesenheit Gottes.

Erwartungen an die Predigt

Stefan C.: Auf jeden Fall die Vor- und Nachgeschichte.

Dirk B.: Ich finde den Gedanken der Multiplikation wichtig.

Wolfgang D.: Wir haben ja überhaupt keine Probleme, uns in die Geschichte hineinzuversetzen. Das ist ja alles so ähnlich wie bei uns.

Anne S.: Wir haben keine Probleme, weil wir uns schon intensiv mit dem Text befaßt haben. Ein Predigthörer ist in einer anderen Situation. Man müßte das erstmal übersetzen.

Stefan C.: Der Geschäftsführer kommt morgens ins Büro, da spricht ihn die afrikanische Praktikantin an: »Ich hab' gehört, Sie haben Krebs« – so ungefähr? *(Gelächter)*

Dirk B.: Ich würde die Geschichte als Hinweis auf den Heilungsdienst Jesu sehen, wenn in der Predigt nichts von unserer Hoffnung auf Heilung vorkäme, wäre ich enttäuscht.

Burkhard E.: Mir wären die Fragen wichtig: Welche Vorstellungen habe ich, wie Gott wirkt? Kann er durch andere und anderes wirken, als ich mir vorgestellt habe? Wo kann ich jemanden zum Fluß leiten und ihn davon überzeugen, es zu probieren, trotz Widerwillen und anderer naturwissenschaftlicher Überzeugung?

Stefan C.: Eine Brücke könnte sein: Die Kirche und der Anspruch Jesu sind vielen heute zu schlicht. Es muß teuer und kompliziert sein, um etwas wert zu sein, nicht so schlicht.

Burkhard E.: Fast alle Konfessionen verkomplizieren.

Stefan C.: Naaman muß etwas Schlichtes tun, aber er muß etwas tun.

Anne S.: Ich finde die Randfiguren ganz wichtig für die Predigt. Und den Aspekt der Gnade Gottes einem Menschen gegenüber, der nicht dazugehört und sich sperrt.

Wolfgang D.: Man muß damit rechnen, daß die, die auf der Suche sind, ganz verdrehte Vorstellungen und andere Maßstäbe haben.

Dirk B.: Wieviele Menschen und Engel sind nötig, um einen Menschen dahin zu bewegen, wo er hin soll?

Stefan C.: Es wäre reizvoll, über die Randfiguren zu predigen. Ich stelle mir so eine spielerische Predigt vor, die in verschiedenen Perspektiven in der Geschichte spazierengeht.

Dorothea E.: Die Randfiguren sind beispielhaft. Sie sagen, was sie denken und was sie glauben, sie getrauen sich das. Das wäre ein guter Text für den Kindergottesdienst.

Wolfgang D.: Gott schenkt auch Situationen, in denen man 'was bewegen kann.

Zum Gottesdienst

Ernst Arfken

Exegetisch-homiletische Skizze

Die Textangabe der Perikope enthält durch Klammern angedeutete Möglichkeiten, die verhältnismäßig lange Erzählung zu kürzen. Ich möchte davon abraten, auf die ersten acht Verse zu verzichten, denn dadurch wird der Geschichte viel von ihrer Schönheit und Spannung genommen. Auch ist der Einstieg mit Vers 9 gar zu unvermittelt und macht eine längere erklärende Einleitung unentbehrlich. Dagegen sind die Verse 16 bis 18 leichter zu entbehren, weil die Zielrichtung des Textes auch ohne sie erkennbar wird.

Der Name des Heerführers wird verschieden überliefert: Naaman im hebräischen Urtext, Naiman in der griechischen Übersetzung, der sogenannten Septuaginta, Naeman bei Luther – »der Angenehme«.

Bei der Erkrankung handelt es sich laut Ernst Würthwein (ATD 11,2, Göttingen 1984, Seite 299) um die Schuppenflechte. Lepra wurde erst durch die Soldaten Alexanders des Großen im vorderen Orient aus Indien eingeschleppt.
»Siebenmal« (V. 10) ist wohl mehr als nur »magische Zahl« (E. Würthwein, a.a.O. Seite 300). In der Bibel gilt »sieben« als die heilige Zahl Gottes (7. Schöpfungstag, Jakobs Dienst um Rahel, 7 fette und 7 magere Jahre, 7 Bitten im Vaterunser, 7 mal 70mal vergeben (Matthäus 18,22), 7 Sterne, Leuchter, Gemeinden, Sendschreiben, Siegel, Visionen in der Offenbarung des Johannes. Auch zahlreiche Gesangbuchlieder (z.B. Wie schön leuchtet der Morgenstern, EG 70, Lobe der Herren, den mächtigen König der Ehren, EG 316) sind auf der Zahl 7 aufgebaut.
Es scheint, als vermeide der ursprüngliche Erzähler es, den heiligen Gottesnamen auszusprechen. Wo er begegnet, handelt es sich um spätere Zusätze. Auch ist sonst in unserem Text kaum vom Wirken Gottes die Rede. Möglicherweise ist es feinsinnige Zurückhaltung, wenn gerade am Höhepunkt des Geschehens nicht mehr als eine Zahl auf Gottes Tun hindeutet.
Die Geschichte ist ein Meisterwerk orientalischer Erzählkunst. Es ist deshalb naheliegend, für die Auslegung die Form der Erzählpredigt zu wählen. Der Text enthält so viel Spannung, daß sie den Hörer auch nach Verlesung des Textes, also schon bekannt, dennoch in der Predigt erneut fesseln kann. Dabei lassen sich zwei hervorragende Eigenschaften des Textes für die Erzählpredigt nutzbar machen: ihr Reichtum an Gegensätzen und ihr Gehalt an Gefühlsregungen. An Gegensätzen seien hier genannt: Der hochangesehene »General« voller Befehlsgewalt - aber entstellt durch eine schwere Hautkrankheit. Das junge Mädchen, ins Feindesland verschleppt - und doch voll Mitleid mit dem Kranken. Riesige Summen von Geschenken werden mitgenommen - die Heilung geschieht umsonst. Wohlgemeinter Brief - fast als Kriegserklärung mißverstanden. Falsche Adresse, der König - richtige Adresse, der Prophet. Der Offizier fährt vor - aber der Prophet hat keine Sprechstunde. Der Offizier ist gewohnt zu befehlen - doch nun befiehlt ihm der Prophet. Genauer Behandlungsplan - stattdessen »Baden in einer Dreckspfütze« (aus einer Studentenpredigt) usw.
Gefühlsregungen: Hochgeachteter Feldherr. Mitleid des jungen Mädchens (s.o.), Hilfsbereitschaft des Königs; Urlaubsbewilligung. Entsetzen und Mißtrauen des Königs von Israel. Naamans Zorn und Enttäuschung. Überredungsversuche der Diener usw. Entscheidet man sich für die Form der Erzählpredigt, besteht allerdings die Gefahr, daß es bei einer bloßen Nach-Erzählung bleibt. Die Vergangenheit wird lebendig, aber die Gegenwart, die Aktualität bleibt außer acht. Darum werden im Folgenden Anregungen zu einer thematischen Predigt gegeben. Einzelne Gedanken daraus lassen sich dann auch in eine Erzählpredigt einflechten.

Der Text erzählt ein Heilungswunder. Für die Predigt über Wundergeschichten gilt die allgemeine Erfahrung: Es bringt nichts, darüber nachzusinnen oder zu diskutieren, wie das Wunder »funktionieren« konnte. Wir können die damals Geheilten nicht mehr fragen, ob es wirklich so gewesen ist und wodurch sie geheilt wurden. Was soll mit der Geschichte ausgesagt werden? Warum wurde sie der Nachwelt überliefert? Für den Erzähler von 2. Könige 5 gipfelt sein Bericht in der Feststellung: »Es ist ein Prophet in Israel.« (E. Würthwein, a. a. O, Seite 299) Diese Aussage ist m. E. aber mehr von zeitgeschichtlicher Bedeutung. Für den Menschen von heute gibt sie wenig her. Dennoch hat der Text ganz Wesentliches über den Glauben und über die Heilung zu sagen, was durchaus das Ohr des Hörers von heute erreichen kann. Wer in der Predigt vom Glauben spricht, kann fast immer mit erhöhter Aufmerksamkeit rechnen. Aus unserem Text ist zu entnehmen: Glaube ist ein Hinabsteigen und verändert den Menschen. Heilung ist kein mechanischer Vorgang und keine Selbstverständlichkeit. Kranksein und wieder Gesundwerden weist über unsere menschlichen Grenzen hinaus. Es lohnt sich, darüber nachzudenken. Unser Text ist ein guter Anstoß dazu. Schließlich bietet er auch ein schönes anschauliches Beispiel dafür, daß »Gottes Gedanken nicht unsere Gedanken sind« (Jesaja 55,8). Das Ende des Predigttextes wie auch schon V. 10 zeigt mit seiner unpersönlichen Redeform (»und sein Fleisch wurde wieder heil ...«) nochmals große Zurückhaltung in der Ausdrucksweise - vielleicht ebenfalls eine Umschreibung des Gottesnamens durch die grammatischen Form des Passivs, wie sie im Neuen Testament so häufig ist, besonders in den Reden Jesu.

Nicht berücksichtigt wurde hier der universale Gesichtspunkt, der wohl für die Auswahl dieses Textes zur Epiphaniaszeit den Ausschlag gegeben hat: Naaman war ein Ausländer, seine Heilung eine Grenzüberschreitung. Dies tritt aber erst in den späteren Versen deutlicher hervor (17 und 18), noch entschiedener in dem Jesuswort Lukas 4,27. Natürlich bietet sich auch die Möglichkeit, dieses Motiv im Rahmen der hier vorgegebenen Textabgrenzung ausführlicher zu erörtern.

Vorschläge zur Liturgie

Lieder

Eingangslied EG 285 (= Wochenpsalm 92), Das ist ein köstlich Ding oder EG 447, Lobet den Herren, alle, die ihn ehren (V. 1-6 oder 1-3 und 6-8)
Graduallied EG 293, Lobet Gott, den Herrn, ihr Heiden all
Als Glaubensbekenntnis kann EG 139,1-3 Gelobet sei der Herr gesungen werden
Nach der Predigt EG 495,1-2, O Gott, du frommer Gott
Vor den Fürbitten EG 72, O Jesu Christe, wahres Licht

Hinführung zum Kyrie
Barmherziger Gott, du willst uns auf den Wegen unseres Lebens begleiten und führen. Wir aber halten oft unsere eigene Pläne für wichtiger. Wir bitten dich: Vergib uns unser mangelndes Vertrauen und stärke unseren Glauben. Wir rufen zu dir ...

Hinführung zum Gloria
Lieber Herr Jesus Christus, du hast uns gesagt: Siehe, ich bin bei euch alle Tage. Dafür loben wir dich und deinen himmlischen Vater und singen ...

Kollektengebet
Gott, du breitest deine Segenshände über uns aus. Wir bitten dich: Bewahre uns vor allen Gefahren, die uns drohen, und laß uns zu jeder Zeit in deinem Frieden geborgen sein. Durch unsern Herrn Jesus Christus, deinen Sohn, der mit dir und dem Heiligen Geist lebt und herrscht in Ewigkeit.

Fürbitten
Unser Gott und Vater, du willst unser Bestes. Wir bitten dich heute für alle, die unter Krankheiten und Behinderungen zu leiden haben. Schenke ihnen Besserung, Geduld und Zufriedenheit. Wir bitten dich für die Schwermütigen. Laß ihre traurigen Gedanken wieder Freude finden. Wir bitten dich für die Sterbenden. Begleite sie in dein ewiges Reich. Wir bitten dich für alle, die Verantwortung tragen für das Leben und die Gesundheit anderer Menschen und die dabei oft überfordert sind. Laß sie nicht mutlos werden, sondern schenke ihnen die Kräfte, die sie brauchen. Wir bitten dich für deine Kirche. Laß ihre Stimme hörbar werden zugunsten der Benachteiligten und Armen, für Gerechtigkeit und Frieden in aller Welt. Hilf, daß es gelingt, die Arbeitslosigkeit zu beseitigen. Uns alle laß mit Lebensmut und Freude die Aufgaben erfüllen, die uns gestellt sind, unter deinem Schutz und Segen.

Vorschlag zur Predigt

Es ist eine schöne und fesselnde Geschichte, die wir da gehört haben, mit ihrem Auf und Ab von Krankheit und Heilung, von Zorn und Freude, von Irrtümern und Klärungen. Am liebsten möchten wir wohl fragen: »Lieber Naaman, sage uns doch, ist es wirklich so gewesen, wie es in der Bibel erzählt wird, und wie ist das zustande gekommen, daß du durch das siebenmalige Untertauchen gesund geworden bist?« Aber solche Fragen und Grübeleien bringen uns nicht weiter. Von Namman trennen uns fast drei Jahrtausende. Ist das Ganze nun nichts weiter als eine hübsche Geschichte aus längst vergangenen Zeiten? Ich meine: Nein. Die wichtigsten Dinge in dieser Geschichte haben bis heute nichts von ihrer Bedeutung eingebüßt.

Sie gibt uns Auskunft über wesentliche Eigenschaften unseres Glaubens, Auskunft darüber, was es mit Heilungen auf sich hat und Auskunft darüber, wie Gott mit den Menschen umgeht.
Beginnen wir also mit der Frage: Was verrät uns diese Geschichte über unseren Glauben? Auf eine kurze Formel gebracht lautet die Antwort: Glaube ist ein Hinabsteigen, und dieses Hinabsteigen verändert den Menschen. Der Feldherr Naaman ist dafür ein anschauliches Beispiel. Er war ein äußerst beliebter, tüchtiger und siegreicher Heerführer, der auch bei seinem König in hohem Ansehen stand. Sein Name »Naaman«, zu deutsch »der Angenehme«, unterstreicht das noch. Doch nun beginnt für diesen hochgeschätzten Offizier ein derartiger Abstieg, daß der Abstieg einer Fußballmannschaft dagegen ein Kinderspiel ist. Wäre Naaman ein Deutscher gewesen, an seiner Brust hätten wohl viele Orden geklimpert. Aber nun wird er von einer schrecklichen Krankheit befallen, bei der sich seine Haut in Flocken auflöst. Da kann auch die schönste Generalsuniform nicht mehr über seine Häßlichkeit hinwegtäuschen. Es bleibt ihm kein Ausweg. Der ratlose General muß nun den Rat eines jungen Mädchens, einer Sklavin, befolgen, sich auf die Reise begeben in ein Land, mit dem sein Volk eigentlich mehr verfeindet als befreundet war, um dort einen Propheten aufzusuchen. Feierlich, wie sich das für einen hohen Regierungsbeamten gehört, läßt er am Haus des Propheten vorfahren. Aber der Prophet läßt sich nicht blicken. Er hat keine Sprechstunde, sondern läßt ihm nur durch seinen Diener einen Befehl mitteilen: »Gehe hin und wasche dich siebenmal im Jordan, dann wirst du wieder gesund werden.« Der oberste Befehlshaber ist enttäuscht und will sich dem Kommando des Propheten nicht beugen. Aber was hilft's! Will er gesund werden, muß er gehorchen. Bis in die tiefsten Punkt des Landes, das Bett eines kleinen vielleicht sogar schmutzigen Flusses muß er hinabsteigen und siebenmal untertauchen.

Zum weiteren Verlauf
Nun kann die Zahl Sieben näher erläutert und damit die Heilung als ein Werk Gottes, als eine Glaubensheilung gekennzeichnet werden. Danach ist der Glaube als ein Hinabsteigen, als ein Vor-Gott-Treten mit leeren Händen zu beschreiben. »Es ist doch unser Tun umsonst, auch in den besten Leben.« (Martin Luther, EG 299, 2) Auch das Leben Jesu spielt sich als ein in seiner Härte ohne Beispiel gebliebenes Hinabsteigen ab – von seiner ärmlichen Geburt bis zum Verbrechertod am Kreuz.
Der 2. Teil der Predigt könnte auf die Heilung eingehen. Sie ist mehr als nur das Ergebnis von Medikamenten-Einnahme oder von Operationen. Manche Heilung gelingt nicht trotz aller ärztlichen Anstrengungen, manche Heilung vollzieht sich ohne medizinische Einwirkung. Heilung weist über unsere menschlichen Grenzen hinaus. Dazu zählt auch die schwierige Frage der heute möglichen Lebensverlängerung. »Wann soll die Herz-Lungen-Maschine abgestellt werden und durch wen?«

Ein 3. Teil könnte sich mit den verschlungenen Wegen Gottes befassen. Sie lassen sich wiederum an Naaman veranschaulichen, dem zunächst alles »quer geht«: Seine Generalswürde wird angetastet. Der Königsbrief kommt an die falsche Adresse. Den Propheten bekommt er nicht zu Gesicht usw. Und doch ist dieser Knüppeldamm der rechte Weg zu seiner Gesundung.

Möglicher Schluß

Die Kunst des Christenlebens besteht darin, daß wir das Loslassen lernen; daß wir unsere eigenen Pläne auf den zweiten Platz verweisen und damit Raum schaffen für Gottes Vorhaben mit uns. Wenn wir uns darauf einlassen, können wir sehr bald feststellen: Wir sind glücklicher geworden. Wir müssen nicht mehr traurig sein, wenn unsere Vorstellungen sich nicht verwirklichen lassen. Das Wort »auswegslos« gibt es für uns nicht mehr, denn Gott hat immer einen Weg für uns bereit.

Kontext

Geradezu weltbekannt wurde die plattdeutsche Übersetzung des Anfangs der Bergpredigt durch Johannes Jessen: »Selig sünd de Minschen, des as beddelarme Lüd vör Godd sin Dör kamt un weet, dat se vör em niks uptowiesen hebbt - ehr hört dat Himmelriek to!« (Dat Ole un dat Nie Testament, Göttingen 1976[5])

4. Sonntag nach Epiphanias

Annäherungen an den Predigttext Brief an die Gemeinde in Ephesus 1,15–20 a

Jutta Konowalczyk-Schlüter

Die Frauen meiner Bibelarbeitsgruppe, die seit Jahren mit mir zusammen Predigten und Gottesdienste vorbereiten und durchführen, unterhalten sich über den Text. Eine Hausfrau, eine Erzieherin und eine Behindertenpädagogin sprechen über Epheser 1,15–20 a (Einheitsübersetzung).
Pastorin: Ich habe euch den Text jetzt einmal laut vorgelesen, so wie ihn die Gottesdienstgemeinde auch hört. Welche Stichworte fallen euch auf?
Felizitas: »Er erleuchte die Augen eures Herzen ...« Dabei mußte ich gleich an den »Kleinen Prinzen« denken: Man sieht nur mit dem Herzen gut, das Wesentliche ist für die Augen unsichtbar.
Silke: Also, ich muß den Text erst mehrmals lesen. Es werden so erdrükkende, bombastische Worte verwendet.
Waltraud: Wenn wir die »Heiligen« sind, dann bekommen wir auch die Herrlichkeit von Gottes Erbe geschenkt. Das ist schon gewaltig!
Felizitas: Ich finde den Text auch erdrückend. Es ist eine schwere Last, die von uns erwartet wird: Gottes Macht soll sich überragend groß an den Gläubigen erweisen. Und das muß ich ja zumindest an mir geschehen lassen, oder mehr noch, selbst etwas dazu tun, damit sich Gottes Macht an mir erweisen kann. Ich finde, das ist ein hoher Anspruch.

Der Bibeltext wird verteilt, alle lesen selbst nach, nun geht es um Epheser 1,15–22.
Silke: Die Ansprüche, die du herausliest, entstehen aber in dir selbst. Im Text stehen sie nicht.
Waltraud: An Christus hat Gott bereits alles erwiesen, was er mit der Welt tun will. Daran können wir es sehen, und mit uns will er Ähnliches tun.
Silke: Wir sollen es »sehen« im weitesten Sinn, eher »spüren, erkennen, begreifen«.
Pastorin: Zu welcher Hoffnung sind wir denn durch Gottes Geist berufen?
Felizitas: Zur Herrlichkeit seines Erbes! (alle lachen!) Die Sprache ist nicht meine Umgangssprache. Sie ist so erdrückend, und es werden auch so inhaltsschwere Wörter aneinandergereiht.
Pastorin: Welche Wörter hättest du denn?

Felizitas: Ich würde sagen: Christus ist unser leuchtendes Beispiel!
Waltraud: Geht es beim Stichtwort »Hoffnung« nicht immer um Leben nach dem Tod?
Felizitas: Wenn Christus über alle Fürsten gesetzt ist, dann können wir ja nicht ganz so hoch erhöht werden, denn Christus sitzt dann ja über uns!

Es folgt eine angeregte Diskussion über eine mögliche Rangfolge im Jenseits.
Felizitas: Ich denke gerade an eine kleine Kirche in Potsdam. In der Apsis ist Christus als Weltenherrscher dargestellt. Mit diesem Bild kann ich mich aber nicht identifizieren. Weil es für mich nicht das Wichtigste ist, wie Christus über alle Weltenherrscher sitzt, sondern, wie er gelebt hat. Ich hoffe eher darauf, jetzt so zu leben, wie Christus gelebt hat, das Leben nach dem Tod ist mir nicht so wichtig. Was nachher passieren soll, hat sich der Schriftsteller vom Epheserbrief ja auch nur ausgedacht.
Silke: Ich will es jetzt auch noch gar nicht so genau wissen, was nach meinem Tod auf mich wartet. Der Tod wird bestimmt auf mich zukommen, aber ich kann es nicht bestimmen, wann und wo oder wie es sein wird. Aber in meinem Leben kann ich bestimmte Wege gehen, die gut für mich sind oder für andere.
Felizitas: Genau, das Sterben ist der Gnade Gottes anheimgegeben!
Pastorin: Wie würdet ihr denn über diesen Text predigen?
Felizitas: Für mich wäre dieser Satz der rote Faden: Er erleuchtet die Augen eures Herzens!
Waltraud: Ungefähr so, daß Christus relativ gelassen seine Kreuzigung auf sich genommen hat, weil er wußte, daß er anschließend zum Vater kommt. Und wir, als die Geschwister von Jesus, sollen uns damit trösten, daß wir nach unserem Tod nicht verloren sind, sondern bei Gott gut aufgehoben sind.
Silke: Leider steht ja nicht in diesem Text, wie Christus gelebt hat, sonst hätte man mehr darüber predigen können. Es steht ja drin, daß Christus von den Toten auferweckt wird. Dann würde ich in der Predigt eben über Leiden im allgemeinen oder über unser eigenes Ende nachdenken.
Felizitas: Ähnlich steht es doch auch im Glaubensbekenntnis: Jesus wurde geboren, hat gelitten, ist gestorben und ist im Himmel. Aber er hat gar nicht gelebt. Im Credo jedenfalls nicht!
Pastorin: Also eine Predigt über Trost im Leiden oder über das eigene Sterben.

Zum Gottesdienst

Anke Zimmermann

Exegetisch-homiletische Skizze

1. Kontext der Perikope

Gemäß der Einleitung des Epheserbriefes Kapitel 1, Vers 1 schreibt Paulus an die Heiligen in Ephesus. Dennoch ist bei dem heutigen Stand der historisch kritischen Arbeit die Echtheit des Epheserbriefes als ein originärer Paulusbrief in Frage zu stellen. Sowohl Sprache und Stil, wie auch theologische Besonderheiten (Ekklesiologie, Eschatologie) unterscheiden den Epheserbrief deutlich vom übrigen paulinischen Werk. Demgegenüber ist eine auffallende Nähe zwischen dem Epheser- und Kolosserbrief festzustellen. Beide stehen in nachpaulinischer Tradition, was ihren Stellenwert und ihre Aussagekraft nicht schmälert. Für die Predigt halte ich es aber für redlich und angemessen, nicht von Paulus zu sprechen, sondern einfach von dem Verfasser des Briefes.

Er eröffnet den Brief mit einem Lobpreis Gottes für die Erlösung durch Christus (V. 3–10). Dabei verweist er auf die Erwählung der Menschen »ehe der Welt Grund gelegt war« (V. 4) und die aus Gottes Liebe erfolgende Bestimmung, seine Kinder zu sein durch Jesus Christus. Der Grund für diesen Lobpreis Gottes liegt in der Erlösung durch Jesus Christus und die Vergebung aller Schuld durch Gottes Gnade. Damit werden die HörerInnen selbst in diesen Lobpreis mit hineingenommen. Sie haben das Evangelium gehört und Gottes Geist empfangen. So können sie selbst zum Lob seiner Herrlichkeit werden.

Aus diesem angestimmten Lobpreis Gottes erfolgt der Dank für die Gemeinde und das Gebet für sie. Der Dank ist die angemessene Antwort auf die Wohltat Gottes in Jesus Christus.

2. Dankgebet (Vers 15–16)

Menschen haben von sich reden gemacht. Der Verfasser des Epheserbriefes hat von den Christen und Christinnen in Ephesus gehört. Ihr Glaube und ihre Liebe haben demnach Kreise gezogen. Sie bestimmen die Wirkungen nach außen und prägen das Zusammenleben in der Gemeinde. Glaube und Liebe gehören ergänzend zusammen. Der Glaube gewinnt Gestalt in der geschwisterlichen Liebe. Er ist die Antwort auf die Verkündigung des Evangeliums. Er verbindet die Christinnen und Christen miteinander als Schwestern und Brüder. Er bindet sie alle an Jesus Christus.

Der Dank für solchen Glauben und solche Liebe gehört Gott. Denn beides ist sein Geschenk. So kann der Verfasser des Briefes Gott für seine Geschwister in Ephesus danken und sie in seine Fürbitte einschließen.

3. Fürbittgebet (Vers 17–20 a)
Die Fürbitte konzentriert sich auf zwei Schwerpunkte, die näher gefüllt werden: auf die Gabe des Geistes (V. 17) und auf »erleuchtete Augen des Herzens« (V. 18). Beides dient der Erkenntnis Gottes. Der Geist der Weisheit und der Offenbarung eröffnet die Gotteserkenntnis in Jesus Christus. Die erleuchteten Augen des Herzens verhelfen zur Erkenntnis der Hoffnung, zu der die Christenmenschen von Gott berufen sind. Sie ermöglichen die Erkenntnis der Kraft, der Stärke und der Macht Gottes, mit der er in Christus gewirkt hat. Diese Macht und Stärke Gottes bezieht sich auf die Auferweckung Jesu Christi. Es ist die Macht, die stärker ist als der Tod. Solche Gotteserkenntnis wird geschenkt durch den Heiligen Geist und indem die Augen des Herzens erleuchtet werden. Das Erkennen Gottes ist demnach mehr als ein verstandesmäßiger Prozeß. Es umfaßt den ganzen Menschen, denn das Herz bezeichnet das Zentrum der ganzen Person. Gott erkennen heißt Gott in Jesus Christus erkennen, in seinem Leben, seinem Sterben und seiner Auferstehung für uns Menschen. Zur intellektuellen Erkenntnis Gottes kommt die Anerkennung Gottes für das eigene Leben hinzu. Das daraus erfolgende Verhältnis zwischen Gott und Mensch ist entscheidend.

4. Folgerungen
Große Worte prägen diesen Predigttext: Glaube, Liebe, Hoffnung, Herrlichkeit, Weisheit, Offenbarung, Stärke und Macht. Sie kommen konzentriert in wenigen Versen zusammen. Im Rahmen *einer* Predigt kann ich ihnen nicht gerecht werden. So wird es darauf ankommen, für diese Predigt an diesem Sonntag Schwerpunkte zu setzen, eine Auswahl vorzunehmen. Den Rahmen dafür entnehme ich der Gliederung der Perikope in Dank- und Fürbittgebet. Demnach geht es beim Dank um Glaube und Liebe, bei der Fürbitte um die Gabe des Geistes und die erleuchteten Augen des Herzens zur Gotteserkenntnis.
In diesem Zusammenhang nehme ich gerne den Hinweis aus den Annäherungen auf, Jesus nicht »nur« auf seinen Tod und seine Auferweckung hin zu konzentrieren. An diesem Punkt gehe ich bewußt über den Text hinaus, um ihn konkreter zu füllen: Gott erkennen, heißt Gott in Jesus Christus zu erkennen. Und das heißt auch in seinem Leben. Dafür sind entsprechende Beispiele aus den Evangelien aufzunehmen.
Den Anlaß des Briefes nehme ich als Einstieg und Abschluß: Menschen machen von sich reden. Weil der Autor des Epheserbriefes von der Liebe und dem Glauben der Christinnen und Christen in Ephesus gehört hat, hat er Grund, Gott dafür zu danken und Gott zu bitten. Es scheint mir angemessen, daraus eine Ermutigung für die HörerInnen heute abzuleiten. Die Textauslegung soll nicht erdrückend wirken, sondern aufbauend. Dies wird möglich durch den Hinweis auf die Gaben Gottes. Gott schenkt seiner Gemeinde den Heiligen Geist und die erleuchteten Augen des Herzens gestern, heute und

morgen. Dadurch kann das Leben der Christinnen und Christen positive Kreise ziehen. Ihr Glaube und ihre Liebe können so nach außen wirken zur Ehre Gottes und zum Wohl anderer Menschen. Auf der anderen Seite wird es durch die Gabe des Geistes und die erleuchteten Augen des Herzens möglich, Gott zu erkennen, auch im Vielerlei unserer Tage. Dieser Gedanke kann in der Liturgie seinen Platz finden und ergänzt so die Predigt.

Literatur: P. Pokorny: Epheserbrief (ThHKNT), Leipzig 1992; J. Becker, U. Luz: Die Briefe an die Galater, Epheser und Kolosser (NTD 8/1), Göttingen 1998

Vorschläge zur Liturgie

Votum
Im Namen Gottes.
Gottes Liebe steht am Anfang unseres Weges.
Im Namen Jesu.
Jesu Leben schenkt uns Hoffnung für Zeit und Ewigkeit.
Im Namen des Heiligen Geistes.
Gottes Geist öffnet unseren Blick und schenkt uns Glauben.
So feiern wir diesen Gottesdienst am vierten Sonntag nach dem Epiphaniasfest im Namen unseres Dreieinigen Gottes.

Kyrie
Wir kommen zu Gott im Gewirr unserer Zeit und unseres Lebens.
Viele Möglichkeiten werden uns angeboten.
Die Vielfalt ist unüberschaubar.
Worauf sollen wir uns einlassen im Vielerlei unserer Zeit?
So viele Geräusche - welches ist wichtig?
So viele Stimmen - welche ist richtig?
Wohin sollen wir gehen im Gewirr unserer Zeit?
So viele Termine - welcher ist wichtig?
So viele Wege - welcher ist richtig?
Wofür sollen wir leben im Vielerei unserer Zeit?
So viele Gedanken- welcher ist wichtig?
So viele Programme - welches ist richtig?
Wir kommen zu Gott im Gewirr unserer Zeit und unseres Lebens.
Wir bitten Gott um seine Weisung, rufen ihn an um sein Erbarmen:
Gemeinde: »Kyrie, kyrie, eleison« EG 178.12

Gloria
Jesus Christus sagt:
»Ich bin der Weg, die Wahrheit und das Leben.«
Jesus hat uns Menschen gezeigt, wohin wir gehen können,
damit unser Leben Bestand hat in Zeit und Ewigkeit.
Er hat uns den Weg zu Gott gezeigt.

In ihm findet unser Leben Erfüllung und Sinn.
Glaube, Liebe und Hoffnung werden uns geschenkt.
Wir bekommen eine neue Perspektive.
Jesus Christus sagt:
»Ich bin der Weg, die Wahrheit und das Leben.«
Im Vertrauen auf ihn können wir im Vielerlei unserer Zeit Leben gestalten nach Gottes Willen, zu seiner Ehre und zum Wohl von uns Menschen.
Gott zum Lob singen wir miteinander:
Gemeinde: »Allein Gott in der Höh' sei Ehr ...« EG 179,1

Lieder
134,1+2 »Komm, o komm, du Geist des Lebens«
445,1+2+5 »Gott des Himmels und der Erden«
57,1-4 »Herr Christ, der einig Gottes Sohn«
454,1-6 »Auf und macht die Herzen weit«
240,1-3 »Du hast uns, Herr, in dir verbunden« (eigentlich ein Lied zur Trauung, aber es paßt überraschend gut zum Ausgang)

Schriftlesung: Johannes 14,1-6

Fürbitten
Gebetsruf: »Gott, schenke uns deinen Geist.«
Laßt uns beten:
Gott, du lebendige Kraft,
zu dir kommen wir im Vielerei unserer Tage.
Oft geht es laut und hektisch bei uns zu.
Unterschiedliche Anforderungen werden an uns gestellt in der Familie, in der Schule und am Arbeitsplatz.
Gott, hilf uns, den Überblick zu behalten.
Schenke uns Ohren für die leisen Töne, für die Zwischentöne in unserem Leben.
Wir rufen zu dir: »Gott, schenke uns deinen Geist«,
Gott, du befreiende Kraft,
zu dir kommen wir mit unserem Dank für andere Menschen.
Wir danken dir für alle Liebe, die wir empfangen in unserer Familie und in unserem Freundeskreis.
Gott, schenke uns erleuchtete Augen des Herzens füreinander,
die die Not und Sorge des anderen erkennen.
Gott, zeige uns, wo und wie wir helfen können, damit Leben gelingt.
Wir rufen zu dir: »Gott schenke uns deinen Geist.«
Gott, du lebendige Kraft,
zu dir kommen wir mit aller Unsicherheit und mit allen Fragen,
die unseren Glauben beeinflussen.
Wir bitten dich um wachsendes Vertrauen inmitten aller Zweifel.
Laß uns deine Spuren in unserem Leben erkennen.

Schenke uns ein offenes Herz für das, was du uns sagen und geben willst.
Wir rufen zu dir: »Gott, schenke uns deinen Geist.«
In der Stille beten wir weiter.
Wir tun es miteinander und füreinander:
Stilles Gebet
Alles, was uns an diesem Morgen bewegt, das können wir mit hineinnehmen in das Gebet, das Jesus uns geschenkt hat:
Vater unser im Himmel ...

Vorschlag zur Predigt

Möglicher Anfang
Menschen machen von sich reden. Man hört von ihnen, ohne sie persönlich zu kennen. Menschen machen von sich reden im Radio, im Fernsehen, in der Zeitung. Leider bleiben die negativen Schlagzeilen besser in Erinnerung als die positiven. Menschen machen von sich reden, weil sie Steuern in astronomischer Höhe unterschlagen haben, weil sie mit Dopingmitteln zum sportlichen Erfolg kamen oder weil sie mit ihrem Nachbarn einen Kleinkrieg führen, der absurde Züge angenommen hat.
Menschen machen von sich reden. Ihr Leben zieht Kreise über den persönlichen Bereich hinaus. Das war auch in Ephesus der Fall. Auch dort haben Menschen von sich reden gemacht. Aber nicht wegen Streitigkeiten, Betrügereien oder handgreiflicher Auseinandersetzungen. Nein, in Ephesus machen Menschen von sich reden aufgrund ihres Glaubens und ihre Liebe. Von diesen Menschen in der christlichen Gemeinde hat der Verfasser des Epheserbriefes gehört. Darüber hat er sich gefreut. Dafür dankt er Gott.

Zum weiteren Verlauf
Er dankt Gott für den Glauben und die Liebe, die Kreise ziehen. Er dankt Gott für die Christinnen und Christen in Ephesus, die er als seine Geschwister verstehen kann.

- Glaube und Liebe sind Geschenke Gottes. Sie gehören ergänzend zusammen. Der Glaube gewinnt in der Liebe Gestalt (vgl. 1. Kor 13, Vers 2). Er ist die Antwort des Menschen auf die Verkündigung des Evangeliums. Er verbindet Christinnen und Christen als Kinder Gottes miteinander.
- Aus dem Dank erwächst die Fürbitte. Der Autor des Epheserbriefes bittet Gott um die Gabe seines Geistes und um erleuchtete Augen des Herzens. Beides dient dazu, Gott zu erkennen.
- Gott erkennen heißt Gott in Jesus Christus erkennen, in seinem Leben, in seinem Sterben, in seiner Auferstehung für uns. Dazu ein Beispiel für jede Dimension anführen:
  - z. B. Gott ist ein Gott, der uns Menschen nahe ist. Das wird deutlich, wenn wir sehen, wie Jesus den Menschen seiner Zeit begegnet ist (Nähe zu Kranken, zu Frauen und Kindern, zu Zöllnern und Suchenden).

- z. B. Gott ist ein Gott, der dem Leid nicht ausweicht. Das wird deutlich, wenn wir Jesus am Kreuz sehen. Er hält Schmerz, Verachtung und Verzweiflung aus. Darin will er uns nahe sein.
- z. B. Gott ist ein Gott, der das Leben liebt. Er hat seinen Sohn nicht dem Tod überlassen. Gottes Liebe zu uns Menschen ist stärker als der Tod. Jesus ist auferstanden. Darin liegt der Grund unserer Hoffnung in Zeit und Ewigkeit.
- So können wir Gottes Wesen erkennen in Jesus Christus. Das wird möglich durch die Gabe des Geistes und das Geschenk erleuchteter Augen des Herzens.

Möglicher Schluß
Auch wir können von uns reden machen als Christinnen und Christen in dieser Zeit. Unsere Art zu leben, zu reden und zu schweigen, zu tun und zu lassen, sie kann nach außen wirken. Sie kann Kreise ziehen zur Ehre unseres Gottes und zum Wohl von uns Menschen. Gott traut uns das zu. Er will uns dafür immer wieder neu seinen stärkenden und ermutigenden Geist schenken. Er schenkt uns erleuchtete Augen des Herzens. Sie verändern unseren Blick auf Gott hin. Sie verändern unsere Einstellung zu uns selbst und zu anderen Menschen. Unser Glaube kann in der Liebe zu uns selbst und zu anderen Gestalt gewinnen. So können wir in guter Weise von uns reden machen als christliche Gemeinde vor Ort. Gott möge zum Wollen das Vollbringen schenken.

Kontexte

Zum Bild der erleuchteten Augen des Herzens kann das bekannte Zitat von Antoine de Saint-Exupéry aus dem Buch »Der Kleine Prinz« aufgenommen werden: »Man sieht nur mit dem Herzen gut. Das Wesentliche bleibt den Augen verborgen.«

Die Augen des Glaubens (in: »Überlebensgeschichten für jeden Tag« von Axel Kühner (28. 02): Ein Missionar sucht monatelang nach einem Wort für »Glaube« in der Papuasprache. Eines Tages kommt ein Eingeborener zu ihm und sagt: »Du erzählst uns von Jesus und sagst, er sei für uns gekreuzigt und auferstanden. Hast du Jesus gesehen?« »Nein.« »Bestimmt aber dein Großvater!« »Auch nicht.« »Dann lebte Jesus gar nicht in deiner Heimat, woher weißt du dann, daß Jesus lebt?« Unterdessen hatte sich eine Wolke vor die Sonne geschoben. »Siehst du die Sonne?«, fragte der Missionar. Der Mann schüttelte den Kopf. »So ist es auch mit Jesus. Die Sonne scheint, auch wenn du sie nicht siehst. Ich sehe Jesus nicht und weiß doch, daß er lebt!« Der Mann dachte lange nach, dann sagte er: »Ich verstehe dich. Dein Auge hat Jesus nicht gesehen, aber dein Herz kennt ihn. Mit dem Herzen hast du Jesus gesehen!«
Nun hatte der Missionar das Wort für Glauben gefunden: »Jesus mit dem Herzen sehen.«

5. Sonntag nach Epiphanias

Annäherungen an den Predigttext Hesekiel 33,10–16

Jürgen Rogler

Ausgangssituation: Das Gespräch fand mit Mitarbeiterinnen und Mitarbeitern aus verschiedenen Bereichen der Kirchengemeinde Emmaus in Nürnberg statt.

1. Erste Eindrücke:
Der Text wird von allen als schwierig empfunden. Er ist sehr theoretisch und enthält keine sprachlichen Bilder. Unklar ist beim ersten Hören, wer redet und wer angeredet wird. Nicht erfaßt wird, daß drei Subjektive im Spiel sind: Gott, das Volk Israel und der Prophet. Was bedeutet hier das Wort »Menschenkind«? Man müßte mehr Vorwissen haben über die geschichtlichen Hintergründe und Kontexte: Israel im babylonischen Exil.
Die Aussagen werden zunächst mehr negativ als positiv empfunden.
Die Aussagen des Textes erscheinen ungerecht. Da kann einer das Leben auskosten und machen, was er will. Er braucht dann bloß den reuigen Sünder spielen und schon ist alles in Ordnung. Und umgekehrt: Einer hält sich immer an die Gebote, tut aber einmal was Schlechtes und schon soll alles zunichte sein?
Daß einer gleich sterben soll, wenn er etwas Ungerechtes getan hat, ist doch sehr kraß. Offensichtlich liegt hier eine Auffassung von Gerechtigkeit vor, die mit der unseren nicht mehr übereinstimmt.
Problematisch ist die Schwarz-Weiß-Malerei der Aussagen. Es gibt doch nicht nur Gerechte oder Gottlose.
Was heißt eigentlich »Sterben«? Ist es wörtlich gemeint oder geht es eher um eine Qualität des Lebens?

2. Wir lesen den Text und versuchen seine Aussagen besser zu verstehen:
Einer assoziiert das Bild vom reuigen Sünder auf dem Sterbebett. Aber was ist mit den Menschen, die das nicht mehr schaffen?
Funktioniert das denn, vorsätzlich zu bereuen? Sollte die Logik des Textes verläßlich stimmen, dann könnte einer ja sein Leben so planen. Ein Leben lang ungerecht und egoistisch und dann im Alter umkehren. Das scheint sogar sicherer zu sein als immer gerecht sein zu wollen. Denn irgendeinen

Fehler macht man garantiert immer. Es gibt ja keinen, der uneingeschränkt von sich behaupten könnte, immer gut gehandelt zu haben.
Einer denkt bei den Sätzen an den Ablaßhandel zur Zeit Luthers. Doch eine vorsätzliche Reue scheint es nicht zu geben. Gott geht es sicher um eine echte Reue. Die können wir Menschen nicht einfach »machen«.
Allerdings geht es anscheinend gar nicht um Reue. Die Aussagen des Textes bedeuten doch eher eine Erpressung. Da ist nicht davon die Rede, daß einer über seine Taten oder sein Leben nachdenkt und dann zu Einsichten kommt.
Was bedeutet das hebräische Wort רשע? Ich gebe die Information, daß es hier verschiedene Übersetzungsmöglichkeiten gibt: Luther schreibt: »Gottloser«, die Gute Nachricht schreibt: »verbrecherischer Mensch«, Martin Buber schreibt »Frevler« und die Einheitsübersetzung schreibt: »der Schuldige«. Der Begriff »Gottloser« wird eigentlich am treffendsten empfunden, da er umfassend existentiell ist und nicht nur an einer oberflächlichen Sündenauffassung hängenbleibt. Aber dagegen sprechen die Beispiele aus Vers 15, die eher auf verbrecherisches Handeln abzielen. Sollte das gemeint sein, steht allerdings die Konsequenz »Sterben« nicht im Verhältnis zu den Taten.
Geht es bei dem Begriff vor allem um Frömmigkeit? Andererseits gibt es Menschen, die die biblische Ethik akzeptieren und in ihrem Leben zu verwirklichen suchen. Sollten diese Menschen dann auch »Gottlose« sein? Das Beispiel von dem Samariter zeige ja gerade, daß es nicht zuerst auf den Glauben ankomme, sondern auch das rechte Handeln.
Als fürchterlich wird jedoch die negative Seite des Textes empfunden. Wenn jemand nur einen Ausrutscher tut, dann soll alles vergessen sein, was er an Gutem getan hat? Das trifft doch im Grunde jeden von uns. Da kann ich doch nur noch so leben, daß mir alles wurscht ist. Alles wird unkalkulierbar.
Auch gibt es Situationen, in denen man nicht eindeutig gerecht handeln kann. Zum Beispiel Gewissensentscheidungen wie bei den Widerstandskämpfern im 3. Reich.
Ich versuche im Gespräch die Logik der Gerechtigkeit zu fassen. Nicht gemeint ist offensichtlich ein Zusammenzählen am Schluß, wo kurz vor dem Sterben Gerechtes und Ungerechtes gegeneinander aufgewogen werden und bei der die letztliche Reue den Ausschlag gibt.
Auch nicht gemeint sein kann die völlige Umpolung der Gerechtigkeit eines Menschen. Einmal ein Fehler und alles ist im Minus.
Vielmehr scheint es um einen prophetischen Impuls mitten im Leben zu gehen. Wie reagiert jemand auf die Zusage: »Du wirst leben« oder »du wirst sterben«? Auf diese Reaktion scheint es anzukommen. Ich frage, wie solch ein prophetischer Impuls heute aussehen kann.
Man kann ihn sich als alles Mögliche vorstellen: eine Krankheit, eine Trennung, ein Schicksalsschlag. Umgekehrt sicher auch als besonders glückliche Ereignisse. Erfolg. Alles, was dazu führt, daß ich mich frage: Wo stehe

ich? Wie entscheide ich mich, wie mein Leben weitergehen soll? Manche Obdachlose haben sich entschieden, nichts mehr für sich zu tun.
Der Text hat auch ungeheuer politische Brisanz. Was, wenn ich ihn auf die Arbeitslosigkeit oder die Ökologie beziehe? Allerdings liegt hierin auch eine große Gefahr. Der Text darf vom Prediger/der Predigerin nicht instrumentalisiert werden, um ein bestimmtes Handeln oder eine bestimmte Politik vorzuschreiben. Denn wer weiß schon, was genau das richtige Tun ist? Und wenn man es weiß, heißt das noch nicht, daß wir so konsequent sind, es auch durchzuführen. Z. B. auf das Auto verzichten. Dann würde ja bedeuten, wer zuviel Auto fährt, müsse des Todes sterben.

3. Erwartungen an die Predigt:
Die Predigt sollte:
- eine nachvollziehbare Interpretation der Begriffe »gerecht und gottlos« vermitteln können. Dabei soll der Prediger/die Predigerin seine/ihre konkrete Auffassung darbieten.
- auf keinen Fall eine Moralpredigt sein. Es darf keine Schwarz-Weiß-Malerei betrieben werden, auch wenn sie durch den Text vielleicht nahegelegt wird.
- Raum geben, sich selbst Gedanken zu machen: eventuell Möglichkeiten aufzeigen, was es heißt, umzukehren.
- die Aussagen in die heutige Zeit übertragen. Die Gruppe Israel wurde eingeteilt in Gerechte und Gottlose. Wie ist hier differenziert auf unsere Gesellschaft zu übertragen?
- vermitteln, daß Gottes Angebot der Vergebung für uns gilt. Diese Vergebung ist bedingungslos.
- eine Brücke zum Neuen Testament schlagen. Das Gleichnis von den Arbeitern im Weinberg und die Geschichte vom Verbrecher am Kreuz führt das Gesagte weiter. Hier ist allerdings nur die positive Seite ausgedrückt: Wer umkehrt, wird leben.
- anstatt moralische Forderungen (laß dein Auto in der Garage!) zu stellen, Impulse und Denkanstöße geben.

Zum Gottesdienst

Claus Marcus

Exegetisch-homiletische Skizze

Vorletzter Sonntag im Weihnachtsfestkreis - selten genug gibt es einen 5. Sonntag nach Epiphanias. PredigerIn wie Gottesdienstgemeinde erleben sich in ihrem Denken und Fühlen noch im Wirkungsfeld der Geburt des

Christus, womit das göttliche Licht in diese Welt der Dunkelheiten eingebrochen ist. Fragen nach der eigenen und der allgemeinen Lebensqualität wie nach den persönlichen Lebenschancen begleiten durch die dunkle Jahreszeit. Entgegen den vorgelegten »Annäherungen an den Predigttext« scheint mir dieser Text aus Hesekiel 30,10-16 das komplexe Feld unserer Heilserwartungen und Unheilsbefürchtungen als Gesprächspartner herauszufordern.

Hesekiel ist Prophet der Exilszeit, darin sich von Jeremia unterscheidend. Der vorgegebene Predigttext steht bei Hesekiel in einem breiten Traditionsstrom: Der Prophet weiß sich von Gott zum Hirten, zum Wächter über Israel bestellt, über dieses Volk der Gottlosen und Gerechten (vgl. Hesekiel 3,16-21; 18,21 ff.). Wie ein cantus firmus erklingt der Selbstausspruch Jahwes im Verlauf der Prophetie Hesekiels: »Ich habe kein Gefallen am Tode des Gottlosen, sondern daß der Gottlose umkehre von seinem Wege und lebe!« (33,11; ebenso 18,23 und 3,18). Auch in der als Predigttext vorgegebenen Perikope ist m. E. Vers 11 von zentraler Bedeutung; antwortet er doch auf die Selbstanklage Israels »wie können wir denn leben« (Vers 10). »Die unmittelbare Wirklichkeit des Heiligtums, seiner Segnung und seiner Lebenszusagen« sind für Hesekiel Vergangenheit (Biblischer Kommentar - BK - W. Zimmerli, Ezechiel 1965/69, Seite 804 f.). Dennoch tritt Jahwe »nun mit der Enthüllung seines verborgenen Willens heraus und bezeugt, daß sein Wohlgefallen auf dem Leben ruht - auch dem Gottlosen gegenüber, dem auf dem Weg der Umkehr der Zugang dazu offen bleibt. So läuft das Wort in den eindringlichen Bußruf aus« (BK ebd.). In den Versen 12-16 wird eindrücklich nebeneinander gestellt das Schicksal des Gerechten, der in Sünde fällt, und des Gottlosen, der von seiner Sünde umkehrt. Das Ziel dieser Erörterung scheint m. E. darin zu liegen, daß der Sünder, der Buße tut - also aus Einsicht umkehrt - mehr Chancen hat als der Gerechte, der sich auf seine Gerechtigkeit Gott gegenüber verläßt (Vers 13). Der Gottlose kehrt um, d. h. »er übt Recht und Gerechtigkeit, gibt Pfandgut zurück, erstattet Raubgut, wandelt in den Satzungen, die zum Leben führen, ohne Unrecht zu tun« (BK a. a. O., Seite 806). Eindeutig steht hier dekalogartiges Denken im Hintergrund. Jahwe handelt und spricht aus seiner unbegrenzten Freiheit: Menschen, die sich in ihrer Sünde für tot und wertlos hielten, bekommen die Möglichkeit zur Umkehr, zum Neuanfang zugesprochen. Sie werden nicht vom Leben ausgeschlossen. - In diesem Zusammenhang weise ich auf den sehr aufschlußreichen Aufsatz von W. Zimmerli hin: »Leben« und »Tod« im Buche des Propheten Hesekiel«, THLZ 13, 1957, Seite 494-508 bzw. in »Gottes Offenbarung«, Theol. Bücherei 19, Seite 178-191). - Die Gestalt des Propheten Hesekiel als einem Exilspropheten ist nicht der Künder unheimlicher Gerichtssprüche, sondern »vor allem Bewahrer und Diener des Lebens, diesem Amt unter Gefahr des eigenen Lebens verpflichtet« (»Leben« und »Tod«, Seite 187) - Dieser Text reizt mit seiner Thematik zum Gespräch mit den brennenden Fragen unserer Zeit:

- wo und wer sind die Gottlosen, die von ihrem unrechten Tun ablassen?
- wo und wer sind die Gerechten, die sich auf ihre Gerechtigkeit verlassen und damit scheitern?
- wem gilt heute die verheißungsvolle Zusage, daß er Leben findet, wenn er von seinem verkehrten Weg sich abwendet?
- welche Schritte planen Kirchen, Gemeinden und Einzelne in der Frage des Schuldenerlasses für die ärmsten Länder?
- ist Wirtschaftskriminalität ein »Kavaliersdelikt«?

Zu Beachten bleiben die exegetischen Erkenntnisse von Zimmerli: Umkehr meint keinen »innerlichen Raum der Weltflucht«, sondern »das ganze Leben mitten unter den Menschen, meint das lieblos gehortete Pfandgut ganz ebenso wie das zu Unrecht angeeignete Raubgut. Es verwehrt alles faule und sichere Vertrauen darauf, »daß es doch nun ein für allemal gesagt sei: Du sollst leben! Denn nicht zum Leben allein ruft Gott letzten Endes - einem Leben, das sich dann notfalls auch ohne Gott, und schon gar ohne den anderen Menschen, dem Gott sich doch ganz ebenso zugewendet hat, leben ließe. Sondern zu sich selber ruft Gott und zur Umkehr zu ihm. Denn ›bei dir ist die Quelle des Lebens, in deinem Lichte schauen wir das Licht‹, Psalm 36,10« (BK, a. a. O., Seite 809).

So steht der Prediger/die Predigerin vor der Entscheidung, die Brücke zu schlagen zwischen dem seelsorgerlichen Anliegen des Propheten Hesekiel und dem Jesu aus dem Gleichnis vom Unkraut unter dem Weizen (Matthäus 13,24–30) und dem Zuspruch aus der Epistel 1. Korintherbrief 1,6–9.

Für mich gibt der Text aus Hesekiel 33 diese möglichen Impulse für eine Predigt im Anfang des Jahres 2000:
- Angst ist ein schlechter Ratgeber
- Geduld und langer Atem lohnen sich
- keiner ist so schlecht, als daß er nicht einen neuen Anfang machen könnte
- sich auf seinen »Privilegien« ausruhen führt ins Verderben
- Gottes liebendes Werben um den Menschen setzt den Todesmächten die Grenze
- wer mutig und offen zu seiner Vergangenheit, d. h. auch zu seiner Schuld steht, der erlebt Befreiung und Lebenszuspruch
- die Hoffnung christlicher Existenzgestaltung liegt im »Beten und Tun des Gerechten« (Dietrich Bonhoeffer).

Vorschläge zur Liturgie

Eingangsvotum

Im Aufwachen das Leben neu erleben
in Herz und Seele Dank spüren
wieder sehen und sprechen,

hören und fühlen,
riechen und schmecken können –
mit den eigenen Füßen auf dem Erdboden stehen
diese Erfahrungen vom Morgen bringen wir mit
miteinander feiern wir Gottesdienst
vertrauen uns Gott an, der uns fürsorglich beschützt
danken Jesus, dem Menschen aus Nazareth, der uns zum Menschsein befreit
freuen uns des göttlichen Geistes, durch den wir Gemeinschaft finden über die Grenzen der Generationen und Rassen, der Nationen und Völker, der Konfessionen und Religionen.

Eingangsgebet
Wir hängen am Leben und verspielen manche Chance zu leben. Wir sind mit unserem Gestern beschäftigt und verpassen unsere Aufgaben in der Gegenwart. Wir scheuen die Auseinandersetzung und fliehen in den unbekannten Morgen. Du, o Gott, kommst uns zuvor. Du stellst dich uns in den Weg. Das paßt uns manchmal überhaupt nicht. Wir sind am anderen Menschen schuldig geworden. Sogar uns selber sind wir fremd geworden. Gut ist es für uns, im Beten Spuren deiner Nähe in unserem Alltag zu entdekken. Du gibst niemanden von uns auf. Du willst nicht, daß wir in die Irre gehen. Du willst, daß wir zur Einsicht gelangen, unsere gewohnten, falschen Wege verlassen. In dir allein liegen der Grund und das Ziel unseres Lebens. Dir können wir gegenüber treten ohne die eingeübten Künste der Verstellung. Du läßt uns Ruhe finden.

Gnadenwort
Wo wir so offen Gott gegenübertreten, da gilt uns der Freispruch: Hesekiel 11,19.

Kollektengebet
Umhergetrieben von vielen Fragen bitten wir: Laß uns die innere Ruhe finden, dein Wort mit offenem Ohr zu hören. Laß uns die Freiheit wagen, den Weg mit dir zu gehen. Laß uns die Hoffnung wagen, daß du unser Ziel bist.

Schlußgebet
– zwischen den einzelnen Gebetsabschnitten ruft die Gemeinde: »Mach uns zu Protestleuten des Lebens.« –
Wir sammeln unsere Gedanken zum Beten. Wir besinnen uns auf den Grund unseres Lebens. Wir halten inne. Wir erbitten dein Mitgehen, o Gott, durch die Tage dieser Woche, dieses Jahres. Der Glanz des Christfestes verblaßt allmählich. Uns beschleicht Unsicherheit, ob uns der Lebensalltag gelingen wird. Fragen brechen auf nach dem Sinn unseres Tuns. Wie werden wir die vielfältige Aufgaben meistern?

Du setzt deine Hoffnung in uns. Du überträgst uns das Amt einer Wächterin, eines Wächters zum Leben.
Gib uns Mut, Widerspruch zu erheben
- wo die Würde des Menschen beschädigt wird
- wo das Streben nach Profit jedes Mittel recht sein läßt
- wo ungerechtes Handeln offen zu Tage tritt
- wo Minderheiten ausgegrenzt werden
- wo die Werke deiner Schöpfung mißachtet werden.

Laßt uns zu Gott rufen: Mache uns zu Protestleuten des Lebens!
Wir bitten
- um Freiheit zum Gespräch mit Andersdenkenden und Andersgläubigen
- um Überwindung unserer Vorurteile, die das Gespräch mit anderen Menschen behindern
- um Geduld im Umgang mit Kinder und Jugendlichen, die sich in dieser schnellebigen und reizüberfluteten Zeit oft schwer zurechtfinden
- um Dankbarkeit für die täglichen Selbstverständlichkeit wie Brot und Wasser, Licht und Wärme, Gesundheit und Freude, Luft und Lachen, Kleidung und Freunde
- um Zuversicht, wo Dunkles uns widerfährt, wo Krankheit uns befällt
- um einen klaren Blick, wo Angst und Unsicherheit unser Handeln lähmen wollen
- um die Gewißheit, daß wir keinen Schritt ohne dein Weggeleit tun werden weder bei Tag noch bei Nacht.

Laßt uns zu Gott rufen: Mache uns zu Protestleuten des Lebens!
Wir danken
- für die Phantasie, mit der du uns täglich begabst
- für das Zusammenleben in unseren Familien und mit unseren Freunden und Freundinnen
- für die tägliche Arbeit, durch die wir Selbstbestätigung erleben
- für die vielen Möglichkeiten, mit Menschen etwas Sinnvolles zu tun
- für den Großmut, mit dem du uns begegnest.

Laßt uns zu Gott rufen: Mache uns zu Protestleuten des Lebens!
Wir hoffen
- daß die Sehnsucht nach Frieden den Feind zum Freund werden läßt
- daß einst der Tag kommt, an dem alle Waffen zu Friedenswerkzeugen umgewandelt werden
- daß sich die Friedensgespräche in Nahost für die Freiheit von Israel und Palästina entwickeln
- daß die UNO-Beobachter in Pakistan zum Ziel gelangen
- daß deine Kirche und jede Gemeinde das Amt des Mahnens und Tröstens im Alltag dieser Welt mutig ausübt
- daß wir in dir unsere letzte Geborgenheit finden, wenn wir den entscheidenden Schritt über die Schwelle der Zeit tun
- daß uns niemand aus deiner Gemeinschaft reißen wird

- daß der Weg, auf dem wir jetzt schon laufen, einen Teil unseres Lebenszieles darstellt.

Laßt uns zu Gott rufen: Mache uns zu Protestleuten des Lebens!
Was uns ganz persönlich in unserem Inneren bewegt, das laßt uns jetzt still vor Gott bringen (1–2 Minuten). Laßt uns nun in Fürbitte und Hoffnung mit dem Gebet Jesu gemeinsam beten: Vater unser …

Liedvorschläge

EG 246 Ach bleib bei uns, Herr Jesus Christ
EG 65 Von guten Mächten
EG 16 Die Nacht ist vorgedrungen
EG 74 Du Morgenstern, du Licht vom Licht
EG 395 Vertraut den neuen Wegen
EG 153 Der Himmel, der ist,
EG 360 Die ganze Welt hast du uns überlassen
EG 378 Es mag sein, daß alles fällt

Vorschlag zur Predigt

Möglicher Anfang

»Auch wenn uns mehr als zweieinhalb Jahrtausende von der historischen Situation dieses Hesekiel Textes trennen, so werden hier Fragen aufgeworfen, die uns Heutigen nicht fremd sind. ›Wie können wir denn leben?‹ lautet die bange Frage jener damals im babylonischen Exil unter dem Eindruck ihrer zerbrochenen Lebenssituationen. Ein Volk vertrieben aus der Heimat. Ein Volk in der Fremde unter Fremden. Ein Volk ohne Rechte und ohne Perspektive! ›Wie können wir denn leben?‹, so fragten viele Menschen nach dem Zweiten Weltkrieg in Deutschland. Existenz zwischen Trümmern der Häuser und Trümmern der Seele. Da waren ›Sünden und Missetaten‹, die schwer auf den Menschen lasteten. Dunkles von Menschen anderen Menschen angetan. Millionen von Toten als Bilanz unmenschlicher Hybris und dunkelster Dämonie. ›Der Tod ist ein Meister aus Deutschland‹ muß der jüdische Lyriker Paul Celan in seiner ›Todesfuge‹ bekennen.

Wir wollen nicht ausweichen in die Vergangenheit leiderfüllter Geschichte. Blicken wir in die Informationsmedien unserer Tage, wird uns deutlich der Spiegel ›unserer Sünden und Missetaten‹ vorgehalten. Wir winken ab. Damit haben wir doch nichts zu tun. Anständige Menschen sind wir! Wie aber reagieren wir z. B. im Sommer 1998 in Berlin, als bei ›Nacht und Nebel‹ eine größere Anzahl bosnischer Flüchtlinge abgeschoben wurden? Haben wir den Berliner Appell der beiden Bischöfe und von ›Asyl in der Kirche‹ sowie ›Pax Christi‹ unterstützt? Wie haben wir auf die verschärfte Ausländerpolitik der neuen Bundesregierung im Spätherbst 1998 geantwortet? Wie lautet unser Beitrag für den kritischen Umgang mit den Massenmedien im Blick auf die seelische Erosion unserer Gesellschaft? Sind wir den ›Sünden‹ des Spätkapitalismus schon auf die Schliche gekommen? Welche Antwort geben wir auf erneute finanzielle Kürzungen im Bildungs- und Sozialbereich? Zu solchen und vielen anderen Fragen ermutigt mich dieser Prophetentext.«

Zum weiteren Verlauf

1. Manchem Predigthörer/Predigthörerin mag diese Einleitung zu provokativ sein. Er/sie fühlt sich erschreckt, vielleicht sogar ertappt. Die Übertragung der historischen Situation des Hesekiel auf unser Jahrhundert, das gerade zu Ende gegangen ist, mag überzogen wirken. Ich würde jetzt Zeit zur Besinnung geben, einige Fragen gäbe ich vor:
- kenne ich die Angst in mir im Umgang mit meiner eigenen Vergangenheit
- wo ich beginne, über meine Schuld, über meine Fehler zu sprechen, was für ein Gottesbild stellt sich da bei mir ein?
- wie gehe ich mit dem Gefühl um, besser zu sein als andere
- hat es in meinem Leben Augenblicke gegeben, wo ich mich auf meiner Position, auf meinen Privilegien ausruhen wollte?

2. Ich würde jetzt auf die Gegenüberstellung der beiden im Text benannten Personengruppen eingehen: Gerechter und Gottloser. »In unserem Gefühl scheint der Gerechte eine bessere Position einzunehmen als der Gottlose. Er hat unsere Sympathie. - Gleichzeitig muß ich an ›Biedermann und die Brandstifter‹ von Max Frisch denken. - Übertrage ich dieses Gegensatzpaar in unsere Zeit, so könnte es vielleicht heißen: Der fromme Kirchenchrist steht in der Versuchung, sich für besser zu halten als der Randsiedler, der sogenannte Unkirchliche. In der Geschichte des Volkes Israel entdecken wir immer wieder, wo Israel sich auf sein Erwähltsein als Privileg berufen hat und sich für besser als andere hielt, stand es in der unmittelbaren Gefahr, den Zaun der Thora zu zerbrechen.«
Zur Konkretisierung des Gerechten, wie ihn vielleicht Hesekiel auch sieht, würde ich auch an die neutestamentliche Beispielerzählung vom »Pharisäer und Zöllner« (Lukas 18,9–14) erinnern.

3. »In diesem Hesekiel-Text liegt m. E. eine große und tiefe Kraft seelsorgerlichen Tröstens verborgen. Die aufregende Kontroverse ›sterben-leben‹ wird eindeutig für das ›du sollst leben‹ entschieden. Allerdings, Gott erwartet Einsicht und Umkehr von alten Wegen, und d. h. den Mut und die Offenheit, zur eigenen Schuld zu stehen. Wie ein Liebhaber umwirbt Gott den Gottlosen, daß er seiner Entfremdung eingedenk werde und umkehre. Uns fällt es schwer, der eigenen Lebensgeschichte gegenüberzutreten. Uns befällt Angst vor einer endgültigen Verurteilung. Aber Hesekiel versteht es als Abkömmling priesterlicher Tradition an das Herz, an die Seelenkräfte des Gottlosen zu appellieren. Wo der Mensch zur Einsicht gelangt, daß er

gegen den Willen Gottes verstoßen hat und zur Wiedergutmachung bereit ist, wird er sein Leben finden, wird er von Gott neuer Identität gewürdigt.«
4. »Ein Mensch, der getan hat, was recht und gut ist, soll am Leben bleiben und nicht sterben«, so heißt es in unserem Text.
Ich gebe jetzt einige Minuten zum Nachsinnen über dieses Wortpaar »recht und gut«.
Mögliche assoziative Gedanken:
- was zum Leben hilft
- was den anderen/die andere gelten läßt
- wo der andere/die andere weder übervorteilt noch ausgebeutet wird
- wo ich im anderen Menschen meine Schwester, meinen Bruder entdecke
- wo ich nicht auf Kosten anderer lebe
- daß der Mensch im Mittelpunkt meines Handelns und Denkens steht
- daß ich bereit bin zum Teilen und zum Abgeben
- daß ich eingedenk werde meiner Abhängigkeit von Gott und dem Nächsten.

Möglicher Schluß
In einem Brief schreibt Dietrich Bonhoeffer aus dem Gefängnis in Tegel an seinen Freund Eberhard Bethge, worin für ihn in der Zukunft das Christsein bestehen wird: »Im Beten und im Tun des Gerechten!« Hier wird uns eindeutig der Weg gewiesen und die Aufgabe gegeben. Beten als das Zu-mir-Kommen und in den Dialog mit Gott eintreten; beten als die Bewegung weg von der eigenen Gottlosigkeit zum Vertrauen Gottes sich zu bewegen. Tun des Gerechten wird dann die einzige mögliche Konsequenz gelebten Glaubens und befreiten Handelns für eine neue Gemeinschaft, für die neue Gemeinde von ›Heiden und Christen‹.«

Kontexte

»Es geht um eine Erziehung des Menschen zu Lebenseinstellungen, die weniger gierig und gefräßig sind, dafür aber vielleicht anspruchsvoller in anderer Hinsicht. Man darf nicht fragen: Wird denn das helfen? Kann sich das durchsetzen gegenüber dem Vulgären, den Massenwünschen, den Gewohnheiten? Nach dem, was wir wissen, muß der Glaube daran sehr klein und schwach sein. Aber aufgeben ist das letzte, was man sich erlauben darf... Der völlige Verzicht auf jede Hoffnung ist das, was Unheil nur beschleunigen kann. Eines der Elemente, die das Unheil verzögern können, ist der Glaube daran, daß es abwendbar ist.«
(Der Philosoph Hans Jonas als Neunundachtzigjähriger in einem Spiegel-Gespräch Nr. 20/46. Jahrgang, 11. Mai 1992, Seite 92 ff.)

»Nicht Genies, nicht Zyniker, nicht Menschenverächter, nicht raffinierte Taktiker, sondern schlichte, einfache, gerade Menschen werden wir brauchen. Wird unsere innere Widerstandskraft gegen das uns Aufgezwungene stark genug und unsere

Aufrichtigkeit gegen uns selbst schonungslos genug geblieben sein, daß wir den Weg zur Schlichtheit und Geradheit wiederfinden?«
(Dietrich Bonhoeffer, Widerstand und Ergebung, © Chr. Kaiser/Gütersloher Verlagshaus, Gütersloh)

Christen und Heiden

1. Menschen gehen zu Gott in ihrer Not,
flehen um Hilfe, bitten um Glück und Brot,
um Errettung aus Krankheit, Schuld und Tod.
So tun sie alle, alle, Christen und Heiden.

2. Menschen gehen zu Gott in seiner Not,
finden ihn arm, geschmäht, ohne Obdach und Brot,
sehen ihn verschlungen von Sünde, Schwachheit und Tod.
Christen stehen bei Gott in seinen Leiden.

3. Gott geht zu allen Menschen in ihrer Not,
sättigt den Leib und die Seele mit seinem Brot,
stirbt für Christen und Heiden den Kreuzestod,
und vergibt ihnen beide.

(Dietrich Bonhoeffer, Widerstand und Ergebung, © Chr. Kaiser/Gütersloher Verlagshaus, Gütersloh)

Letzter Sonntag nach Epiphanias

Annäherungen an den Predigttext Offenbarung 1,9–18

Klaus Johanning

»Das ist ja wohl ein Lügenmärchen!«
Meine Konfirmandinnen und Konfirmanden waren wenig beeindruckt von den Visionen des Sehers Johannes aus der Offenbarung, die ich ihnen nach der »Gute-Nachricht-Übersetzung« vorgelegt hatte. »Der hat sich das doch ausgedacht«, so sagten sie voll tiefer Überzeugung. Sie blieben dabei, selbst als ich sie fragte, ob sie sich nicht vorstellen könnten, daß man manchmal vielleicht mehr Dinge sieht und hört als es zwischen Himmel und Erde gibt. Auch die Insel Patmos war den zum Teil schon weit gereisten Jugendlichen kein Begriff. Nach einigen Erklärungen meinten sie dann: »Der Johannes stellt sich Jesus als etwas ganz Besonderes vor. Der ist für ihn kein normaler Mensch mehr.« Zwischenbemerkung: »Ein Untoter.« – »Was meinst du denn damit?« – »Na ja, er lebt nicht richtig wie ein Mensch, ist aber auch nicht tot. Außerdem sieht er aus wie ein Zombie.«

Ein anderer ergänzt: »Irgendwie ist Jesus ja auch kein richtiger Mensch.« – »Johannes soll das wohl aufschreiben, damit es alle erfahren.«
Auf meine Frage, ob sie sich denn angesprochen fühlten von dem, was Johannes aufgeschrieben hat, antworteten sie nein: »Das ist für Leute, die in Bedrängnis sind, genau wie er. Wir sind aber nicht in Bedrängnis. Uns geht es gut.«

Zum Gottesdienst

Gerhard Engelsberger

Exegetisch-homiletische Skizze

Letzter Sonntag nach Epiphanias: Dein und mein Geheimnis (»Wie der Himmel, wenn es klar ist«)
Erst schaue ich nach bald drei Jahrzehnten Predigtdienst nach, ob es ihn denn wirklich in diesem Jahr gibt, den »Letzten Sonntag nach Epiphanias«. Ja, es gibt ihn. Mögen andere vierte oder fünfte Sonntage »nach ...« gestrichen werden aufgrund des Kalenders, der »Letzte Sonntag nach Epiphanias« bleibt. Er hat auch eine feste homiletische Größe: Hier das Geheimnis der Offenbarung (Offenb 1,9–18), dort das Geheimnis des Menschensohns (Joh 12,34 ff.), das Geheimnis einer Audition (2. Petrus 1,16 ff. – »... wir sind nicht ausgeklügelten Fabeln gefolgt«), das Geheimnis verhüllter Königsherrschaft Gottes (Psalm 97 – »Wolken und Dunkel sind um ihn« ...), das Geheimnis der Gottesvision des Mose (2. Mose 24,1 ff. »... unter seinen Füßen war es wie eine Fläche von Saphir und wie der Himmel, wenn es klar ist« ...) oder das Geheimnis des Glanzes auf des Mose Gesicht, als er vom Sinai herabsteigt, die Weisung Gottes in Händen 2. Mose 34,29 ff.).
Es gibt ihn also, den »Letzten Sonntag nach Epiphanias«. Er ist der Sonntag des Geheimnisses. Da bleibt ein unenthüllter Rest. Epiphanie ist nicht alles. Epiphanie hat Grenzen. Es bleibt »Offenbarung«, wird eben nicht zur »Enthüllung«, – was für ein himmelweiter Unterschied, den heute nur noch wenige ahnen.
Nicht alles wird gelöst, nicht alles wird geklärt, – die Bibel (– die Kirche –) bleibt Antworten schuldig und entdeckt diese Schuld als ihr eigenes, als ihr Sensibelstes, Eigentliches und Bestes. Müßte also schweigen am »Letzten Sonntag nach Epiphanias«; müßte vielleicht einüben in »Staunen« oder gar »Meditieren«. Müßte den Glanz suchen auf faltendurchzogenen Gesichtern oder die beleidigten Ohren offenhalten für »Unerhörtes«. Müßte jedenfalls aufhören mit den Cascaden von Wortspritzern, Gedankentropfen, Erklärungsgischt und Gedankenströmen. Müßte erkennen: Eben das ist es nicht. Was dann, wenn nicht das Gewohnte? Was denn, wenn nicht

das Examinierte, das Auswendiggelernte und Dahergesagte? Was dann – jenseits der Ordnungen und ausgelosten Sprüche?

Ich, Johannes

Da gibt es eine unverschämte Antwort. Es läßt sich trefflich streiten über den Ort, an dem der Seher seine Visionen und Auditionen erfahren und niedergeschrieben hat. Es läßt sich trefflich mit vielen Fußnoten über Jahreszahlen und Breitengrade streiten, – damit sind wir der Wahrheit nicht einen Fußbreit näher, klingt unser Lied nicht eine Spur harmonischer mit Johannes 1, Kolosser 3 oder Paul Gerhardts Chorälen.

Im Gegenteil: Je mehr wir Johann Sebastian Bach berechnen, um so weniger haben wir verstanden. Je besser wir Vincents Farben oder Leonardos Proportionen analysieren, um so weiter entfernen wir uns von ihrer Liebe, ihrem Leuchten und ihrem – trotz aller Prügel – aufrechten Gang. Es scheint, ganze Generationen hätten sich hinter Formeln versteckt, hätten Logarithmen, verschiedene »Vater unser«-Übersetzungen oder Glaubensbekenntnisse auswendig gelernt, es sei aber kein Vater wirklich »unser« geworden und selten der Glaube anderer zum eigenen »Bekenntnis«.

Die Kommentatoren (Heinrich Kraft, Die Offenbarung des Johannes, Tübingen 1974; Ulrich B. Müller, Die Offenbarung des Johannes, Gütersloh 1984) werden »recht haben«: uneinheitliche Berufungsvisionen, Anlehnungen an AT, schwer erklärbare Liste der genannten Städte ... Jeder auf seine Weise wird beim einen oder anderen Detail »recht haben«, – dennoch sind sie von der Wahrheit vergleichbar weit entfernt. Sie werden vielleicht bei einem Maidu-Indianer, – einem von den Weißen despektierlich betrachteter Indianerstamm, – in die Schule gehen müssen, der trotzig von einem »inneren Licht« spricht. Die Maidus sagen: »Man braucht das Licht der Lagerfeuer nicht, weil man ein inneres Licht hat.«

Legt man einen solchen Satz einem gestandenen Gelehrten unter den Epiphanienbaum – oder mit welchen Symbolen er immer die Erscheinung feiert –, er wird sich mit Grauen abwenden und nach Abschwörungsformeln suchen. Wird dabei – die Bibel als Gesamtes betrachtet – sehr einsam sein, wird unter Gelehrten mit zwei richtigen Fußnoten im Plus stehen und hat dennoch das Geheimnis nicht »ergriffen«. Ich hoffe wenigstens dies, er wird eines Tages unruhig werden, weil er keine Antwort hört ex excelsis und keiner ihm sein Leid klagt de profundis.

Welche Übersetzung ich auch wähle – da steht »Ich, Johannes«. Ein »Ich« steht da, bezeugt, redet, wirbt, mahnt und klagt. Was kann ein »Ich« als dies, mit seinem Leben, mit seiner ganzen Erfahrung, mit seinem je eigenen Bogen zwischen Leben und Tod zeugen für die Quelle des Lichtes? Jörg Zink sagt: Jeder Mensch ist ein Ort Gottes. Und mehr als ein Ort Gottes kann kein Mensch sein wollen.

Wir geben meist Zeugnis davon, daß wir »recht haben«. Wir begründen die eigenen Fußnoten mit Fußnoten aus Büchern, die unsere Fußnoten aufge-

nommen, bestenfalls sogar gelesen haben. Wie müde ist eine solche Praxis. Sie hat sich überlebt, ist ein Relikt und zeugt nicht von der Wahrheit.
»Ich, Johannes, euer Bruder und Mitgenosse an der Bedrängnis und am Reich und an der Geduld in Jesus, war auf der Insel, die Patmos heißt, um des Wortes Gottes willen und des Zeugnisses von Jesus. Ich wurde vom Geist ergriffen am Tag des Herrn und hörte hinter mir eine große Stimme wie von einer Posaune, die sprach: Was du siehst, das schreibe in ein Buch ...«
Ich kenne das homiletische Problem des »Ich« in der Predigt. Doch mit der dialektischen Warnung vor solchem Ich - ebenso mit der pseudodialektischen, nachkritischen und nachpolitischen Lehre von der Ich-losen Predigt - hat man Johannes - den Seher - geohrfeigt, Paulus - den Umgedrehten - und Zachäus - den Überzeugten - beleidigt. Maria hat nicht stellvertretend Wehen leiden lassen, Daniel schickte keine virtuelle Gestalt in die Löwengrube, und Petrus ließ keinen anderen für sich stellvertretend hängen.
Es ist falsche Scham, wenn wir uns dem »Ich, Johannes« verwigern. Es provoziert mein eigenes »Ich«. Wenn anders, dann diskutieren wir, - das wäre dann doch eine andere Veranstaltung als eine Predigt, die nach Martin Heidegger (»Predigen ist das lateinische praedicare. Das heißt: etwas vorsagen, dadurch kundtun, dadurch rühmen und so das zu-Sagende in seinem Glanz erscheinen lassen.«[1]) nicht mein eigenes, sondern »ein anderes« in seinem Glanz erscheinen lassen soll.
Das »Ich, Johannes« scheint mir an der Wende zwischen Epiphanien und Passion, in dieser eigenartigen Grauzone des Glaubens, im - so würde ich es provokant nennen - »Niemandsland des Ich«, die eigentliche Provokation; ist damit die eigentliche Chance, Zeuge/Zeugin zu werden, die Augen nicht abzuwenden und Zeuge/Zeugin zu bleiben.
An der Pforte wird man sich über uns lustig machen, wenn wir nach Zeugengeld fragen. Mit Recht.

Vorschläge zur Liturgie

Lieder

EG 406,1.2; EG 180,2; EG 454,1-6; EG 23,1-4; EG 171,1-4

Eingangsgebet

Ewiger, Dreieiniger Gott,
Schöpfer des Himmels und der Erde,
starke Hilfe in aller Not,
Anwalt der Schwachen und Elenden,
Hüter unseres Lebens!

1 Martin Heidegger, Hebel der Hausfreund, Pfullingen 1991, Seite 20

Dir danken wir.
Wir haben Grund zum Feiern.
Wir haben Grund, fröhlich zu sein.
Wir haben Grund, gegen die Trauer anzusingen
und alle Vorurteile abzulegen.
Wir haben Grund, uns des Lebens zu freuen
und unsere Freude mit denen zu teilen, die noch trauern.
Wir haben Grund, Dich zu loben mit allen Deinen Schöpfen.

Bekenntnis

Die offenen Hände

Mit geballten Fäusten
hat mich meine Mutter geboren
zum ersten Schrei
zum ersten Trost

Mein Leben ist eine stete Übung
die geballten Fäuste zu Händen öffnen,
weil anders Leben nicht frei
und Sterben nur Gewalttat ist.

Der geballten Faust entschlüpft kein Küken
der verängstigten Seele entschlüpft allenfalls eine Klage
dem gebeugten Menschen bleibt ein Fluch.
Ich möchte offen leben,
eingeladen und einladend,
mit offenen Händen,
heiter und staunend.

Jeden Tag spüre ich
unter meinen Händen
eine Rose blühen
und Gott sagt:
Du warst ein Segen
Nun komm, es ist alles bereit.
Die anderen warten schon.
Laß es gut sein hier.
Du hast doch erst angefangen.

Staunend werde ich ein leichtes Bündel schnüren
und dem Wunder, das mich rief
die Hand öffnen
und hinübergehen
und staunen über ein warmes Zuhause.

(Gerhard Engelsberger, Wunde Seele - aufrechter Gang, Kreuz Verlag Stuttgart 1998, Seite 173)

Fürbittengebet

Gott der Treue -
sie sind gestorben an ihrem »Ich«.
Johanna von Orleans, Johannes Hus, Pater Delp, Edith Stein, Dietrich Bonhoeffer - sie alle und so viele mehr haben »ich« gesagt.
Sie haben dir vertraut und ihr Zeugnis nicht widerrufen.
Andere haben »wir« oder »man« gesagt und haben länger gelebt.

Nun hilf uns, daß wir unser »Ich« nicht auf andere schieben.
Laß uns trotzig und ehrlich und freudig sagen:
Ich meine
»Arbeitslosigkeit muß nicht sein«,
»Gottlosigkeit muß nicht sein«,
»Treulosigkeit muß nicht sein«,
»Elend muß nicht sein«.

Und laß uns die Folgen unseres Bekenntnisses ebenso freudig, trotzig und ehrlich bekennen:
Es gibt keinen Gott neben und außer dem einen,
es gibt kein Heil außer dem Heil, das uns geschenkt ist in Jesus Christus,
- sei es auch, daß wir nicht einmal dies Bekenntnis recht verstehen.

Wir heißen nicht nur Kinder Gottes, wir sind es auch.
Wir beten deshalb gemeinsam zu unserem Vater:

Vater unser

Material zur Predigt

Nicht »Trau dich« - »sei«!

1. Keine Versteckspiele
Bei »Versteckspielen« unserer Kinder gewinnt der, der sich am längsten verborgen hält, der sich am mißverständlichsten offenbart, der am besten lügt, der sich gelungen versteckt und der am besten täuschen kann.
Dumm dran wäre der, der auf den Ruf »Zeig dich doch« ein Versteck aufgäbe.
Mit meinem Lohn- oder Einkommensteuerabschluß wäre ich dumm dran.
Mit meinen Treueschwüren wäre ich dumm dran.
Mit meinen Lobreden auf die Kirche wäre ich dumm dran.
Was alles hätte ich geschworen, - Gott sei Dank, daß es nie so weit kam!

2. Wahrheit hat Folgen
Vielleicht ist der Grund unserer Vorsicht wirklich (fast) genetisch angelegt: »Denen nach uns soll es besser gehen!« Ob wir uns damit einer Lebenslüge bewußt sind? Wie soll es ihnen besser gehen, wenn wir schon täuschen, lügen, mogeln und kneifen. Wahrheit hat Folgen.

3. Ich sehe was, was du nicht siehst

Ein beliebtes Spiel: »Ich sehe was, was du nicht siehst«. Ich wünschte mir, viele würden davon erzählen. Keiner unter uns hat gesehen, was jeder sieht. Der eine war in Stalingrad und hat gesehen, was seine Enkel nicht sehen sollen. Ein anderer war in der Wüste und hat über aller Hitze, über Sand und Feuersturm ein Meer gesehen, wo andere nur Dürre fanden. Eine Dritte ist Engeln begegnet, auch wenn alle lachen, denen sie davon erzählt.

4. Was immer wir sehen, es ist ein Bild, daß Gott in uns pflanzt, damit wir Heilung erleben

Zwischen Epiphanias (Bedeutung erklären) und Passion (Bedeutung erklären) liegt eine graue Zeit. Zeit des Wartens. Später, im Umfeld des Prozesses und angesichts aufgerichteter Kreuze werden sie verleugnen: Ich kenne diesen Menschen nicht. Johannes, der Seher, bezeugt. Unser Leben spielt sich ab in der Grauzone zwischen Epiphanias und Passion.

Ich persönlich möchte eigentlich nicht mehr, als daß diese Zeit »gewürdigt« wird, sie ist eigentlich die spannendste Zeit eines Menschenlebens: unberechenbar, unvorhersehbar, unkäuflich und jeder Täuschung fremd.

Des Hutmachers Traum

»In einem Film hatte er die Weite gesehen. Es war eines jener unzähligen, kaum bereisten Hochtäler unter dem Dach der Erde. Am Horizont schwammen schneebedeckte Gipfel in einem grünen Meer aus Steppengras, kargem Gesträuch und Fels. Und in allem diese glückliche Einsamkeit, das Surren und Zerren und Musizieren des Windes, der mit Kuppen und Nischen spielt. Das herbe Träumen der Sonne, das lautlose Zerfließen der Wolken.

Er war kaum siebzehn gewesen, als er den Film über Nepal sah. Seine Freunde hatten keinen Blick für die Weite, machten sich lustig über das ungelenke und scheue Verhalten buntgekleideter, schwarzhaariger, stets lachender Bergbewohner. Er sah den Hintergrund und wußte: Da muß ich einmal hin. Doch Nepal ist weit. Die Reise ist teuer. Du brauchst Geduld, Zeit, Geld, Begleiter.

Er wurde Hutmacher. Lernte Hüte entwerfen, Hüte verkaufen. Er war erfolgreich. Übernahm früh den elterlichen Betrieb. Noch kurze Zeit, dann würde er das Geld zusammen haben für Nepal. Er dehnte den Handel über die Grenzen der Stadt hinaus. Hatte keine Ruhe, bis in allen großen Städten Filialen seines Geschäftes entstanden waren. Man warb im Radio und Fernsehen für seine Hüte, die größten Modeschöpfer arbeiteten mit ihm zusammen. Eines Tages sah er – eher zufällig – Bilder aus Nepal. Erschrak darüber, daß er seinen Traum vergessen hatte. ›Geh doch‹, sagte seine Frau. ›Geh doch‹, sagten die Kinder. ›Ich kann das

Geschäft gerade jetzt nicht allein lassen. Später werde ich gehen. Jetzt ist das unmöglich.‹ Und er verkaufte immer erfolgreicher, wurde zum reichsten Mann der Stadt, lebte noch zwei Jahre, bis er bei Nebel mit 180 Stundenkilometern auf der Autobahn tödlich verunglückte. ›Er hat allenfalls 80 Meter Sicht gehabt‹, sagte die Polizei. In Nepal ist er nie gewesen.«[2]

2 aus: Gerhard Engelsberger, Es ist schön, daß es mich gibt – Zur Konfirmation, Stuttgart 1997

Die Autorinnen und Autoren

Pfarrer i. R. Ernst Arfken, Göttingen; Sup. Int. Theodor Bohlen, Hannover; Pfarrerin Birgit Brügge-Lauterjung, Duisburg; Pfarrer Stefan Claaß, Mainz; Pfarrer Gerhard Engelsberger, Wiesloch; Sup. Int. Gisela Fähndrich, Garbsen; Pfarrer Anselm Friederich, Heidelberg; Propst Peter Godzik, Ratzeburg; Pfarrer Günter Gottschämmer, Darmstadt; Pfarrer Dr. Rolf Heinrich, Gelsenkirchen; Pfarrer Eckhard Herrmann, Baldham; Pfarrer Dr. Klaus Johanning, Schwerte; Pfarrer Hannes-Dietrich Kastner, Worms; Pfarrerin Jutta Konowalczyk-Schlüter, Bremen; Pfarrerin Susanne Labsch, Heidelberg; Pfarrer Claus Marcus, Berlin; Pfarrerin Dorothee Münkner, Hannover; Dekan Martin Ost, Markt Einersheim; Pfarrer Dr. Jörg Passoth, Berlin; Hauptpastor Dr. Klaus Reblin, Hamburg; Pfarrer Jürgen Rogler, Nürnberg; Pfarrerin Ulrike Schilling, Kiel; Pfarrer Arno Schmitt, Mannheim; Anne Schumann, Mainz; Pfarrer Dieter Schupp, Kaiserslautern; Pfarrer Ulrich Tietze, Neetze; Pfarrerin Vera-Sabine Winkler, Heidenrod; Pfarrerin Anke Zimmermann, Diemelsee-Flechtdorf